GERENCIAMENTO QUÂNTICO

Como reestruturar a empresa e a nós mesmos
usando sete novas habilidades quânticas

CHARLOTTE SHELTON

GERENCIAMENTO QUÂNTICO

Como reestruturar a empresa e a nós mesmos usando sete novas habilidades quânticas

Tradução
NEWTON ROBERVAL EICHEMBERG

EDITORA CULTRIX
São Paulo

Título do original
Quantum Leaps

Edição	Ano
1-2-3-4-5-6-7-8-9	99-00-01-02-03

Direitos de tradução para a língua portuguesa
adquiridos com exclusividade pela
EDITORA CULTRIX LTDA.
Rua Dr. Mário Vicente, 374 — 04270-000 — São Paulo, SP
Fone: 272-1399 — Fax: 272-4770
E-mail: pensamento@snet.com.br
http://www.pensamento-cultrix.com.br
que se reserva a propriedade literária desta tradução.

Impresso em nossas oficinas gráficas.

Para todos dentre nós que anseiam por levar
ao trabalho o coração, bem como a mente.

Quando eu era jovem e livre, e minha imaginação não tinha limites, eu sonhava em mudar o mundo.

Quando fiquei mais velho e mais sensato, descobri que o mundo não mudaria, e por isso encurtei um pouco o alcance de minha visão e decidi mudar somente o meu país. No entanto, ele também permaneceu impassível.

Quando atingi meus anos de crepúsculo, numa última tentativa desesperada, resolvi mudar apenas minha família, as pessoas que me eram mais próximas, mas — ai de mim — elas não queriam ter nada disso.

E agora, deitado em meu leito de morte, compreendo: Se eu tivesse, antes de mais nada, mudado apenas a mim mesmo, então, pelo exemplo, eu mudaria minha família. Com base em sua inspiração e em seu encorajamento, eu teria então sido capaz de melhorar o meu país e, quem sabe, poderia até mesmo mudar o mundo.

Extraído do túmulo de um bispo anglicano
nas criptas da Abadia de Westminster

Sumário

Lista das Figuras

Lista das Tabelas

Prefácio

Há mais de trinta anos, no último ano do colégio, recebi meu diploma em ciências. Durante os vinte e cinco anos seguintes, evitei as chamadas "ciências *hard*" como se estivesse fugindo da peste. Estudei música e, mais tarde, psicologia, e talvez seja a única pessoa graduada em faculdade nos EUA que passou pelos quatro graus completos sem ter feito um único curso de ciência ou de matemática (com exceção de estatística). Paradoxalmente, na minha meia-idade, descobri a física quântica e fiquei intrigada com as concepções gerais (embora não o ficasse com a matemática) de uma disciplina (física) da qual nunca fizera um único curso.

Na verdade, minha jornada do *quantum* começou com o trauma de perder o emprego. Dois afastamentos num período de três anos serviram como um "dois por quatro cósmico". Esses dois afastamentos sucessivos sugeriam claramente que era época de eu explorar outras oportunidades em termos de carreira — daí, o projeto de escrever este livro. Comecei-o almejando pesquisar as religiões do mundo, identificar os aspectos comuns e usar esses princípios triviais para criar um modelo de transformação do local de trabalho baseado nas coisas do espírito; contudo, logo depois que principiei a pesquisa, encontrei por acaso um livrinho chamado de *Caibalion*. Este versa sobre os ensinamentos de um homem chamado Hermes que supostamente viveu no Egito antigo (cerca de 4000 a.C.). Hermes professava sete verdades espirituais, todas elas refletindo-se no funcionamento físico do universo. Suas teorias eram fascinantes, e esse fato intrigante levou-me posteriormente ao livro clássico de Zukav, *The Dancing Wu Li Masters*. Um livro foi levando a outro, e em pouco lá estava eu, apaixonada pelas ciências novas. Assim, como sugere o título deste livro, minha orientação mudou, e a teoria do *quantum* veio a ser a base conceitual da qual originou-se o modelo deste livro.

À medida que prosseguir na leitura deste livro, por favor, tenha em mente que os exemplos científicos são utilizados, antes de mais nada, como metáforas. As palavras e as imagens da mecânica do *quantum* e a teoria do caos — causação não-local, coerência, complementaridade e complexidade — fornecem uma alternativa bem-vinda para um mundo de forças e de multiplicação de forças por efeito de alavanca, de causa e efeito, de previsão e controle. No entanto, importa lembrar que as metáforas da nova ciência são, ainda assim, metáforas. A *verdade* da ciência é que cada *verdade* científica muda com o tempo.

Essas teorias são, simplesmente, um reflexo da nossa atual capacidade para entender a complexidade do universo. Nossa compreensão continuará a mudar à medida que a consciência humana for evoluindo. Algum dia, nossos netos menearão a cabeça em sinal de reprovação diante de nossa ignorância neste final do século XX. Para nós, o desafio consiste em aceitar o paradoxo do conhecimento — reconhecer o quão pouco podemos realmente conhecer da complexidade do universo, embora puxemos continuamente o véu da nossa ignorância, sempre tentando levantá-lo um pouco mais alto.

À medida que escrevia este livro, tive muitas oportunidades para testar tanto a praticabilidade dessas idéias como meu compromisso pessoal para com elas. Senti-me humilde pela simplicidade e atemorizada pela complexidade do ato de alguém se tornar responsável pela própria vida. O anseio por se tornar mais consciente a respeito de como a vida funciona e de nosso papel em seus processos não significa que a viagem será fácil. Minha jornada foi, ao mesmo tempo, empolgante e aterrorizante. Ela conduziu-me até as águas não-mapeadas de minha alma. Desafiou tudo em que eu acreditava a respeito da vida e dos seus sistemas. Transformou para sempre a maneira como eu vejo o trabalho e o significado que atribuo a ele. Desfrutei em grande medida o processo de dar à luz este livro. Minha esperança é a de que, por meio dele, você também desfrute de sua viagem.

Charlotte Kinder Shelton
Lenexa, Kansas
Março de 1998

Agradecimentos

Sou profundamente grata aos meus pais pela dádiva da fé num poder mais elevado, a minha mãe por ensinar-me a respeito da alegria de aprender e a meu pai por me ensinar sobre a importância dos relacionamentos. Sou grata a minha avó Kinder, que tem 101 anos, por modelar uma vida realmente produtiva e cheia de aventuras. Sou grata aos meus filhos maravilhosos, Matthew e Laura, por ensinar-me a confiança, e a minha alma companheira, Jim, por ajudar-me a aprender como brincar.

Quero expressar meu profundo apreço à autora Meg Wheatley, por sua revisão detalhada e crítica do manuscrito, e ao físico Mike Corwin, da Universidade da Carolina do Norte — Charlotte, que forneceu grande parte do *feedback* e do apoio técnico necessários. Também estimo profundamente o encorajamento e o apoio que recebi de Karen Speerstra, diretora editorial da série Business Books, da Butterworth Heinemann, e ao *feedback* de seus leitores John Pehrson, John O'Leary e Sharon Seivert. E sou grata aos membros da World Business Academy que, na Reunião de Membros em Espaço Aberto, em 1994, ajudaram-me no desenvolvimento das primeiras idéias deste livro.

Também quero agradecer aos seguintes amigos e colegas que me ouviram pacientemente quando ainda brincava com essas idéias, e que leram vários esboços deste livro: Lloyd Boothe, Chris Butler, Patricia Captain, Myra Clark, Phyllis Clay, Nancy Cornette, Diane Davis-Reed, Twyla Dell, Mark Fehlig, Patti Fehlig, Mike Fields, Merle Frey, Lois Greenberg, Patrick Handley, Sheila Hayter, Jean Houston, Evadene Judge, Chuck Kleinhagen, Linda Leaman, Martha Lynn, Janice Mason, Mindy McKenna, Sharon Drew Morgan, Ed Sadler, Clarence Thompson, Alis Valencia, Dwain Willingham, Jan Wilson e Gary Zukav. Obrigada por seu *feedback*!

Dirijo agradecimentos especiais a Deborah Holt, que me ajudou a desenvolver tanto as concepções metafísicas como o modelo gráfico no qual o livro se baseia, e a Jim Moore, que serviu como minha caixa de ressonância básica e que, juntamente com sua colega Beth Sweatt, contribuiu para a criação das ilustrações. Também agradeço a todos os autores cujos escritos influenciaram profundamente o meu pensamento e aos editores que, generosamente, deram permissão para utilizar o seu material. Eles incluem: Berrett-Koehler Publishers, Cambridge University Press, Avon Books, Shambhala, Humanics e o Institute of HeartMath.

Também quero agradecer a todos os meus alunos de mestrado em Administração Comercial, no Rockhurst College, que me ajudaram a explorar as implicações organizacionais dessas idéias, e meus clientes comerciais, que me forneceram oportunidades para testar as aplicações práticas desse modelo, bem como permissão para partilhar de suas anamneses. Agradecimentos especiais vão para Rob e Steve Metzler, por me deixarem dirigir sessões de treinamento piloto em Habilidades Quânticas com seus funcionários, e para Pepper Stokes e Dwain Willingham, por integrarem com tão boa disposição muitas dessas práticas em suas próprias organizações. Quero também agradecer a Rudd Heijblom, professor de Gerenciamento Estratégico na Henley Management College, na Holanda, por partilhar de suas experiências com metodologias de treinamento intuitivo utilizadas por militares holandeses.

Finalmente, quero agradecer ao Espírito pela notável facilidade que tive em minha vida para realizar felizes descobertas — e especialmente por todas as maneiras inusitadas pelas quais recebi apoio financeiro e emocional quando mergulhava no projeto de escrever este livro. Sinto-me inundada pela benevolência do universo, e, qualquer que seja o poder ou princípio que torne tudo isso possível, eu agradeço!

Preâmbulo

Por Dwain Willingham

Tendo recebido instrução em engenharia no início da década de 60, passei os primeiros vinte anos de minha carreira trabalhando em empresas incluídas na Fortune 500, aprendendo GPO (gerenciamento por objetivos) e como gerenciar (leia "controlar") as pessoas — o mote era "*Inspect What You Expect*" (Inspecione o Que Você Espera). Trabalhei e morei em cinco países, e viajei a negócios, percorrendo a maior parte do mundo. Embora me fosse ensinado o modelo americano do gerenciamento, tive contato com muitas culturas que me deixaram perguntando se poderia haver um caminho melhor.

Já avançado em minha carreira empresarial, e depois de passar muitos anos subindo a "escada", eu me vi numa posição de "executivo", trabalhando para um pensador diferente. Ele me fez cursar o último (na verdade, o 100º) curso de gerenciamento — Covey. Foi quando a política organizacional e os volumes de planos de ação política e de procedimentos realmente começaram a me cobrar sua taxa. Tinha de haver uma maneira melhor. Então, com a idade de 47 anos, minha oportunidade surgiu.

Ser rebaixado, demitido ou apenas dispensado de meu emprego na empresa me fez reavaliar. Basta de empresas! Farei da minha própria maneira! O problema foi (e ainda é, em certo grau) que o meu caminho continua a ser definido. Minha realidade se desloca à medida que eu experimento mais e aprendo mais a respeito de mim mesmo. Durante os últimos cinco anos, estive tentando criar uma nova organização — uma organização na qual a paixão das pessoas para fazer o que lhes dá prazer substitui a ação política e os procedimentos. Onde cada um partilha da riqueza criada. Isso se mostrou mais difícil do que se esperava. As pessoas que contratávamos tinham a audácia de trazer consigo seus anos de "cultura"!

Demolir paredes, eliminar variedades de empregos, partilhar todo o setor financeiro, publicar todos os salários, criar partilhas de lucros e mudar outros assuntos empresariais era fácil. O verdadeiro desafio estava em mudar os hábitos e as crenças vitalícios das pessoas. Mudar crenças nas quais elas foram treinadas ao longo de suas carreiras empresariais, como aconteceu comigo. Tirar as pessoas de sua comodidade é uma tarefa assustadora. A última cultura empresarial aprendida precisa ser desaprendida. Depois de passar anos sendo elogiado por seguir ordens (velha realidade), é difícil passar a seguir a orientação própria (nova realidade). Isso requer um novo conjunto de habilidades. Um conjunto que não tinha sido definido até que Charlotte o fizesse.

Antes que *Gerenciamento Quântico* aparecesse, meus esforços organizacionais se concentravam em manter no lugar a visão, os valores, a estratégia e todas as coisas "administrativas" clássicas da empresa. Criar mais condições e conquistar o mundo era o plano. E estava falhando. As pessoas estavam dizendo que tudo o que pensavam fosse necessário para justificar o seu emprego, ou apenas para calar a minha boca. Elas estavam, e ainda estão, fazendo o que é importante para elas com base em sua visão da realidade. Uma realidade que está mudando lentamente (eu gostaria que fosse rápido!).

Gerenciamento Quântico tem-me ajudado a entender que o problema não está nas visões nem nas metas da organização. Está na crença das pessoas na organização. Independentemente do conjunto de mesas, as pessoas farão apenas o que, no âmbito da realidade delas, é confortável fazer. Você pode preparar o palco para toda a liberdade operacional do mundo mas, se as pessoas não querem usar a liberdade oferecida devido às suas crenças internas, à sua realidade, o que poderá ser realizado?

Charlotte ajudou-me a entender melhor o que é realmente necessário: Não tente mudar a maneira como as pessoas pensam; mude as idéias delas a respeito da maneira como as coisas funcionam! Não são nem mesmo pessoas, é uma pessoa. Não tente mover a multidão; facilite o movimento de um indivíduo! As organizações são criadas com uma pessoa de cada vez. Cada pessoa é uma chave absoluta. A realidade de cada pessoa faz o todo.

Devido a *Gerenciamento Quântico* e a Charlotte, estou fazendo as coisas de maneira diferente — ou tentando fazer. Estou tentando ouvir mais e vender menos minhas idéias. Agora entendo que as pessoas não podem criar aquilo que não podem imaginar. As pessoas farão apenas o que elas entendem. E esse entendimento baseia-se na realidade delas.

Estou tentando criar mais oportunidades para o diálogo, de maneira que as pessoas possam esclarecer seus valores e suas crenças a fim de que lhes seja possível ter mais responsabilidade para vivenciá-los. Aprendi, por esforço próprio, que as pessoas não podem estabelecer os objetivos da empresa, ou, com freqüência, nem mesmo reagir a eles, enquanto não colocarem sua própria vida em perspectiva. É uma fina linha divisória entre as questões pessoais e as empresariais — muito fina —, mas as pessoas não podem ter responsabilidade na empresa se não puderem ter responsabilidade para com elas mesmas.

Também estou tentando exercitar mais a capacidade de resposta [*response-ability*] na minha própria vida. Estou tentando utilizar essas Habilidades Quânticas para revitalizar minha energia e reemoldurar minhas frustrações. Eu sei que a maneira como me sinto afeta qualquer outra pessoa — e vice-versa. Sei que qualquer coisa em que me concentre leva-me a adquirir experiência. Se na organização observo uma pessoa que não se ajusta à cultura que estou tentando construir, sinto-me frustrado. Se observo uma forma de sucesso, sinto-me mais forte e continuo procurando por outras formas. Estou até mesmo tentando manter uma lista de formas de sucessos para onde dirigir meus esforços.

Nada disso chega com facilidade até mim. Pensar a respeito das pessoas utilizando concepções quânticas (leia de maneira *soft* ou "sensível") não engrena bem com meu estilo de alto desempenho, estabelecido há muito tempo. O pensamento linear, do tipo causa-e-efeito, é muito mais simples para mim do que a paradoxal perspectiva quântica. Porém, sei também que as habilidades de pensamento tradicionais não me levarão, nem levarão a empresa, até onde creio que se terá de ir se se quiser prosperar no próximo século. O pensamento tradicional não permite que as pessoas trabalhem aqui a fim de se preparar para as oportunidades que se descortinam no horizonte. Não podemos fornecer serviços de primeira classe a outras pessoas lendo em voz alta manuais sobre ação política e sobre regulamentos, que dizem às pessoas como fazer as coisas da "maneira certa". Para o século XXI temos de criar culturas que apóiem pessoas que assumem riscos. Isso exige uma enorme quantidade de confiança — Confiança Quântica, diria Charlotte.

Estou mudando a minha realidade? Pode apostar! Seu eu não continuar a ajustar a minha realidade, não posso esperar criar, ou dirigir, um "novo" tipo de organização. Isso soa como um velho clichê de administração — "Modele o Comportamento", ou, para citar *Gerenciamento Quântico*, eu tenho de "ser a mudança que eu quero ver". Isso é um pouco abstrato para mim, mas estou começando a entender isso!

Acredito que as Habilidades Quânticas de Charlotte assentam o fundamento de um novo paradigma de liderança nos negócios para os dias atuais — e para o século XXI. *Gerenciamento Quântico* oferece um novo conjunto de habilidades, de que muito necessita um mundo que está mudando na velocidade da luz. Essas habilidades serão necessárias para competir e para prosperar no século XXI.

Dwain Willingham
Propane Resources
Mission, Kansas
Março de 1998

P.S.: Como tem funcionado? No final de 1991, comecei com uma folha de papel em branco em minha casa. Hoje, temos 20 pessoas que, em sua maioria, fazem o que lhes agrada, mais 40 pessoas "contratadas" que tocam em frente seu próprio "negócio" com o nosso apoio. E estamos procurando mais pessoas para que se juntem a nós. Temos empresas de um bilhão de dólares procurando-nos como parceiras de *joint venture*. Literalmente falando, mudamos a face de uma indústria e estamos dirigindo o desenvolvimento de uma nova. Não temos permitido que as velhas realidades nos controlem. Não somos uma organização "quântica" em pleno funcionamento, mas estamos no caminho! Ajudamos parceiros comerciais a criar oportunidades. Não dizemos isso porque é uma inteligente "chave de ouro" ou um "chavão". Esta é a nossa intenção e a nossa realidade.

Introdução

"Se a única ferramenta que você tem é um martelo, você tende a ver todos os problemas como um prego."

Abraham Maslow

Remodelamos os negócios por reengenharia e reinventamos o governo, porém o mal-estar continua. As estatísticas sobre tensão e esgotamento nos empregos estão disparando para o alto, ao passo que a satisfação dos funcionários com os seus empregos continua a declinar. Iniciativas de atribuição de poder, tais como equipes de trabalho autodirigido e programas de qualidade total estão caminhando aos tropeções. Nenhum dos nossos dilemas organizacionais neste final do século XX parece fazer muita diferença, seja no desempenho no emprego, seja na moral dos funcionários.

Talvez tenhamos colocado a proverbial carroça na frente dos bois. Tentamos mudar as estruturas externas do nosso local de trabalho sem mudar os construtos internos da nossa mente. Em resumo, tentamos criar organizações do século XXI enquanto aqueles de nós que trabalham nessas organizações ainda contam, basicamente, com habilidades do século XVII. Como resultado dessa omissão, nossos esforços de mudanças organizacionais são, no máximo, incrementais, e com freqüência meramente cosméticos. Se devemos dar um salto quântico em direção a novas maneiras de viver e de trabalhar juntos, cada um de nós deve mudar suas crenças obsoletas a respeito da maneira como o mundo funciona, e aprender um novo conjunto de habilidades, que nos capacitarão a criar vidas equilibradas e organizações que trabalham com a totalidade do cérebro.

As capacidades tradicionais do mundo dos negócios, o planejamento, a organização, a direção e o controle são basicamente capacidades da metade esquerda do cérebro. Derivam de uma visão de mundo de 300 anos atrás — uma visão de mundo baseada, fundamentalmente, nas leis da física clássica de Isaac Newton. As leis de Newton tiveram como premissa a suposição de que a realidade é objetiva, os efeitos são previsíveis e o conhecimento surge por intermédio da análise. Uma visão de mundo baseada nessas suposições requer aptidões de pensamento lógicas, lineares, que utilizam a metade esquerda do cérebro. E, durante mais de trezentos anos, essas aptidões serviram bem à sociedade. Nossa aguda capacidade para planejar, organizar, dirigir e controlar nos fez utilizar as forças da natureza, desenvolver uma tecnologia sofisticada e melhorar dramaticamente nosso padrão de vida. Sem essas habilidades, a vida tal como a conhecemos hoje não seria possível.

No entanto, há um problema. Essas habilidades mecanicistas foram formuladas para a vida num universo estável — um universo que funciona de uma maneira lógica, linear, previsível. Nosso mundo, que caminha em passos rápidos, que muda incessantemente, intrincadamente interconexo, não é estável nem previsível. Num tal mundo, nossa capacidade para planejar, para organizar, para dirigir e para controlar está cada vez mais comprometida. Essas habilidades do século XVII simplesmente não são mais adequadas para viver e trabalhar no século XXI. Elas nos mantêm presos nos velhos hábitos comportamentais, numa época em que são requeridas uma extrema imaginação e radicais inovações. O desafio é duplo: 1) Para onde podemos nos voltar para termos uma nova visão do mundo? e 2) Que formas de capacidade são requeridas a fim de se colocar em prática essa nova visão do mundo, em nossas vidas individuais e em nossos locais de trabalho?

Muitos autores (por exemplo, Capra, Wheatley, Zohar, Zukav) sugeriram que as assim chamadas *novas ciências* fornecem concepções e imagens para uma visão de mundo atualizada — uma visão de mundo que caracteriza o universo como um sistema complexo, imprevisível e interativo, e não como uma máquina estável e objetiva. Muitos dentre nós concordam em grande parte com essa visão de mundo mais dinâmica. No entanto, todos lutamos com aplicações práticas. Este livro aborda essas preocupações. Utiliza os princípios básicos da mecânica quântica (partículas subatômicas) como metáfora conceitual para um novo conjunto de habilidades — Habilidades Quânticas, que podemos utilizar para integrar uma visão de mundo nova e mais holística em nossa vida e em nossas organizações.

Essas Habilidades Quânticas, assim como as habilidades tradicionais de planejar, organizar, dirigir e controlar, têm aplicações pessoais e para os locais de trabalho. Ambas serão analisadas. A premissa básica deste livro é que nossas vidas no trabalho e nossas vidas pessoais estão profundamente entrelaçadas. Tipicamente, não utilizamos um conjunto de habilidades numa arena de nossas vidas e outro conjunto em outro lugar. Tendemos a agir de maneira coerente. Desse modo, se pudermos aprender a pôr em prática essas Habilidades Quânticas em nossa vida, também começaremos a utilizá-las no trabalho. Naturalmente, o oposto também é verdadeiro. Mudamos a nossa vida e nosso local de trabalho em um dia e em uma escolha de cada vez. Quando um número suficiente dentre nós fizer novas escolhas, ocorrerão saltos quânticos. Ao contrário das leis newtonianas, esses saltos quânticos acontecem sem nenhuma força exterior nem influência. São desencadeados por mudanças interiores na consciência.

Este livro relata muitos dos meus próprios saltos quânticos. Numa tentativa de ser bem prática, procurei ser pessoal. Variados exemplos são extraídos de minha própria vida e de minhas experiências de trabalho. Esses exemplos visam estimular-lhe o pensamento. Partilhando de processos que funcionaram para mim, espero despertar idéias que possam ser úteis a você. Tentei ser descritiva sem ser demasiadamente prescritiva, reconhecendo plenamente que, nas palavras de minha amiga e mentora Meg Wheatley: "Se imaginou ter visto, viu." Num mundo de infinita diversidade, generalizar minha experiência para outras pessoas é não somente fútil como francamente perigoso. O que funciona para mim pode não ser bom para você. Não obstante, vivemos num universo baseado em princípios; portanto, convido-o a explorar o modo como os princípios fundamentais que estão por trás dessas habilidades podem ser utilizados na sua vida, no seu trabalho e à sua maneira, que é única. O Apêndice B contém experiências e exercícios destinados a apoiá-lo em sua exploração de cada uma das sete Habilidades Quânticas.

À medida que você trabalhar com essas habilidades, descobrirá que há muito mais coisas na vida do que aquilo que lhe impressiona a vista. A luz solar é um bom exemplo. Ela parece branca; no entanto, quando atravessa um prisma, todas as cores do arco-íris de súbito aparecem. As cores são simplesmente invisíveis para a percepção humana normal sem um dispositivo decodificador. A luz é uma boa metáfora para a vida. Porque na vida, assim como na luz, existem sempre potenciais invisíveis. Essas Habilidades Quânticas, assim como o prisma, podem atuar como um decodificador para os seus potenciais ocultos. À medida que você trabalhar com essas habilidades, começará a ver mais; portanto, você será mais. Você recriará a sua vida, e, juntos, recriaremos nossas organizações.

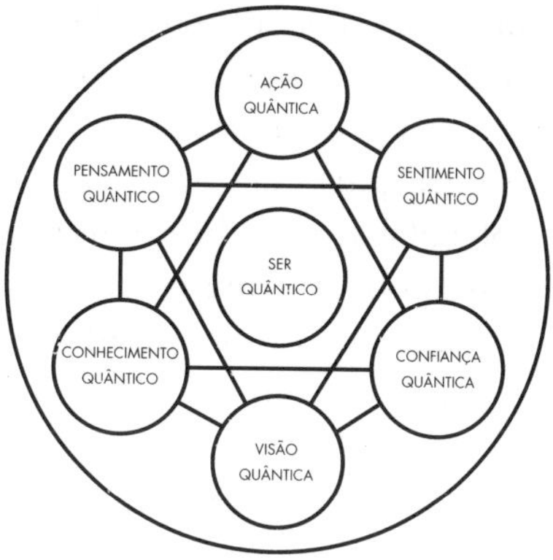

1

Paradigmas e Partículas

"A heresia de uma era torna-se a ortodoxia da era seguinte."

Helen Keller

MAIS ESTRANHO DO QUE O ESTRANHO

Estamos vivendo numa era que, tecnologicamente, poderia ser denominada Era Quântica. A energia nuclear, os computadores, os aparelhos de CDs, as leitoras de códigos de barras e a cirurgia a laser representam apenas alguns dos notáveis resultados de uma teoria da física do século XX denominada **mecânica quântica**. Essa expressão foi introduzida na década de 20 para descrever a nova física, a física do domínio subatômico. Como diz o nome, o domínio subatômico refere-se a tudo o que, no mundo físico, é menor do que um átomo.

A palavra *quantum* significa, literalmente, "uma quantidade de alguma coisa"; *mecânica* refere-se ao "estudo do movimento". Mecânica quântica é, portanto, o estudo das partículas subatômicas em movimento. Porém, é errôneo pensar a respeito dessas partículas subatômicas como quantidades de "alguma coisa". As partículas subatômicas não são *coisas* materiais; são, antes, tendências probabilísticas — energia com potencialidade. Essa energia, como implica a palavra *mecânica*, nunca é estática. Está sempre em contínuo movimento, mudando incessantemente de onda para partícula e de partícula para onda, formando os átomos e as moléculas que, subseqüentemente, criam o mundo material. É realmente assombroso que essas coisas aparentemente estáveis e estacionárias que observamos no mundo material sejam compostas exclusivamente de ondas de energia em movimento incessante.

A mecânica quântica, ou física quântica, como é comumente chamada, difere da física clássica tão dramaticamente como a noite difere do dia. Os físicos quânticos estudam o comportamento dos elétrons, dos prótons, dos nêutrons e de centenas de partículas ainda menores denominadas *quarks*. Os físicos clássicos estudam objetos materiais no mundo tridimensional. No entanto, essa diferença de escala é insignificante em comparação com as diferenças nos princípios operacionais. As leis que regem o domínio clássico estão em oposição direta à maneira como as coisas funcionam no nível subatômico do universo.

Por exemplo, uma das leis fundamentais da física clássica é a de que as coisas se movem de uma maneira contínua. Portanto, se um objeto está se movendo em linha reta, ele continuará se movendo em linha reta para sempre, a menos que uma força externa atue sobre ele. Essa lei básica do movimento funciona muito bem no mundo da experiência cotidiana. Ela nos tem levado a supor que todo o universo é constante, exato e previsível. No entanto, essa é uma suposição incorreta. No nível subatômico, as partículas não se movem de uma maneira contínua. Em vez disso, dão inesperados e inexplicáveis **saltos quânticos**.

Esses saltos transgridem nossa sensibilidade newtoniana, pois não podem ser explicados por meio de um processo de análise racional. No nível subatômico, as partes não determinam o comportamento do todo. Em vez disso, o todo é que determina o comportamento das partes. E, uma vez que as partículas subatômicas são capazes de interagir ao longo de grandes distâncias no espaço-tempo, uma concepção conhecida como **causação não-local**, as interações entre o todo e as partes nunca podem ser conhecidas com precisão. Portanto, os processos reducionistas e analíticos não podem ser utilizados para explicar o comportamento das partículas subatômicas.

A capacidade das partículas subatômicas para interagir através do tempo e do espaço por vias desconhecidas e incognoscíveis não somente viola a lei do movimento contínuo de Newton como também a segunda lei do movimento de Newton, segundo a qual toda ação é acompanhada por uma reação igual e oposta. A segunda lei de Newton nos permite prever o comportamento de objetos no mundo da experiência cotidiana. No entanto, já que as partículas subatômicas têm capacidade para interagir de maneira não-local, é impossível prever o seu comportamento. Isso não significa que as partículas subatômicas se movem de maneira totalmente aleatória, mas significa que os seus movimentos não são produzidos por qualquer causa local discernível. No nível subatômico, a concepção newtoniana de **previsibilidade** deve ser substituída pela concepção mais indeterminada de **probabilidade** estatística.

Talvez o mais estranho dentre os muitos estranhos fenômenos quânticos seja o da subjetividade do domínio quântico. No mundo da experiência cotidiana, o ato de observação não muda a natureza do que está sendo observado. Isso não acontece no nível quântico, onde a observação humana parece influenciar o comportamento das partículas inanimadas. A decisão de um físico a respeito de como observar um fóton ou um elétron determinará se ele se comporta como uma onda (padrão de energia vibratória não-localizada) ou como uma partícula (posição localizada no tempo e no espaço). Capra comenta: "Se eu fizer a ele uma pergunta de partícula, ele me dará uma resposta de partícula; se eu lhe fizer uma pergunta de onda, ele me dará uma resposta de onda. O elétron não tem propriedades objetivas independentes de minha mente" (1982, 87). No nível subatômico, a **objetividade** newtoniana é substituída pela **subjetividade** quântica. As interações subatômicas são não apenas inexplicáveis e imprevisíveis, mas também são, de alguma maneira misteriosa, afetadas pelas intenções dos seus observadores, que somos nós.

É evidente que os princípios básicos da mecânica quântica violam as leis da física clássica, newtoniana. No entanto, as leis de Newton ainda se aplicam ao domínio da experiência cotidiana, onde os efeitos quânticos são suprimidos, ou, pelo menos, camuflados, pelo **Princípio da Correspondência**. Esse princípio, baseado numa fórmula matemática que envolve uma quantidade denominada constante de Planck, mostra que há uma sólida relação entre o tamanho de um objeto e sua susceptibilidade à incerteza quântica. Herbert explica:

> "A minúscula dimensão da constante de Planck, em comparação com as envolvidas nos movimentos ordinários, é responsável pelo enorme sucesso da física newtoniana e pelo fato de que o mundo cotidiano parece bastante comum, não obstante seu fantástico alicerce quântico. Devido ao fato de a constante de Planck ser tão diminuta, os efeitos quânticos são pequenos demais para serem notados nas circunstâncias ordinárias" (1993, 168).

Em conseqüência disso, até recentemente, estivemos hesitantes em aplicar concepções quânticas ao comportamento humano. No entanto, as opiniões estão mudando. Pesquisas recentes realizadas em psicologia, biologia e neurofisiologia sugerem que somos, na verdade, seres quânticos. Nós, como tudo o mais no universo, somos compostos de partículas subatômicas que se originaram de um único tanque (*pool*) comum de partículas. Embora sejamos seres materiais, sujeitos às leis clássicas de Newton, temos também uma dimensão invisível, não-material (a Mente ou consciência) que pode funcionar de acordo com princípios quânticos.

UMA NOVA VISÃO DO MUNDO

Ainda há muitas discordâncias com relação ao fato de a consciência humana estar ou não sujeita a efeitos quânticos. Há, porém, um acordo crescente de que a teoria quântica é, no mínimo, uma melhor **metáfora** para o comportamento humano do que as leis da física clássica. Nossas crenças a respeito do potencial humano, e, portanto, do potencial de nossos locais de trabalho, foram seriamente limitadas pela visão de mundo mecanicista, determinista e reducionista. Estamos prontos não apenas para uma nova visão do mundo (Tabela 1.1), mas para um novo conjunto de habilidades, que são adequadas para satisfazer as complexidades da Era Quântica e nos permitem vivenciar nosso potencial quântico.

AS HABILIDADES QUÂNTICAS

A visão de mundo quântica (Tabela 1.1) proporciona o fundamento conceitual para sete Habilidades Quânticas. Essa visão de mundo caracteriza o universo como um sistema dinâmico, imprevisível, subjetivo e auto-organizador, e não como uma máquina estática, previsível e objetiva. Essa visão exige novas habilidades — habilidades que nos permitem não apenas **ver** o mundo a partir de uma nova perspectiva mas também **estar** no mundo de uma nova maneira.

As Habilidades Quânticas são definidas como se segue:

VISÃO QUÂNTICA:	A capacidade de **ver** intencionalmente
PENSAMENTO QUÂNTICO:	A capacidade de **pensar** paradoxalmente
SENTIMENTO QUÂNTICO:	A capacidade de se **sentir** efetivamente vivo
CONHECIMENTO QUÂNTICO:	A capacidade de **saber** intuitivamente
AÇÃO QUÂNTICA:	A capacidade de **agir** com responsabilidade
CONFIANÇA QUÂNTICA:	A capacidade de **confiar** na vida
O SER QUÂNTICO:	A capacidade de **ser** nos relacionamentos

Tabela 1.1: *Duas visões de mundo*

A partir de uma perspectiva newtoniana o mundo é:	*A partir de uma perspectiva quântica o mundo é:*
1. Material, visível, concreto	1. Intangível, invisível, abstrato
2. Estático, estável, passivo, inerte	2. Dinâmico, vibratório, em contínua mudança
3. Previsível, controlável	3. Imprevisível, indeterminado
4. Não afetado pela observação; a realidade é objetiva	4. Sujeito ao impacto da consciência do observador; a realidade é subjetiva
5. Uma máquina; as coisas são mais bem entendidas se forem reduzidas às suas partes mais simples; as partes determinam o todo	5. Um sistema; tudo é parte de um todo inter-relacionado; o todo determina as partes
6. Localmente controlado; causa e efeito são claramente discerníveis	6. Afetado por muito mais do que aquilo que atinge o olho; as coisas acontecem "a partir de certa distância"
7. Dependente de fontes de energia extrínsecas; sem força externa, as coisas se desagregam	7. Pleno de energia; a energia é intrínseca à vida e aos seus sistemas

Essas Habilidades Quânticas são antigas e futuristas, científicas e místicas, simples e difíceis. São habilidades para um novo milênio, tendo, porém, origem na sabedoria de eras passadas. De fato, muitas das antigas práticas espirituais do mundo, assim como muitas de nossas teorias psicológicas contemporâneas, baseiam-se em concepções semelhantes aos princípios da mecânica quântica, dos quais essas habilidades são derivadas.

O MODELO DAS HABILIDADES QUÂNTICAS

Essas sete Habilidades Quânticas não funcionam de maneira independente. Elas representam um conjunto de habilidades integradas. A Figura 1.1 exibe graficamente as relações entre as sete habilidades. Essas relações e a simbologia do modelo serão exploradas com mais profundidade no Capítulo 9. No entanto, a esta altura, é importante examinar a relação básica entre os triângulos invertido e direto do modelo.

O triângulo invertido do modelo exibe as **habilidades psicológicas** da Visão Quântica, do Pensamento Quântico e do Sentimento Quântico. Essas habilidades têm como premissa três princípios bem-conhecidos:

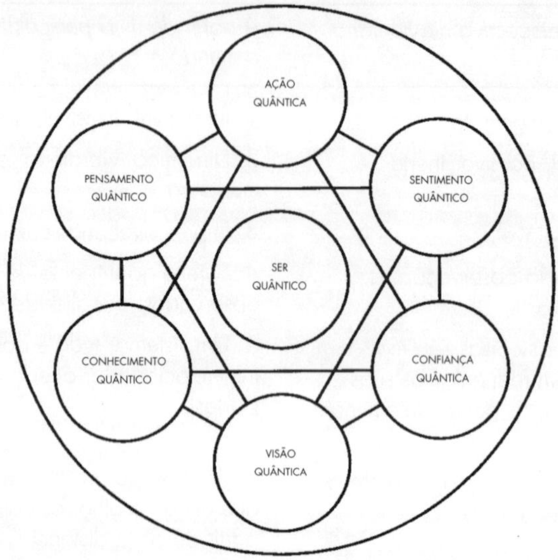

Figura 1.1: *O Modelo das Habilidades Quânticas. O Modelo das Habilidades Quânticas demonstra as inter-relações entre as sete habilidades. As três habilidades representadas no triângulo invertido — Visão Quântica, Pensamento Quântico e Sentimento Quântico — são de natureza basicamente psicológica. As habilidades associadas ao triângulo com o vértice para cima — Conhecimento Quântico, Ação Quântica e Confiança Quântica — são habilidades espirituais. A habilidade central, o Ser Quântico, está intrincadamente ligada a cada uma das outras Habilidades Quânticas.*

1. A percepção é altamente subjetiva. Experiências passadas, suposições e crenças modelam o que vemos no mundo material (Visão Quântica).
2. O pensamento não-racional intensifica as soluções de problemas criativos. A metade esquerda do cérebro, racional, linear, tem capacidade criativa limitada (Pensamento Quântico).
3. Sentimentos não são ocasionados por estímulos externos. São um subproduto de nossas escolhas perceptivas (Sentimento Quântico).

Esses princípios psicológicos são freqüentemente discutidos em seminários motivacionais e em livros de auto-ajuda. São novas concepções paradigmáticas de importância-chave, só que, sozinhas, não são suficientes. As habilidades derivadas desses três princípios são essencialmente egocêntricas. Elas nos concentram em nós mesmos — nas nossas intenções, no nosso potencial criativo, nos nossos sentimentos. Permitem-nos atualizar uma parcela maior do nosso potencial humano, mas não trazem necessariamente um sentido profundo de significado e de realização para as nossas almas. Para consegui-lo, precisamos de outras habilidades — habilidades que mudam a nossa abordagem daquilo "que é bom para mim" para aquilo "que é bom para todos nós". As habilidades do Conhecimento Quântico, da Ação Quântica, da Confiança Quântica e do Ser Quântico são capacidades espirituais. Estão arraigadas em quatro princípios espirituais universais:

1. Vivemos num universo inteligente (Conhecimento Quântico).
2. Tudo no universo está interligado (Ação Quântica).
3. O universo usa o caos para criar a ordem (Confiança Quântica).
4. A vida transforma a si mesma por meio dos relacionamentos (Ser Quântico).

Três dessas habilidades espirituais — o Conhecimento Quântico, a Ação Quântica e a Confiança Quântica — são mostradas no triângulo com o vértice voltado para cima, na parte inferior do modelo. A sétima habilidade, o Ser Quântico, é mostrada na área hexagonal no centro dos dois triângulos superpostos. Sua posição central indica que ele está intrincadamente vinculado com todas as outras seis Habilidades Quânticas.

Quando praticamos essas Habilidades Quânticas psicoespirituais, aprendemos a utilizar mais plenamente ambos os hemisférios do cérebro e expandimos em grande medida a capacidade de processamento do centro mais elevado do cérebro, o neocórtex. Fazendo isso, somos capazes de transcender a programação de sobrevivência básica dos nossos arcaicos cérebros reptilianos (o complexo R) e os mecanismos de dor/prazer do sistema límbico. Pesquisas recentes (Wade 1996, 250) sugerem que, à medida que aprendemos a utilizar mais plenamente a capacidade do neocórtex, nossa percepção consciente aumenta em conformidade com isso; desse modo, nos proporciona capacidade aumentada para fazer escolhas conscientes a respeito de como queremos viver e trabalhar.

O MODELO EM FUNCIONAMENTO

A Figura 1.2 mostra como essas Habilidades Quânticas estão relacionadas com as concepções de **visão**, de **valores**, de **estratégia** e de **estrutura** do local de trabalho. A **visão** organizacional está na base do modelo.

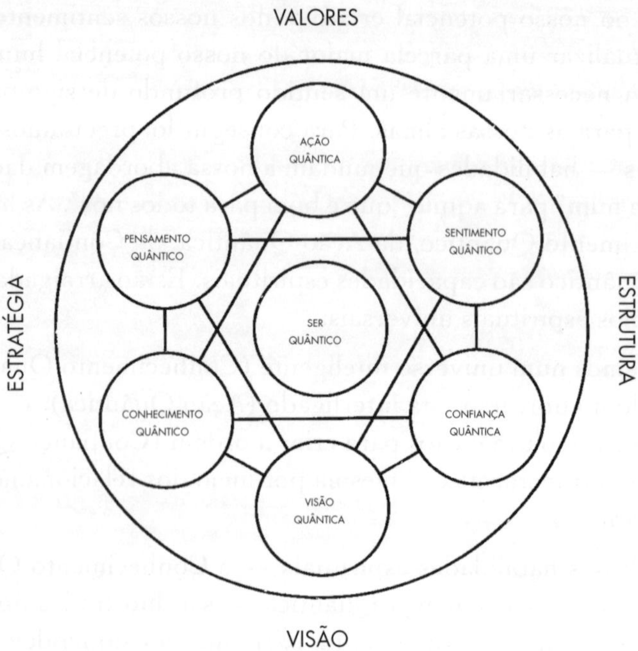

Figura 1.2: *O Modelo em Funcionamento. Este diagrama demonstra a relação das Habilidades Quânticas com as concepções de visão, de valores, de estratégia e de estrutura do local de trabalho. Por exemplo, a Habilidade da Visão Quântica é pré-requisito para a implementação da visão, e o Conhecimento Quântico e o Pensamento Quântico são requeridos para a inovação da estratégia. O Sentimento Quântico e a Confiança Quântica são habilidades necessárias para as estruturas organizacionais participativas. E a habilidade da Ação Quântica permite aos funcionários traduzir valores partilhados em comportamentos individuais.*

É o terreno de onde emergem a estrutura, a estratégia e os valores. Quando os membros de uma organização começam a utilizar a habilidade da Visão Quântica, eles expandem muito sua possibilidade perceptiva. Começam a estabelecer intenções claras para sua vida, e passam a conversar a respeito do que lhes é possível criar juntos. Dessas conversas nasce uma visão organizacional. Em seguida, ela é realizada por intermédio do poder da intenção partilhada.

As habilidades do Pensamento Quântico e do Conhecimento Quântico são habilidades de **estratégia**. O Pensamento Quântico permite às pessoas ver além das possibilidades do tipo "ou isto/ou aquilo" para as possibilidades do tipo "isto-e-aquilo". Quando os membros de uma organização utilizam coletivamente essa habilidade, eles são capazes de identificar soluções notavelmente criativas e estratégias altamente inovadoras. O Conhecimento Quântico traz para a organização a inteligência do campo quântico, permitindo que a organização utilize sabedoria interior na análise de dados externos. As habilidades do Pensamento Quântico e do Conhecimento Quântico expandem em grande medida a capacidade de uma organização. Elas infundem altos níveis de criatividade e de *insight* intuitivo nos processos de solução-de-problemas/tomada-de-decisões da organização.

O Sentimento Quântico e a Confiança Quântica são habilidades de **estrutura**. Assumir responsabilidade por sentimentos (Sentimento Quântico) e desobrigar-se da necessidade de controlar outras pessoas (Confiança Quântica) são pré-requisitos para novas formas de governo participativo. Até que essas novas habilidades estejam no lugar, as organizações continuarão revertendo para estruturas tradicionais e autocráticas, independentemente de quantos programas de aquisição de poder sejam implementados, ou de quantas camadas sejam removidas dos estatutos da organização. O poder não pode ser conferido; só pode ser reivindicado. Ele emerge quando os membros de uma organização abordam suas necessidades de dependência e de controle.

Os **valores** estão no ápice do modelo. Eles formam um campo abrangente que influencia a maneira *como* as coisas são feitas numa organização. À medida que esclarecermos individualmente nossos valores mais profundos e que fizermos escolhas conscientes que sejam congruentes com esses valores (Ação Quântica), recriaremos coletivamente os valores de nossos locais de trabalho. Uma preocupação profunda com o todo permeará nossos planos comerciais e nossas ações cotidianas. Os princípios se tornarão tão importantes quanto os lucros, e daremos um salto quântico para uma nova maneira de ser juntos no trabalho.

A ORGANIZAÇÃO QUÂNTICA

Quando começarmos a utilizar essas Habilidades Quânticas, criaremos organizações quânticas — organizações de cérebro inteiro, com acesso ao potencial ilimitado da Mente. Os depositários dessas organizações serão **ver**, **pensar**, **sentir**, **conhecer**, **agir**, **confiar** e **ser** por caminhos que sejam congruentes com um novo paradigma holístico, uma visão de mundo quântica, e, assim fazendo, eles descobrirão maneiras altamente inovadoras de se lidar com os muitos desafios com que nós e nossas orga-

Tabela 1.2: *A relação entre as habilidades quânticas e questões/comportamentos de importância-chave relativos ao local de trabalho*

Questões relativas ao local de trabalho	*Habilidade quântica*	*Definição*	*Comportamento-chave*
Qualidade	Visão Quântica	A capacidade de ver intencionalmente	Concentrado
Inovação	Pensamento Quântico	A capacidade de pensar paradoxalmente	Criativo
Motivação	Sentimento Quântico	A capacidade de se sentir efetivamente vivo	Energético
Atribuição de Poder	Conhecimento Quântico	A capacidade de conhecer intuitivamente	Confiante
Responsabilidade Social	Ação Quântica	A capacidade de agir responsavelmente	Ético
Mudança/Caos	Confiança Quântica	A capacidade de confiar na vida	Flexível
Equipe de Trabalho /Diversidade	Ser Quântico	A capacidade de ser nos relacionamentos	Compassivo

nizações nos defrontamos atualmente. A Tabela 1.2 mostra a relação entre cada Habilidade Quântica e questões e assuntos de importância-chave ligados ao local de trabalho.

OLHAR PARA A FRENTE

Este primeiro capítulo introduziu as sete Habilidades Quânticas, resumiu o modelo e discutiu brevemente a relevância dessas habilidades no âmbito do local de trabalho. Os Capítulos 2 a 8 exploram em profundidade essas Habilidades Quânticas — uma habilidade por capítulo. Cada um dos capítulos a respeito dessas habilidades tem o seguinte formato:

1. **O Desafio:** Questiona a viabilidade da nossa atual visão de mundo e coloca as questões que o capítulo abordará.
2. **A Nova Ciência:** Resume o princípio de física quântica do qual a Habilidade Quântica do capítulo é derivada.
3. **Uma Nova Perspectiva:** Discute as implicações da ciência para uma nova visão do mundo e examina recentes pesquisas psicológicas que apóiam a perspectiva quântica.
4. **A Habilidade Quântica:** Define a Habilidade Quântica e fornece exemplos comportamentais das aplicações da habilidade.

5. **O Desenvolvimento da Habilidade:** Introduz técnicas específicas para aprendizagem e uso da Habilidade Quântica.
6. **A Habilidade em Funcionamento:** Sugere práticas de local de trabalho que são congruentes com a habilidade e apresentam exemplos, tirados da vida real, de aplicações no local de trabalho.
7. **Integração de Habilidades:** Fornece uma oportunidade para ponderar e para assimilar o conteúdo do capítulo.

O formato dos capítulos a respeito das habilidades é planejado para levar o leitor do conceitual para o prático — da teoria científica de ponta para uso dos recursos mais avançados no local de trabalho. Entre esses dois extremos, você irá explorar as implicações pessoais de cada habilidade porque este livro tem como premissa uma suposição básica — mudamos nossos locais de trabalho mudando a nós mesmos.

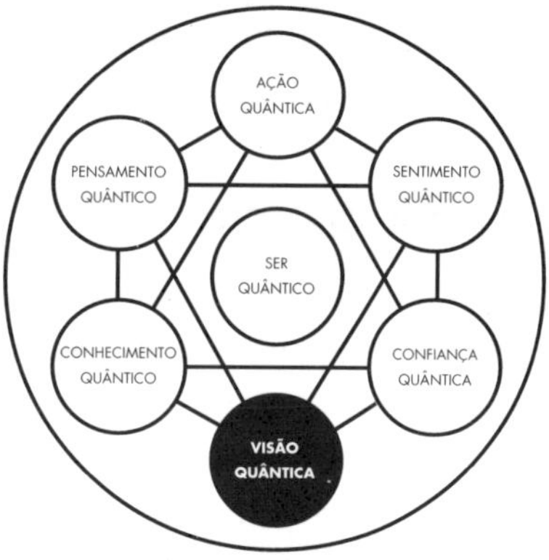

VISÃO QUÂNTICA

A capacidade de ver intencionalmente.

2

Realidade Virtual

"A realidade é filha de dois pais: O inexaurível ambiente das informações e a inefável mente consciente."

Robert Jahn

O DESAFIO

A pergunta fundamental para o século XXI poderá muito bem ser a seguinte: "O que é real?" Se você já experimentou o mundo da realidade virtual, é capaz de imaginar como o rápido avanço da tecnologia holográfica poderá levar a um instante no tempo em que se tornará cada vez mais difícil diferenciar matéria *real* de alucinações virtuais tecnologicamente induzidas. Na verdade, a teoria quântica sugere que grande parte daquilo que chamamos correntemente de real não é, nem de perto, tão objetiva quanto podemos acreditar. Nossas observações de momento para momento, embora não sejam modeladas tecnologicamente, são, não obstante, modeladas por nossas percepções. Desse modo, grande parte do que vemos no mundo exterior é gerada pela **mente**, com tanta certeza quanto uma experiência de realidade virtual é gerada tecnologicamente. Esse fato coloca algumas questões interessantes. Como nossa vida poderia ser diferente, e como nossa experiência de trabalho poderia mudar se nos convencêssemos de que criamos nossa própria realidade?

A NOVA CIÊNCIA

Durante séculos, filósofos e físicos lutaram com a pergunta: "O que é real?" No século XX, os físicos quânticos lançaram nova luz sobre essa questão muito antiga ao explorar a natureza do domínio subatômico. Como resultado dessa exploração, sabemos hoje que o mundo material não é tão real quanto parece. No nível subatômico, não há partículas estáveis, não há blocos de construção da matéria, só ondas de energia em contínuo movimento que podem, em certas condições, formar partículas.

O assim chamado **experimento da dupla fenda** é um exemplo utilizado com freqüência para mostrar a natureza bifacial da energia. Nesse experimento, os físicos disparam fótons de um canhão de luz sobre uma tela detectora (chapa fotográfica). Uma tela intermediária com duas aberturas, a assim chamada dupla fenda, é colocada entre a fonte de fótons e a tela detectora (Figura 2.1). Se o experimentador abrir simultaneamente ambas as fendas, os fótons criarão faixas alternadas luminosas e escuras na tela detectora. Esse padrão luminoso-escuro é resultado de interferência ondulatória, indicando de maneira clara que cada fóton deve estar passando simultaneamente por ambas as fendas. A fim de fazê-lo, precisa se propagar como uma onda. No entanto, quando um fóton atinge a tela detectora, ele sempre libera sua energia num pequeno pacote de luz semelhante a uma partícula. Desse modo, a luz viaja como onda, mas sempre se manifesta como partícula. A luz, como toda energia, tem duas faces.

Todos os fenômenos subatômicos (por exemplo, elétrons, prótons e nêutrons) podem atuar seja como onda (vibrações) seja como partícula (posição localizada no espaço e no tempo). A natureza ondulatória da energia nos permite transmitir informações através do espaço, o que tornou possível o rádio, a televisão e uma multidão de outras amenidades tecnológicas. A natureza corpuscular da energia permite às partículas juntarem-se com outras partículas para formar átomos e moléculas. Esses átomos e moléculas formam então as coisas "reais" que somos capazes de ver no mundo macroscópico — coisas como pessoas, abóboras, amores-perfeitos e cachorrinhos. No entanto, essas coisas *reais* são compostas exclusivamente de energia.

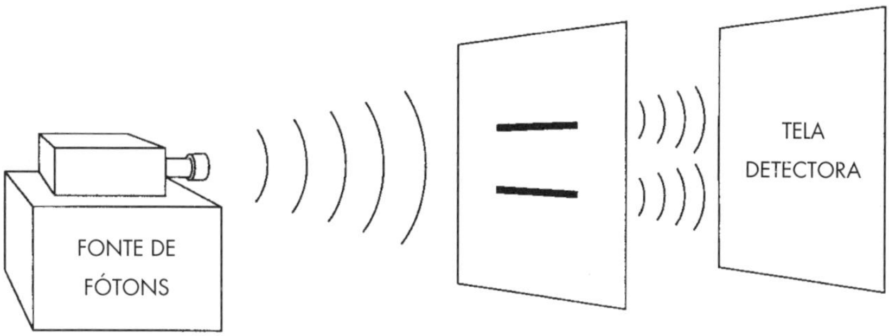

Figura 2.1: *O Experimento da Dupla Fenda. Se o fóton passa através de ambas as fendas simultaneamente, as ondas luminosas interferem umas com as outras depois de deixarem as fendas, criando assim um padrão de interferência na tela detectora. Se uma das fendas é fechada, o padrão de interferência com faixas alternadas luminosas e escuras é substituído por uma área luminosa brilhante — um padrão de difração.*

A energia, e não a matéria, é a *substância* fundamental do universo. No entanto, esse fato comumente aceito levanta uma questão que ainda não pode ser respondida: O que desencadeia o aspecto corpuscular da energia? Ou então, para utilizar uma terminologia mais concreta: Como é criado o mundo tridimensional, material? A fim de responder a essa pergunta, é necessário introduzir a concepção de **ondas de probabilidade**. As ondas de energia subatômica não são ondas *reais*, como as ondas de água ou as ondas sonoras. São quantidades matemáticas abstratas que podem ser utilizadas para se prever a probabilidade de se encontrar uma partícula num determinado lugar e num dado tempo. No experimento da dupla fenda, o aspecto partícula da onda de probabilidade é disparado pelo ato de observação. Isso significa que tudo em nosso mundo material começa como uma onda de probabilidade que transporta energia. A observação (a medição) provoca o colapso da função de onda, fazendo com que os aspectos ondulatórios da energia localizem-se na forma de partículas.

O famoso físico inglês David Bohm referiu-se à criação da matéria como a **dança cósmica**. Depois de anos de pesquisas, ele concluiu que a percepção humana coreografa a dança. Isso implica que aquelas coisas externas que nós, de maneira tão vívida, vemos, tocamos, ouvimos, degustamos e cheiramos, são, de alguma maneira, evocadas por nós, os observadores. O físico Fred Alan Wolf concorda. Ele comenta: "A maneira como a matéria aparece depende de escolhas feitas pela nossa mente; a realidade é uma questão de escolha" (1989, 129). Bohm e Wolf não pretendem concluir que nós, os observadores do mundo físico, **criamos** a realidade a partir de um vazio; em vez disso, **evocamos** a realidade a partir de um campo de energia invisível, um menu de potenciais energéticos. Portanto, o potencial particular que nós **reali**zamos em qualquer instante no tempo depende da natureza das nossas observações.

O físico Erwin Schroedinger, um dos fundadores da teoria quântica, utilizava um gato hipotético para demonstrar o papel da observação no processo de construção da realidade. Imagine esse gato numa caixa preta vedada com uma cápsula radioativa que tem 50% de chance de sofrer um decaimento; nesse caso, há liberação de um gás venenoso, e o gato morre. A partir da paradoxal perspectiva quântica, o gato estaria, ao mesmo tempo, morto e vivo até que fosse observado. Como um fóton, que pode estar em dois lugares diferentes até que seja medido, esse famoso gato permanece num estado de **superposição** até o momento da verdade. A observação humana interrompe o suspense. Ela faz a energia das possibilidades múltiplas decair a uma única realidade efetiva.

No entanto, há alguma coisa real na caixa de Schroedinger para nós **real**izarmos. Quando olhamos dentro dessa caixa, sempre vemos um gato, jamais um cão. Porém, não seremos capazes de ver o destino do gato enquanto não abrirmos a tampa e concentrarmos nossa atenção. De maneira semelhante, a partir de uma perspectiva quântica, o universo é simplesmente uma sopa energética de potenciais até que nós selecionemos *[intend]* e focalizemos *[attend]*. Nas palavras do prêmio Nobel Ilya Prigogine: "O que quer que chamemos de realidade, ela só nos é revelada por intermédio de uma construção ativa na qual participamos."

UMA NOVA PERSPECTIVA

"Percepção é realidade" é uma afirmação que tem implicações de longo alcance, e, de acordo tanto com a teoria quântica como com as pesquisas neurológicas humanas, é uma afirmação precisa. O neurocientista dr. Rodolfo Llinas, da New York University Medical School, aponta para o fato de que tudo o que vemos, ouvimos, tocamos, saboreamos ou cheiramos é, puramente, uma construção mental, mesmo que possa estar baseado em informações externas (vibrações de energia). De acordo com Llinas:

> "A luz nada mais é que radiação eletromagnética. As cores, claramente, não existem fora de nosso cérebro, nem o som. Há um som se uma árvore cai na floresta e ninguém o escuta? Não. O som é a relação entre vibrações externas e o cérebro. Se não houver cérebro, não pode haver som" (in Lemonick 1995, 52).

As pesquisas de Llinas, utilizando um dispositivo altamente sensível denominado magnetoencefalógrafo, que mede correntes elétricas no cérebro, sustentam sua crença no fato de que a consciência humana é um estado que corresponde estreitamente à realidade externa; porém, jamais capta plenamente a realidade devido às limitações do cérebro. Este, na verdade, destina-se a reduzir a quantidade de informações que processa; faz isso por intermédio do processo de **percepção seletiva**. Embora tudo o que vemos, sentimos, saboreamos, ouvimos ou cheiramos seja um candidato em potencial para a percepção, as informações que, efetivamente, ingressam em nossa percepção consciente constituem apenas uma pequena fração do que é filtrado. Sentimos muito mais do que efetivamente percebemos.

Depois que os nossos sentidos coletam os dados em estado bruto (vibrações energéticas), os processos neurológicos de percepção selecionam, organizam e interpretam essas sensações. Há, pelo menos, três pontos de escolha muito subjetivos:

1. Que informação é selecionada desse infinito campo energético de potencialidades.
2. Como ela é organizada (codificada/rotulada).
3. Como é interpretada.

Nossos estados de consciência individuais (por exemplo, suposições, crenças, pensamentos e sentimentos) determinam as escolhas que fazemos em cada passo desse processo perceptivo. De fato, nossas percepções são modeladas mais pelas informações já presentes no cérebro do que pelos estímulos externos. Pesquisas recentes sugerem que, pelo menos, 80% das informações utilizadas para criar uma percepção provêm de dentro do cérebro. Somente 20% das informações utilizadas para formar uma percepção têm origem no mundo exterior (Wheatley e Kellner-Rogers 1996, 49).

Nossas escolhas perceptivas recebem um grande impacto de um forte anseio psicológico de continuidade e de estabilidade (**constância perceptiva**). O olho humano é planejado justamente para sustentar essa necessidade psicológica. A pupila realmente dilata-se "quando nos é apresentado algo que queremos ver e se contrai (diminuindo assim o *in-*

put visual) quando há algo diante de nós que não queremos ver" (Harman e Rheingold 1984, 62-63). Isso faz com que peneiremos grande parte das informações que estão realmente disponíveis no ambiente exterior.

A necessidade de constância perceptiva leva àquilo que o médico/autor Deepak Chopra denomina "compromisso cognitivo prematuro" — a tendência humana para congelar o imenso potencial de informações sensoriais numa realidade perceptiva específica muito antes de termos explorado nosso menu de opções sensoriais. Chopra defende que devemos "quebrar o encantamento da matéria", deixando de conferir tanto poder às nossas percepções sempre limitadas. No final das contas, se contássemos somente com a percepção, ainda acreditaríamos que a terra é plana e está parada.

A hipnose é outro bom exemplo da subjetividade da percepção humana. Uma pessoa hipnotizada pode tocar num objeto frio e ser queimada ou comer uma mistura de sabor ruim e achá-la deliciosa. Tais respostas hipnóticas demonstram que nossa percepção é modelada muito mais por crenças interiores do que pela *realidade* exterior.

Os psicólogos Joseph Hubel e David Weisel fornecem mais evidências da subjetividade da percepção num experimento bem conhecido com gatinhos recém-nascidos. Assim que os gatinhos abriam os olhos, os experimentadores os separavam aleatoriamente em três grupos. O primeiro grupo era colocado numa caixa branca pintada com listas negras horizontais. O segundo grupo de gatinhos era colocado numa caixa branca pintada com listas negras verticais. O terceiro grupo era colocado numa caixa totalmente branca. Essas condições ambientais originais modelaram a capacidade perceptiva dos gatinhos. Os que vinham do ambiente com listas horizontais não conseguiam ver nada que fosse vertical. Eles colidiam com as pernas das cadeiras e com outros objetos verticais. O segundo grupo de gatinhos tinha o problema oposto. Eles não conseguiam ver nada que fosse horizontal. Seus primeiros dias num mundo totalmente vertical os deixaram cegos a qualquer outra realidade. O terceiro grupo de gatinhos, os do mundo branco, foram os que sofreram os impactos mais sérios dentre todos os três grupos. Não conseguiam relacionar-se corretamente com nenhum objeto ambiental. Ficaram totalmente desorientados num mundo tridimensional.

À semelhança desses gatinhos, nossas experiências de infância exercem um enorme impacto sobre o nosso aparelho sensorial/perceptivo. Por ocasião do nascimento, nossa estrutura neuronal é extremamente flexível; porém, com cada experiência as conexões se tornam mais fixas.

Finalmente, desenvolvemos conjuntos mentais que limitam o alcance de nossas possibilidades perceptivas. Por volta da época em que atingimos a vida adulta, tornamo-nos **desafiados perceptivamente**. No entanto, podemos, por meio da intenção concentrada, reativar conexões neuronais adormecidas e, dessa maneira, expandir em grande medida nossa capacidade perceptiva. Ao fazê-lo, saímos para fora das caixas dos nossos velhos hábitos perceptivos e, literalmente falando, aprendemos a ver o mundo com novos olhos.

A HABILIDADE DA VISÃO QUÂNTICA

A Visão Quântica é a capacidade de ver intencionalmente. Essa habilidade nos possibilita romper os grilhões dos condicionamentos da infância e voltar a atenção para estímulos novos, previamente invisíveis. À medida que o fazemos, mudamos nossa experiência da realidade. A palavra realidade deriva das palavras latinas para "pensar" (revi) e "coisa" (res). A realidade, ou, pelo menos, nossa experiência individual dela, está diretamente relacionada com as coisas a respeito das quais pensamos. Gary Zukav resume isso muito bem. Ele escreve:

> "A realidade é o que tomamos por verdadeiro. O que tomamos por verdadeiro é aquilo em que acreditamos. Aquilo em que acreditamos baseia-se em nossas percepções. O que percebemos depende do que procuramos. O que procuramos depende do que pensamos. O que pensamos depende do que percebemos. O que percebemos determina aquilo em que acreditamos. Aquilo em que acreditamos determina o que tomamos por verdadeiro. O que tomamos por verdadeiro é a nossa realidade" (1979, 310).

Por isso, as nossas crenças reforçam as nossas percepções, e as nossas percepções reforçam as nossas crenças. Conseqüentemente, permanecemos presos num ciclo de repetitividade em andamento, vendo o mundo como sempre o temos visto, e vivendo nossa vida no âmbito de uma faixa muito estreita de possibilidades, não porque a vida seja limitada, mas porque nossas percepções o são. É um círculo vicioso, mas pode ser quebrado! O primeiro passo consiste em reconhecer que vivemos num universo subjetivo — um universo de que somos co-autores por meio de nossas escolhas perceptivas.

Esse não é um reconhecimento que muitos de nós possam fazer com facilidade, mesmo que haja uma rica profusão de dados científicos e de tradições espirituais que apóiam essa perspectiva quântica. Não é fácil fazê-lo por muitas razões, mas a razão básica é o condicionamento social. Fomos condicionados pela visão de mundo newtoniana a acreditar numa realidade exterior objetiva. Essa crença tem muitas vantagens, sendo a principal dentre elas a abdicação da responsabilidade. Se vivemos num mundo fixado, objetivo, somos vítimas de circunstâncias externas além do nosso controle. Por outro lado, se o mundo material tridimensional é subjetivo, nós, como seres perceptivos, desempenhamos um importante papel como criadores de tudo isso que vemos e que vivenciamos.

Alguns de nós podem recuar diante de um pensamento de tanta responsabilidade. Podemos preferir as limitações da perspectiva newtoniana à terrível responsabilidade implícita na visão quântica. Outros estão ansiosos para expandir suas realidades perceptivas. Ansiamos por ver o mundo com olhos renovados. No entanto, não é fácil aprender a mudar as percepções. Elas são aprendidas muito cedo e são controladas, basicamente, num nível inconsciente de percepção. No entanto, podemos aprender a nos tornar mais conscientes de nossas intenções, e, com toda a previsibilidade, à medida que aprendermos a mudar nossas intenções, nossas percepções espontaneamente mudarão.

Mihaly Csikszentmihalyi, psicólogo da Universidade de Chicago, chama a intenção de "a força que mantém ordenadas as informações na consciência" (1990, 27). A intenção ordena a nossa vida fazendo com que concentremos nossa atenção em algumas coisas enquanto ignoramos um grande número de possibilidades perceptivas. A habilidade da Visão Quântica nos permite selecionar conscientemente nossas intenções, deixando assim nossas percepções em harmonia com nossos anseios. Por exemplo, se estabelecermos uma clara intenção de viver de maneira saudável, começaremos a notar informações (a prestar atenção nelas) que normalmente não teríamos percebido. Podemos começar a ler os rótulos dos alimentos que compramos; podemos começar a notar as advertências feitas pelo clube de saúde local; ou podemos, de repente, encontrar tempo disponível para fazer exercícios. Essas informações, naturalmente, já estavam disponíveis para nós. No entanto, foram perceptivelmente ignoradas até que manifestássemos uma intenção consciente que mudou nossa atenção. A intenção clara serve como uma lente de aumento. Ela nos proporciona uma espécie de percepção extra-sensorial que nos permite ver novas escolhas perceptivas — escolhas que, de outra maneira, nos teriam escapado.

A intenção é, muito simplesmente, o mecanismo psicológico com o qual criamos a realidade. Portanto, se ansiamos por dar à luz uma nova realidade, começamos com uma clara intenção do que ansiamos por criar. Estabelecer uma clara intenção não significa que devamos desenvolver um plano de jogo detalhado. O planejamento detalhado é uma concepção mecanicista. Envolve o estabelecimento de objetivos e o desenvolvimento de estratégias. Alguns escritores, teóricos motivacionais em particular, sugerem até mesmo que é a tensão entre o resultado desejado e a realidade efetiva que alimenta o processo de se atingir o objetivo. Isso é pensamento newtoniano. Baseia-se na suposição de que a força ou o impulso é uma parte necessária do processo de mudança. Esse tipo de pensamento supõe que a discrepância entre a realidade corrente e a realidade desejada irá gerar o vapor (a força) necessário para a realização do objetivo.

A teoria quântica fornece uma nova opção ao sugerir que a criação é um resultado do **enfoque** e não da **força**. A tensão e o esforço são concepções mecanicistas. A partir de uma perspectiva quântica, a vida simplesmente se apresenta de maneira diferente quando mudamos nosso enfoque. Nos experimentos da dupla fenda, os experimentadores não desenvolvem planos de ação detalhados para fazer os fótons agirem de certa maneira. De fato, como você descobrirá adiante (Capítulo 5), o padrão luminoso na tela (interferência ou difração) pode ser alterado até mesmo depois que um fóton passa através de determinada fenda (ou fendas). O mundo invisível da energia se realiza de acordo com as intenções do experimentador.

A história de uma amiga que procurava um emprego é um bom exemplo de como esse mesmo princípio funciona no mundo da experiência cotidiana. Essa mulher, de 37 anos, estava trabalhando numa função de gerenciamento sênior numa empresa cujos valores se mostravam cada vez mais incompatíveis com os dela. Depois de muitos meses de frustração, ela abandonou essa organização e começou a se esclarecer a respeito de quem ela era e do que era importante para ela nessa etapa de sua vida. Quando começou a questionar seus interesses e valores, tornou-se claro que havia um patrão "mais justo" no seu mercado de trabalho local. No entanto, havia obstáculos. Suas credenciais educacionais e sua experiência industrial não eram diretamente relevantes. Mindi era Ph.D. em Administração para Ciência Farmacêutica. A empresa que ela tinha em mente desenha e fabrica cartões de felicitações. Além disso, essa empresa se achava num período de estabilidade, não crescia e, portanto, não estava à procura de mais executivos.

Mindi não reforçou esses obstáculos em potencial. Fixou a intenção e começou a se imaginar como membro integrante da equipe de gerenciamento da empresa. Expressou essa visão num evento social quando foi apresentada a um estranho que, casualmente, lhe perguntou o que fazia. Mindi explicou sua situação e revelou sua vontade de trabalhar para um empregador específico. Sem que Mindi o soubesse, esse estranho era um executivo aposentado da empresa em questão. Ele ficou tão impressionado com a clareza de sua intenção, que marcou um encontro entre ela e o presidente da empresa. Três meses depois, Mindi começou a trabalhar nessa empresa numa nova posição de gerenciamento sênior criado sob medida exatamente para ela. Ela não tinha um plano de jogo detalhado para fazer essa mudança de carreira; em vez disso, fixou uma intenção nítida, e a oportunidade surgiu.

A história de Mindi demonstra a habilidade da Visão Quântica. Quando dedicamos tempo para tornar mais claros nossos anseios e para concentrar conscientemente nossa atenção, começamos a descobrir nossa capacidade para criar por meio da intenção. O uso dessa habilidade nos permite planejar artisticamente nossa vida em vez de construí-la mecanicamente — imaginar nossa vida por meio de intenção consciente, em vez de construí-la de objetivo em objetivo. Isso apresenta um interessante paradoxo. Quanto mais cientes nos tornamos de nossa capacidade para planejar artisticamente nossa própria realidade, mais dependentes nos achamos com relação a outras pessoas. O universo é altamente complexo em suas inter-relações (Capítulo 6). Sou influenciada não apenas pelas minhas intenções mas também pelas de vocês. Não só criamos, mas também criamos conjuntamente. Juntos, criamos uma realidade consensual (coletiva).

À proporção que formos avançando ao longo das sete Habilidades Quânticas, exploraremos evidências de que o universo físico é inteligente (Capítulo 5) e auto-organizador (Capítulo 7). Talvez, por meio de escolha consciente, sejamos capazes de influenciar (*vontade criativa*) mas não de controlar totalmente (*livre-arbítrio*) as conseqüências de nossa vida. As diferenças são sutis, porém profundas. No final deste livro, você terá uma avaliação mais profunda da enorme complexidade do universo e do papel que cada um de nós desempenha em modelá-lo.

O DESENVOLVIMENTO DA HABILIDADE

Lily Tomlin, que estrelou uma peça da Broadway instigante em idéias, *A Search for Signs of Intelligent Life in the Universe*, de Jane Wagner, lamenta-se sobre a sua vida como caixeira-viajante. Ela comenta: "Eu sabia, enquanto crescia, que queria ser alguém. Agora, compreendo que precisava ser mais específica." A habilidade da Visão Quântica nos permite ser específicos; ser "tencionadores" conscientes de vidas que funcionam e de locais de trabalho que satisfazem.

Para esclarecer nossas intenções, muitos de nós podem precisar "sacudir a poeira" dos nossos sonhos. Podemos precisar reservar algum tempo para identificar os anseios do nosso coração — para concluir que tipo de vida é esse que queremos criar. Saber aquilo que queremos e estabelecer uma clara intenção são os primeiros passos. Sem intenção e sem anseio, não ocorre nenhuma criação deliberada. Em vez disso, criamos nossa vida à revelia. No entanto, muitos de nós passam a vida reprimindo seus desejos. Alguns de nós foram condicionados quando crianças a renunciar ao que queriam para se proteger do desapontamento. Outros de nós pensaram que eram indignos. Muitos de nós foram condicionados a crer que nossa vida é criada pela sorte ou pela fatalidade. Com freqüência, simplesmente nos adaptamos ao que existe. Falhamos em sonhar com o que poderia ser.

Para nos religar com nossas esperanças e com nossos desejos, podemos precisar despertar o gigante adormecido da nossa imaginação. Esta é o vínculo crítico entre a vida como ela é correntemente e a vida de nossos sonhos mais selvagens. O que não podemos imaginar não podemos realizar. É por isso que, nas palavras de Albert Einstein, "a imaginação é mais importante que o conhecimento". Uma vez que somos capazes de imaginar o que queremos, somos capazes de **ver** perceptivamente novas oportunidades e os recursos disponíveis que nos permitirão realizar esses anseios. É improvável que vejamos essas oportunidades até que definamos nossas intenções. Naturalmente, elas já se acham presentes, mas, perceptivelmente, não estão disponíveis para nós.

Por meio de nossa imaginação, também podemos "ensaiar" *[try out]* sonhos possíveis quase da mesma maneira como um elétron ensaia órbitas futuras antes de dar um salto quântico. Antes de um elétron saltar de uma órbita atômica para outra em sua viagem ao redor do núcleo do átomo, ele faz antes uma **transição virtual**, ensaiando simultaneamente todas as novas órbitas possíveis nas quais poderia finalmente se estabelecer. Metaforicamente falando, nós também, por meio da nossa imaginação, podemos fazer transições virtuais antes de fazer transições reais. Por meio da nossa imaginação, podemos explorar muitas possibilidades futuras e então selecionar a que é mais apropriada aos anseios do nosso coração.

Se suprimimos ou negamos nossos desejos por muito tempo, podemos achar esse processo difícil. No entanto, os recursos de apoio são inúmeros. Prateleiras de bibliotecas e de livrarias estão entupidas de informações a respeito do processo de visualização (imaginação). Há muitas técnicas, mas a maioria delas tem uma exigência em comum — o *tempo*. Sonhar, reimaginar nossas vidas, toma tempo. Não podemos desenvolver uma visão se estamos em grande atividade. A imaginação é bloqueada pela urgência e pela tensão. Se realmente queremos recriar nossas vidas, precisamos reservar tempo para, vagarosamente, reimaginá-las.

O processo de reimaginar (visualizar) não só torna clara a nossa intenção como também ajuda a purificar nossa mente inconsciente. Experiências passadas e crenças obsoletas podem influenciar ativamente as intenções atuais. Para aprender a ver de maneira diferente, devemos empreender aquilo que o psicólogo Joseph Campbell denominava "a jornada do herói" em nossas profundezas mais íntimas e liberar as experiências passadas e as crenças centrais que nos mantinham presos em nossos lamaçais perceptivos correntes. Esse processo envolve a ressemeadura de nossas mentes conscientes com novas intenções, e ao mesmo tempo a dissipação de todas as crenças limitadoras que poderiam sabotar essas intenções.

No entanto, não podemos *pensar* a respeito da maneira de sair de nossa estagnação perceptiva. Chopra assinala que "pensar em como sair do pensamento é semelhante a tentar sair da areia movediça puxando-se a si mesmo pelos cabelos" (1991, 116). A mente inconsciente simplesmente não responde bem a instruções verbais. Símbolos e imagens constituem a linguagem do inconsciente. De fato, a mente inconsciente é incapaz de diferenciar entre o que é real (a partir de uma perspectiva sensorial) e o que é imaginado; portanto, por meio de imagens vívidas, podemos ensinar para o inconsciente novas escolhas perceptivas. Imagens vívidas rompem as cadeias da experiência passada. E criam novos conjuntos mentais perceptivos.

Para alguns de nós, imaginar é algo mais fácil do que para outras pessoas. Se lhe é difícil pensar em figuras, tente usar música de fundo relaxante (que abre atalhos para o inconsciente) ou compre uma das muitas fitas de áudio disponíveis para relaxamento/obtenção de imagens visuais. Dez a vinte minutos de visualização diária podem produzir resultados dramáticos. Como escreveu Marcel Proust, numa linguagem tão poética: "Para seguir por uma viagem de descoberta, não precisamos de novas paisagens, precisamos de olhos revigorados." O tempo que dedicamos para reimaginar nossa vida (e nossas organizações) nos proporciona olhos revigorados para vê-las.

Depois de tornarmos claros os nossos anseios, iniciamos o desafio, enfrentado momento a momento, para manter nossas intenções na frente da nossa consciência. Jerry e Esther Hicks, em *A New Beginning* (1992), falam a respeito da necessidade de nos tornarmos "peneiradores seletivos" — porteiros dos portais da consciência, entretendo apenas pensamentos que concordem com nossas intenções. Muitos de nós não aprenderam como fazer isso. Nossa mente se parece mais com uma salada de pensamentos — uma mistura do útil com o não-produtivo. Como podemos impedir essa confusão? Como deixar apenas os pensamentos que nos servem bem ingressar na nossa percepção?

Os terapeutas cognitivos costumam recomendar a técnica de **reemoldurar o pensamento**, um processo para observar, interceptar e mudar padrões de pensamento não-produtivos. As afirmações são freqüentemente utilizadas para ajudar nesse processo. São declarações de intenção simples, breves e positivas, tais como "eu tenho todo o tempo de que necessito para realizar tudo o que é importante para mim" ou "estou atraindo para a minha vida a perfeita oportunidade para o avanço da minha carreira". Elas funcionam mais se forem enunciadas por escrito e lidas várias vezes por dia. Escrevo as minhas em cartões 3 por 5 e as coloco em lugares bem visíveis, de modo que possam atuar ao longo do dia como freqüentes lembretes visuais a respeito das coisas que pretendo criar. Outro instrumento útil é um quadro de sonhos (ou mapa mental), uma folha com o tamanho de um cartaz coberta de figuras tiradas de revistas ou de desenhos que correspondem às intenções da pessoa (ver o Apêndice 1 para um exemplo de mapa mental). Exibir esse quadro de sonhos ou mapa mental num lugar a que se tem freqüente acesso visual (por exemplo, dentro de uma porta de armário no quarto de dormir) fornece um lembrete visual diário daquilo que ansiamos por criar.

À medida que usamos esses auxiliares visuais, tornamo-nos cada vez mais conscientes de nossas intenções, e cada vez mais seletivos com relação às coisas a respeito das quais escolhemos pensar. Ann Landers lembra-nos de que "se continuarmos pensando o que sempre pensamos, continuaremos fazendo o que sempre fizemos". A pessoa típica tem cerca de 60.000 pensamentos por dia. 90% deles são repetições dos pensamentos de ontem. Seria de admirar que nossa vida pareça apenas continuar repetindo a si mesma?

A HABILIDADE EM AÇÃO

Atualmente, as organizações, em sua maioria, parecem estar cientes da necessidade de uma intenção clara. As visões empresariais estão em voga. Livros sobre gerenciamento promovem o valor da visão, e uma grande quantidade de firmas de consultoria está disponível para facilitar o processo de visualização. Organizações gastam milhões de dólares desenvolvendo declarações de visão, e milhões de outras comunicando essas visões aos funcionários. No entanto, na maioria das empresas, somente alguns líderes de importância-chave participam no processo de visualização. Tipicamente, o gerenciamento sênior cria a visão, passa horas (e até mesmo dias) forjando e burilando as palavras, e então tenta vender a visão e recrutar o apoio de ampla difusão necessário para uma implementação bem-sucedida.

A partir de uma perspectiva quântica, esse processo tradicional não faz sentido. Intenções pessoais não são mudadas pela leitura da declaração da visão de outra pessoa. A intenção é uma função da crença a respeito do que é *importante* e do que é *possível*. As crenças individuais não são mudadas por meio de mandatos, mas sim por meio da experiência. Se os funcionários não estão envolvidos pessoalmente no processo de visualização, eles não são capazes, perceptivamente, de ver novas possibilidades. Em vez disso, permanecerão presos nos seus conjuntos mentais correntes; desse modo, não serão capazes de fazer as novas escolhas perceptivas que a visão sob mandato gerencial requer para que seja executada com sucesso.

Uma reunião recente numa empresa-cliente exemplifica esse dilema. A reunião foi convocada pelo gerente da fábrica, que estava frustrado porque uma prensa moderníssima e recém-instalada não produzia os resultados desejados. O objetivo da reunião era descobrir quais eram os problemas e como solucioná-los. A discussão entre o gerente da fábrica e os operadores da prensa foi bastante esclarecedora. Os operadores, evidentemente, não percebiam a situação da mesma maneira que o gerente. De fato, estavam contentes com o seu desempenho e pareceram confusos diante da frustração do gerente. No final das contas, o produto estava sendo fabricado, e as encomendas, supridas. Finalmente, o gerente reconheceu que não se tratava de um problema de produção, mas sim de lucro. Alguém perguntou: "Quem está pondo preço no serviço?" Era óbvio que essas pessoas que faziam as prensas funcionar não estavam envolvidas em discussões sobre preços, e também era óbvio que aqueles que tinham tomado decisões sobre preços não incluíram no cômputo o tempo necessário para aprender a operar essa complexa peça de equipamento.

A discussão então se voltou para metas de vendas. Um operador comentou: "Não sei se as metas de vendas foram estabelecidas. Nunca vi nenhuma." O gerente confirmou que havia, de fato, metas de vendas e que essas metas estavam diretamente ligadas a produtos que só podiam ser fabricados com essa nova máquina. Outro operador perguntou: "De onde vêm essas metas?" O gerente respondeu: "De nossa reunião de planejamento estratégico."

Essa empresa tem um plano estratégico bastante sofisticado, com metas anuais nitidamente específicas e detalhadas estratégias de implementação. Nada há de errado com o plano. No entanto, há um grande problema com o processo de planejamento. Ele consiste numa reunião realizada fora do local de trabalho, e da qual participa apenas um pequeno grupo de líderes de importância-chave na organização. Em conseqüência disso, ocorrem problemas de implementação em andamento. Mesmo que o documento do plano seja partilhado com todos os funcionários, esse documento não é *real* para eles, como ficou evidente pelos comentários dos operadores na reunião examinada acima. Todos esses operadores tinham acesso ao documento do plano, mas nenhum deles tinha muita percepção dos seus detalhes.

Esse é um dilema organizacional comum. Não obstante, a solução parece tão óbvia — envolve todos os depositários do processo de visualização. Vários grandes processos de grupo estão atualmente disponíveis, tais como o **real time planning** [planejamento em tempo real] (1994), de Jacobs, ou a **future search conference** [conferência sobre busca do futuro] (1995), de Weisbord e Janoff. Nessas grandes sessões de grupo, depositários internos e externos reúnem-se em mesas de oito lugares e em salas para até 200 pessoas com o objetivo de criar uma visão comum. Cada mesa é um microcosmo do todo, com representantes de todos os grupos de depositários presentes. Por meio de discussões em mesa e de processos de diálogo em grande grupo, as visões pessoais são integradas em visões organizacionais, e as agendas individuais encontram um terreno comum.

Uma estação de televisão em Kansas City utilizou uma *future search conference* como veículo para envolver tanto seus funcionários não-sindicalizados como os sindicalizados na criação de uma visão compartilhada. Eles chamaram o evento de **TV Tomorrow** [TV de Amanhã]. Gerentes e funcionários sindicalizados, repórteres e engenheiros, produtores e pessoal da manutenção, juntos, criaram uma visão colaborativa para a maneira como sua estação "faria" televisão no futuro. O vice-presidente de engenharia comentou mais tarde a respeito da mudança nas atitudes dos participantes, afirmando que, em seus trinta anos de trabalho em estações de televisão, ele nunca testemunhara tanto entusiasmo quanto o que esse processo gerou. O impacto organizacional de uma visão compartilhada é, de fato, eletrizante. Velhos posicionamentos e "vendas para os olhos" de caráter perceptivo são postos de lado à medida que novas idéias do que é possível são geradas. O poder da visão substitui o poder da posição. A **intenção** clara e a **atenção** seletiva substituem horas longas e esforços estressantes. Resultados sem precedentes são obtidos por meio da enorme energia criativa de pessoas que vêem intencionalmente.

Organizações sem fins lucrativos também estão utilizando grandes processos de visualização em grupo para criar resultados notáveis. Em Kansas City, uma organização denominada Kansas City Consensus utilizou o processo da busca do futuro para criar uma visão colaboradora destinada a transformar Kansas City na "Capital das Oportunidades para as Crianças" do mundo. 130 pessoas extremamente diversificadas, representando uma ampla variedade de grupos de depositários, reuniram-se para procurar ações que seriam necessárias para transformar esse sonho em realidade.

Depois de dois dias e meio, não só tínhamos conseguido uma visão partilhada como também identificamos ações individuais que estávamos querendo realizar para dar apoio à concretização de nossa visão coletiva. Muitas dessas ações tiveram um enorme impacto na comunidade. Por exemplo, o grupo resolveu formar um *lobby* que defendia a inclusão de jovens em todos os conselhos da comunidade. Os resultados foram imediatos, uma vez que, coletivamente, as pessoas presentes estavam ligadas a centenas de organizações locais. Uma das pessoas do grupo era um funcionário num hospital local, e, em algumas semanas, o Children's Mercy Hospital colocou jovens num dos seus conselhos hospitalares. Seguiram-se numerosas outras organizações da comunidade. Pessoas com intenções claras mudaram o foco de sua atenção, e, com certeza, ocorrerão mudanças.

Muitas organizações estão descobrindo os benefícios de se envolver todos os depositários nos processos de visualização e de planejamento. Várias dessas organizações também estão reconhecendo a necessidade de apoiar depositários individuais no desenvolvimento de suas próprias visões pessoais. A razão disso é simples. A maioria dentre nós sentirá pouca paixão por uma visão empresarial se não tiver uma visão pessoal. Simplesmente não teremos o pré-requisito de habilidades ou de experiências de visualização. A qualidade é um bom exemplo. A verdadeira qualidade não poderá ser obtida em nossas organizações enquanto a qualidade não se tornar uma prioridade pessoal para cada um de nós. Quando começamos a visualizar nossa vida e o nosso trabalho de uma perspectiva de excelência, a qualidade se torna manifesta em tudo o que fazemos. Simplesmente, recusamo-nos a nos acomodar por menos. Começamos a selecionar (realizar), de um mar aparentemente infinito de potenciais quânticos, apenas os potenciais que se adaptam à nossa visão de uma vida de alta qualidade.

Edward Deming, o guru da qualidade, certamente compreendeu isso. O primeiro dos seus quatorze pontos de qualidade consiste em "criar a constância do objetivo", que Deming igualou a uma clara visão de longo prazo e a comportamentos cotidianos que apóiam essa visão. Deming acreditava que não podemos gerenciar nem medir nosso caminho para a qualidade. Esta é um modo de vida. Não pode ser realizada por meio de um "programa" de qualidade, mas sim, por meio de uma visão de qualidade. Essa visão começa no nível individual, com funcionários que *anseiam* apaixonadamente e acreditam que *merecem* vidas de qualidade.

Uma vida de qualidade não pode ser comandada por meio de gerenciamento. As pessoas não são máquinas. Não lhes podemos reconstruir o comportamento exterior e muito menos as intenções interiores. No entanto, a qualidade pode ser modelada. Ela, de fato, só é gerada pelo exemplo. Isso ocorre quando uma pessoa (você?) resolve criar uma vida de qualidade utilizando para isso o poder da intenção. A qualidade se propaga quando essa pessoa resolve discutir seus sonhos pessoais com colegas de trabalho. Realizando-se em grupos de duas pessoas, essas discussões geram nova energia e uma nova percepção do que é possível. Dessas discussões poderá, posteriormente, vir à luz um compromisso partilhado com a qualidade e, portanto, uma visão de equipe partilhada.

A evolução de uma visão coletiva requer tempo. Também requer um profundo senso de confiança. As pessoas precisam sentir-se seguras sobre se querem partilhar os anseios do seu coração. A criação do clima e do espaço para conversas baseadas em visões traz recompensas. Peter Senge, que escreve extensamente a respeito do poder da visão partilhada, acredita que a força de uma visão partilhada é, efetivamente, uma força palpável. De acordo com Senge: "Poucas forças, se é que existem, nos assuntos humanos são tão poderosas quanto uma visão partilhada" (1990, 211). A visão partilhada alinha a lente perceptiva no âmbito de um grupo de diversificados membros de equipe, criando uma identidade comum e um propósito partilhado. Pessoas de visão vêem metaforicamente a si mesmas como construtores de catedrais, em vez de meros cortadores de pedras. Elas se tornam pessoas com um objetivo; e não apenas com uma profissão comercial.

Pessoas com um objetivo são notadas. A qualidade se salienta. Vidas que trabalham e equipes que funcionam em altos níveis de excelência são faróis num mar de mediocridade organizacional. Essas equipes tornam-se então catalisadoras para outras partes da organização. À semelhança de modelos de computador que geram fractais (padrões geométricos dentro de padrões) por meio de iterações sucessivas de uma simples fórmula matemática, grupos de alto desempenho são, da mesma maneira, realimentados na organização maior por via de histórias de sucesso. A organização maior pode até mesmo começar a replicar essa equipe ou esse departamento, uma vez que as intenções individuais muitas vezes mudam como resultado de interações com outros, as quais modelam novas possibilidades.

A história de um cliente demonstra esse princípio. Dwain passou 25 anos de sua vida trabalhando em grandes empresas multinacionais de gás natural e de petróleo. Quando atingiu a meia-idade, resolveu recriar sua vida em torno da paixão que sentia pelos serviços ao consumidor. Deixou o cargo de gerenciamento sênior numa grande empresa de propano e se lançou no seu próprio caminho para "viver o seu sonho". A intenção de Dwain era a de ser um campeão em prestação de serviços numa indústria baseada no preço. A maioria das lojas de vendas a varejo de propano está situada em comunidades rurais, e a maioria delas é de propriedade local. Muitos desses proprietários de propano vêem a si mesmos como comerciantes e não como negociantes. Essa leve diferença no rotular a si mesmos converteu-se, ao longo do tempo, numa profecia que se cumpriu por si mesma. Comerciantes vendem um produto; negociantes vendem serviços.

Dwain começou sua campanha como uma banda de um homem só, editando um periódico de distribuição gratuita (um boletim de informações industriais), viajando pelo país, falando em qualquer lugar onde conseguia reunir uma platéia. Seis anos depois, seu negócio prosperou até tornar-se uma organização de consultoria, de treinamento e de suprimento constituída de vinte pessoas. Esse pequeno grupo de "propanadores" apaixonados passou a exercer sobre a indústria uma influência que ultrapassa de longe as dimensões de suas empresas. Devido ao fato de se tornar uma empresa-modelo, muitos donos de empresas locais de propano vêem atualmente a si mesmos como negociantes e não como simples comerciantes. Em conseqüência disso, a área de serviços deu um salto quântico na indústria do propano. Por exemplo, cinqüenta indústrias de propano utilizam hoje os serviços de Dwain para enviar boletins de informações trimestrais sobre serviços para mais de 275.000 clientes de propano. Esses cinqüenta negociantes de propano não se limitam mais a "entregar propano". Eles estão oferecendo um nível de serviço a respeito do qual os grandalhões só falam.

Dwain também passou a exercer grande influência sobre a associação nacional das indústrias, desafiando continuamente os líderes industriais para que recriassem suas indústrias e as posicionassem para que fossem bem-sucedidas no século XXI. Recentemente, a pequena empresa de Dwain patrocinou a primeira conferência conjunta para varejistas de propano e cooperativas elétricas rurais. A visão desse homem transformou o enfoque de sua indústria, que era o da competição baseada no medo, para um enfoque na parceria e na colaboração. Sua jornada demonstra o impacto que uma pessoa pode exercer se está querendo viver com intenções claras.

Quando Dwain começou sua jornada, ele sabia o **que** ele queria realizar, porém o **como** veio à luz de interações com os seus parceiros e com os seus colegas de profissão. A partir de uma perspectiva quântica, a questão fundamental para a criação de uma nova realidade está sempre na definição do **quê**. O enfoque é na clareza de visão. Pritchett, no delicioso livrinho *you*[2], sugere que se focalizarmos o lugar onde queremos aterrissar quando damos um salto quântico, os caminhos e os meios para se chegar lá cuidarão de si mesmos. Soluções começarão a aparecer; respostas surgirão subitamente. Pritchett continua:

> "Se vocês começarem a se preocupar com tudo o que possa estar envolvido em se ir daqui para lá, estarão fadados a se atolar nas questões de metodologia. As pessoas sempre ficam penduradas nos aspectos do 'como fazer' no que se refere a um salto quântico. 'Pulem' por cima disso! As respostas virão até vocês. Quando vierem, vocês provavelmente descobrirão que elas são soluções simples, aerodinâmicas ... o salto quântico é algo que vocês têm impedido que acontecesse, e não algo que têm lutado para fazer acontecer. Vocês realmente não se esforçam para que ele passe a existir ... só deixam que aconteça ... vocês não podem fazer com que ele aconteça lutando com mais força ou insistindo sobre o plano perfeito ... Olhem para ele dessa maneira — não se supõe que vocês se preocupem com o que acontece no meio de um salto ... supõe-se que estejam pensando sobre onde irão aterrissar!" (1990, 17-18).

O presidente da General Electric, John Welch, Jr., entende a concepção de salto quântico. Num recente relatório anual, Welch revisou o progresso da GE utilizando três princípios, que ele chama de estiramento, velocidade e ausência de fronteiras. Welch disse que a GE está utilizando esses princípios para construir uma força de trabalho com uma "capacidade absolutamente infinita para melhorar tudo". Prossegue dizendo aos seus acionistas que "o estiramento é uma concepção que teria produzido sorrisos de constrangimento, e até mesmo risadas, na GE de três ou quatro anos atrás, pois significa essencialmente a utilização de **sonhos** para se estabelecer metas comerciais — sem se ter uma idéia real a respeito de como chegar lá". De fato, diz Welch, "se vocês sabem como chegar lá, não é uma meta de estiramento". Welch alega que **saltos quânticos** são hoje acontecimentos diários na General Electric.

Não estou certa de quais sonhos estão sendo realizados na GE — sonhos de gerenciamento ou sonhos coletivos de todos os depositários; nem sei que tipos de práticas das pessoas estão sendo utilizados para envolver e energizar a força de trabalho na implementação desses sonhos. No entanto, sei que todos nós e que todas as nossas organizações têm a capacidade para vivenciar saltos quânticos numa base diária. A exigência fundamental é a clareza de visão. Não podemos criar o que não podemos imaginar. Qual a amplitude do seu sonho?

INTEGRAÇÃO DE HABILIDADES

Reflita a respeito do que você acabou de ler e do que mais cativou sua imaginação, e utilize as seguintes atividades para ajudar a reforçar a Habilidade Quântica deste capítulo:

- ✍ Desenhe uma representação gráfica do que essa habilidade significa para você e, então, escreva no diário a respeito do significado do seu símbolo.
- ✍ Anote concepções-chave relacionadas com o capítulo utilizando um mapa mental não-linear de símbolos e de figuras, bem como de palavras-chave. Comece no centro da página e trabalhe dirigindo-se para fora.*

* Uma amostra de mapa mental e mais experiências e exercícios podem ser encontrados nos Apêndices.

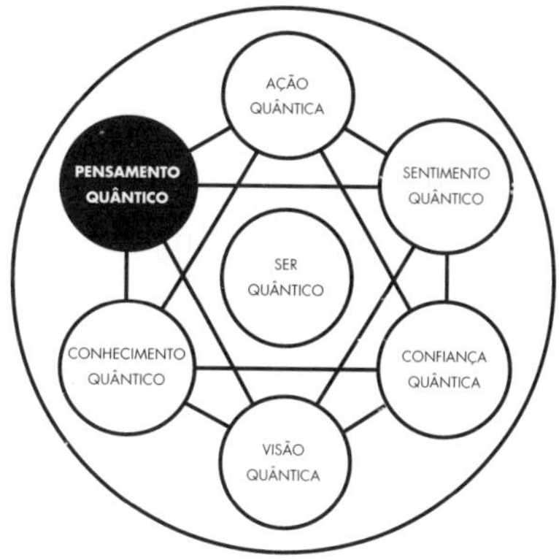

PENSAMENTO QUÂNTICO
A capacidade de pensar paradoxalmente.

3

De Cabeça para Baixo e em Marcha à Ré

"Desse modo, a tarefa não consiste tanto em ver o que ninguém até hoje viu, mas em pensar o que ninguém até agora pensou sobre aquilo que todos vêem."
Arthur Schopenhauer

O DESAFIO

Muitos de nós têm orgulho de nossa capacidade para pensar de maneira lógica e racional. O condicionamento social é geral, e nossas experiências educacionais em particular fizeram com que déssemos grande ênfase a essas habilidades. Subseqüentemente, perdemos muito tempo coletando e analisando dados, procurando sempre pela resposta correta. As opções são classificadas como boas ou más, certas ou erradas. Há poucas gradações de cor num mundo dominado pela lógica. Não obstante, a teoria quântica sugere que vivemos num universo extremamente subjetivo e paradoxal — um universo que funciona de maneira ilógica.

Que implicações isso tem para que aprendamos a pensar de maneira diferente? Somos nós que passamos a vida pensando de maneira lógica e querendo aprender novas habilidades de pensamento? Poderíamos ser capazes de expandir exponencialmente nossas opções de ação se pudéssemos aprender a pensar paradoxalmente? O que poderia acontecer em nosso local de trabalho se todos nós aprendêssemos a ver as coisas *de cabeça para baixo* e *em marcha à ré*?

A NOVA CIÊNCIA

O domínio quântico não é somente **participatório**; ele também é **paradoxal**. Os eventos subatômicos são extremamente ilógicos. Com freqüência, não fazem sentido. O mais óbvio dos paradoxos quânticos é que o mundo visível, tridimensional e material é criado a partir de energia invisível. E, como demonstram as experiências da dupla fenda, essa energia invisível pode agir de duas maneiras diferentes — como uma onda ou como uma partícula.

Para complicar ainda mais a questão, as ondas de energia quântica, assim como as ondas de água, podem ser sobrepostas ou somadas. Quando duas ou mais ondas de energia são sobrepostas, o aspecto partícula (localização) torna-se impreciso. No paradoxal mundo quântico, isso dá a um elétron a capacidade de estar **aqui** e **ali** ao mesmo tempo. Podemos forçar o elétron a nos mostrar onde ele está (por exemplo, fazendo com que um fóton ricocheteie nele); porém, ao fazermos isso, privamo-nos de nossa capacidade de medir sua velocidade (Princípio da Incerteza de Heisenberg).

Tanto a posição como o *momentum* estão potencialmente presentes em qualquer partícula subatômica, mas esses atributos não se acham efetivamente presentes até que os observemos (medimos). Além disso, só podemos observar esses atributos um de cada vez. Isso diminui ainda mais nossa capacidade para confiar em nossos sentidos, pois há sempre um lado oculto, complementar, em tudo o que observamos. Em seu nível mais fundamental, o universo existe em conjuntos complementares (polaridades); e quanto mais determinamos ou definimos um desses complementos, menos sabemos sobre o outro (**Princípio da Complementaridade**).

Niels Bohr, físico dinamarquês que batizou o Princípio da Complementaridade, resumiu isso muito bem: "Qualquer pessoa que pondere sobre a mecânica quântica sem ficar atordoado não a entendeu adequadamente" (in Lloyd 1995, 141). Einstein concordou. Certa vez ele comentou que a teoria quântica lhe fazia lembrar das "ilusões de um paranóico excessivamente inteligente porque era uma teoria forjada com elementos incoerentes de pensamento". Os fenômenos quânticos simplesmente não fazem sentido lógico. Cole explica por quê:

> "Em sua maioria, os outros passos gigantescos em nosso entendimento da natureza foram realmente 'evolutivos' no sentido de que emergiram de fundamentos previamente estabelecidos: fatos foram reconhecidos, ou ligados de novas maneiras, ou vistos num contexto diferente. No entanto, a teoria quântica afasta-se completamente desses fundamentos; ela emerge diretamente do fim. Ela não poderia ser adequadamente descrita por meio de metáforas emprestadas de nossa visão prévia da realidade, pois muitas dessas metáforas não se aplicam mais" (1985, 106).

A teoria quântica não é apenas mais estranha do que pensamos; ela é mais estranha do que podemos pensar se nos limitamos ao pensamento racional. O tunelamento quântico é um bom exemplo da irracionalidade da teoria. As partículas subatômicas (elétrons) são capazes de "tunelar" através de barreiras de energia que os objetos newtonianos clássicos são incapazes de penetrar. Hey e Walters utilizam o diagrama de uma montanha-russa para ilustrar o fenômeno do tunelamento (Figura 3.1).

O tunelamento quântico torna possível para uma partícula subatômica esgueirar-se rapidamente através de uma região que é energeticamente inadmissível na física clássica, newtoniana. Isso não só é irracional como é também um grande paradoxo, já que o elétron, em seu caminho através da barreira, tem energia cinética (energia de movimento) negativa — um absurdo para a física clássica. O tunelamento quântico desafia a realidade clássica; no entanto, constitui a base física da junção de Josephson, que é um processo-chave na supercondutividade. Junções de Josephson operam como dispositivos comutadores *extremamente* rápidos. Eles constituem uma característica fundamental do planejamento de um aparelho de medida extremamente sensível denominado SQUID (*superconducting quantum interference device* [dispositivo supercondutor de interferência quântica]). Devido ao efeito do tunelamento quântico, um efeito ilógico em grande medida, os físicos podem hoje identificar diminutas anormalidades no cérebro humano. Processos ilógicos podem resultar em aplicações muito práticas.

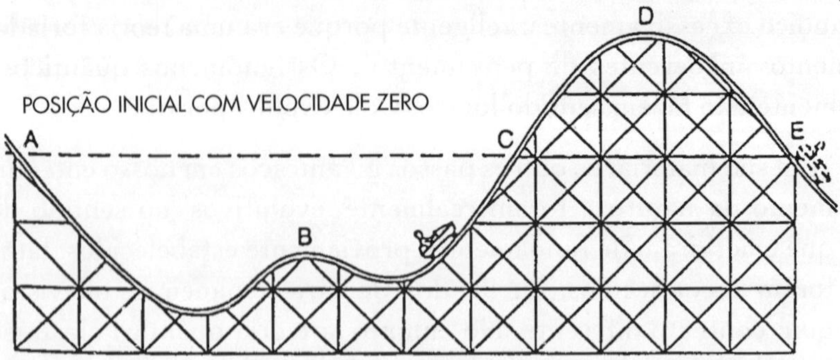

Figura 3.1: *Tunelamento Quântico. Um exemplo do que significa o tunelamento quântico para uma montanha-russa real. Se o carrinho parte do repouso na posição A, o princípio da conservação da energia não permite que ele suba mais alto que a posição C, do outro lado do vale. Na teoria quântica, porém, há uma chance de que o carrinho consiga "tunelar através" da região proibida entre C e E, e emergir no outro lado da colina. (Extraído de* The Quantum Universe, *por Tony Hey e Patrick Walters, copyright 1987. Impresso previamente com a permissão da Cambridge University Press, Nova York.)*

UMA NOVA PERSPECTIVA

Não é fácil para nós desistir de nossa confiança no simples pensamento lógico, linear. No final das contas, o pensamento racional tem sido extremamente valorizado pelo mundo ocidental durante um tempo muito longo. Na Grécia antiga, Aristóteles (384-322 a.C.) ensinou que o mundo era preto e branco. Seu sistema de lógica binária baseava-se numa lei fundamental, o Princípio do Terceiro Excluído (A ou não-A). A grama é verde ou é não-verde. Não há nada entre ambos. Essa lógica derivava da matemática pitagórica. De acordo com McNeill e Freiberger, Aristóteles "queria estender o método passo a passo da matemática para o raciocínio em geral. A matemática produz a certeza, e ele procurou a mesma recompensa no pensamento como um todo" (1994, 51-52).

Aristóteles teve êxito. Durante mais de dois mil anos, cientistas e matemáticos têm utilizado esse sistema simplificado da lógica clássica para descrever e modelar um universo cinzento. A física quântica e a lógica "imprecisa" (ver sobre ela mais adiante, neste capítulo) forçaram o mundo científico a ampliar sua maneira de pensar; a sentir-se à vontade com paradoxos e a aprender a pensar em gradações do cinzento. No entanto, muitos de nós ainda são aprisionados no modo binário. Ainda tentamos administrar nossas vidas e nossas organizações por meio do pensamento lógico, racional, do pensamento que é dessa ou daquela maneira.

À medida que nos aproximamos do século XXI, fica evidente que nossos processos de pensamento lógicos, racionais, são inadequados. O pensamento lógico tem feito poucos progressos para solucionar os enormes problemas com que nós e nossas organizações se defrontam atualmente. Num mundo indeterminado, em rápida mudança, extremamente complexo e, com freqüência, paradoxal, a lógica tem sérias limitações. O mundo da experiência humana não é simplesmente preto e branco. Em 1973, Eleanor Rosch, psicóloga do University College de Berkeley, realizou pesquisas revolucionárias que demonstraram a natureza imprecisa da experiência humana. Rosch deu a 113 alunos de faculdade uma lista de 48 palavras para que fossem classificadas. Pediu aos estudantes que utilizassem uma escala de sete pontos, classificando cada palavra de acordo com a precisão com que ela caracterizava uma categoria em particular (isto é, fruta, ciência, esporte, pássaro, veículo, crime, doença e legume). Por exemplo, se uma galinha fosse um exemplo excelente de *pássaro*, eles lhe dariam um 1, mas se fosse considerada como um exemplo apenas regular da categoria de pássaro, uma classificação 4 deveria ser-lhe atribuída.

Nenhum dos alunos de Rosch se confundiu diante do procedimento classificatório. Nenhum deles fez nenhuma pergunta pedindo esclarecimentos. Nenhum questionou a lógica do pedido feito por ela. Todos os 113 estudantes realizaram rapidamente a tarefa, gastando em média 3 segundos por escolha e completando a lista toda em 10 minutos. Rosch concluiu que a experiência "proporcionava acesso a processos mentais cotidianos naturais" (McNeill e Freiberger 1994, 85). Apoiava a crença de Eleanor segundo a qual os seres humanos vivenciam o mundo em graus variados, e não segundo rígidas classificações do tipo "ou isto ou aquilo" (por exemplo, uma galinha é um pássaro ou não é um pássaro). No entanto, seus colegas não ficaram impressionados. De fato, ela teve dificuldades para publicar sua pesquisa porque esta entrava em conflito com a crença aristotélica prevalecente, segundo a qual as coisas são ou de uma maneira ou de outra. Seus colegas de profissão estavam extremamente hesitantes em abandonar suas crenças profundamente assentadas num mundo binário, mesmo que suas pesquisas subseqüentes continuassem a demonstrar que as pessoas não vivem a vida de acordo com classificações do tipo "ou isto ou aquilo".

Rosch acredita que nossa obsessão com o pensamento binário origina-se na estrutura do cérebro. Ao longo dos séculos, o cérebro humano acrescentou novas camadas, evoluindo desde a primitiva camada **reptiliana** até a **límbica**, e por fim até aquela que é muito mais recente, o **neocórtex** (camada externa do cérebro). Os dois centros inferiores do cérebro são incapazes de conceitualizar opções múltiplas. De fato, a função do cérebro médio (o sistema límbico) limita-se ao pensamento dualista, do tipo "ou isso ou aquilo". Essa parte do cérebro não consegue tolerar a ambigüidade. Desse modo, mesmo que o neocórtex possa criar opções e escolher entre opções ilimitadas, nós, infelizmente, ainda operamos, durante grande parte do tempo, a partir dos centros inferiores, binários, do cérebro (Wade 1996, 135).

Nosso aparelho de percepção nos predispõe, efetivamente, a pensar de maneira dualista. A retina do olho humano percebe muito mais informações do que o neocórtex pode processar linearmente, de modo que retrocedemos para os centros do cérebro inferior, categorizando e eliminando em nome da **eficiência cognitiva** e da **constância perceptiva**. Inserir as coisas em classificações simples permite-nos processar muitas informações com um mínimo esforço cognitivo, e também nos permite viver a vida com grande coerência, mas nos leva igualmente a uma visão muito distorcida do que é possível.

Nosso anseio pela constância perceptiva não só diminui a nossa capacidade de pensar criativamente como também nos faz perder os numerosos indícios que apontam para a necessidade de uma nova maneira de pensar. Conseqüentemente, muitos de nós vivem suas vidas roboticamente, livrando-se de tudo o que não se ajusta à sua visão estreita de como o mundo funciona. Vemos as coisas como sempre as temos visto, esquecendo-nos com freqüência de que há um lado oculto em cada uma das nossas percepções. Por exemplo, imagine uma moeda caída na calçada com o lado "cara" voltado para cima. Quando observamos essa moeda, vemos somente uma imagem parcial dela. Só porque não somos capazes, nesse momento, de ver o lado "coroa" dessa moeda não quer dizer que ele não exista. Ele está potencialmente presente. Torna-se efetivamente presente quando decidimos olhar para ele (Princípio da Complementaridade de Bohr).

O Princípio da Incerteza de Heisenberg também apresenta relevância no mundo da experiência cotidiana. Esse princípio sugere que tudo tem múltiplos atributos, embora só possamos observá-los um de cada vez. Em conseqüência disso, quanto mais fixados estivermos numa maneira de ver alguma coisa, maior será a probabilidade de nossa cegueira das situações. Isso não significa que a verdade é sempre relativa. Significa que uma maneira de olhar para alguma coisa é sempre limitada. Nós, tipicamente, só vemos uma pequena parte do supermercado de possibilidades da vida. A verdade ambígua da realidade quântica encoraja-nos a viver continuamente com a possibilidade de outras possibilidades. Essa ambigüidade pode nos levar a novos níveis de criatividade. Permite-nos desistir da busca pelas **respostas corretas** e leva-nos a procurar, em vez delas, novas soluções mais criativas. Podemos, então, confiar no processo vitalício de explorar as muitas faces da verdade em cada ponto de escolha, sabendo que quanto maior for o número de faces que pudermos explorar, mais ricas serão nossas experiências subseqüentes.

A lógica é a nossa pior inimiga quando começamos a explorar novas maneiras de pensar. Ela freqüentemente nos afirma que uma "face da verdade" alternativa não funcionará. Não obstante, todos os avanços revolucionários criativos são ilógicos. Eles transcendem a maneira comum de se olhar para as coisas. Eventualmente, as explicações lógicas vêm à tona, mas elas sucedem a inovação. Raramente a precedem. Voar num aeroplano era ilógico para os nossos antepassados do século XIX, mas os irmãos Wright acreditaram que isso podia ser realizado. E foi.

Um exemplo mais recente é a Federal Express. Fred Smith propôs a sua concepção de um serviço de entrega de um dia para o outro num trabalho de escola quando era aluno em Yale. Seu professor de administração deu ao seu trabalho apenas um "C", comentando que "a concepção é interessante e bem-elaborada, mas, para merecer uma nota superior a 'C', a idéia precisa ser praticável" (Liff 1997, 58). Smith, recusando-se a deixar que a lógica interrompesse seus passos, seguiu em frente e descobriu o Federal Express, e o resto, como se costuma dizer, é história. Infelizmente, muitas pessoas carecem da coragem de Smith para desafiar a visão de mundo newtoniana. Ao longo de grande parte da história, somente gênios, místicos e esquizofrênicos têm tido a coragem de pensar fora do compartimento fechado da racionalidade. Hoje, todos nós precisamos aprender a fazê-lo. Nossa capacidade para vicejar (e talvez para sobreviver) exige isso.

A HABILIDADE DO PENSAMENTO QUÂNTICO

O Pensamento Quântico é a capacidade para pensar paradoxalmente. Essa habilidade nos capacita a transcender os limites da lógica binária e a criar respostas inovadoras para todos os desafios da vida. Conforme praticamos essa habilidade, nós, nas palavras de Garrison Keillor, aprendemos a "olhar a realidade nos olhos e a negá-la". Não porque uma realidade particular ameace nossas necessidades de constância perceptiva, mas porque fizemos uma escolha consciente para ver outras possibilidades perceptivas.

A história de Davi e Golias, do Antigo Testamento, exemplifica os benefícios do Pensamento Quântico. Nessa história, os israelitas estavam em sérios apuros. Estavam a ponto de perder uma batalha para os seus inimigos, os filisteus. Parece que os filisteus tinham um grande trunfo — um enorme gigante chamado Golias, que estava extremamente bem equipado com armadura e armas. Golias desafiou seus oponentes para que enviassem o melhor dos seus homens para lutar com ele. Os israelitas consideraram suas opções lógicas binárias: 1) enviar um homem de cada vez até que todo o seu exército fosse massacrado; ou 2) render-se de imediato e ser reduzidos à condição de escravos.

Enquanto se debatiam entre essas duas terríveis opções, um pastor de 12 anos de idade, chamado Davi, aproximou-se. Davi ofereceu uma nova possibilidade. Ele podia lutar com o gigante. Por mais ridículo que isso fosse, o rei finalmente concordou. No final das contas, o que ele tinha a perder (exceto Davi)? Esse jovem aproximou-se das fileiras, sem armadura nem armas. Bem, ele tinha uma funda e cinco pedras e, como você deve saber ou pelo menos ter adivinhado, matou Golias com um único arremesso de seu punho fantástico. Davi foi o Pensador Quântico em sua quintessência. Ele acreditava em possibilidades não-lógicas.

Cada um de nós se defronta, muitas vezes, com seus próprios Golias. Comumente, tentamos matar esses Golias com estratégias lógicas. Se temos um desafio financeiro, trabalhamos mais duramente. Se não temos tempo, dormimos menos. São essas as ações lógicas que tomamos. No entanto, essas respostas lógicas aos desafios de nossas vidas nos mantêm presos a velhos padrões de pensamento. A habilidade do Pensamento Quântico nos incita a pensar de maneira diferente — dar um salto quântico numa nova maneira de ver a realidade. Quando fazemos isso, é provável que vejamos opções de ação novinhas em folha. Price Pritchett lembra-nos de que os saltos quânticos surgem quando procuramos "soluções elegantes". Essas soluções, tipicamente, não são tão complexas nem consomem tanto tempo quanto poderíamos esperar. Em geral, exigem pouco de nossas energias e de nossas emoções. E, provavelmente, não serão familiares a nós (1990, 12).

As soluções quânticas, de fato, não são apenas estranhas; são também quase sempre irracionais. Vêm a nós apenas quando nos liberamos de nossa necessidade de uma solução lógica. Uma história do meu passado exemplificará esse ponto. Quando eu tinha pouco mais de 20 anos, senti uma forte vontade de completar meu Ph.D. antes que completasse 30 anos. Utilizei a capacidade da Visão Quântica para reforçar essa intenção, e permaneci profundamente comprometida com ela, mesmo que as circunstâncias externas da minha vida, com freqüência, fizessem com que esse objetivo parecesse improvável. Inúmeros acontecimentos me desviaram dessa meta, tais como o nascimento do nosso primeiro filho, quando eu tinha 24 anos, e do segundo, quando estava com 27; também nos mudamos várias vezes devido ao trabalho do meu marido. Esses acontecimentos redimensionaram temporariamente minhas prioridades, porém a minha intenção a longo prazo permaneceu imutável.

Com 29 anos, fui morar em LaCrosse, no Wisconsin, com uma criança de dois anos, outra de cinco e um marido cujo emprego o obrigava a ficar fora da cidade durante 90% do tempo. A data que estabeleci como prazo para o meu Ph.D. estava se aproximando rapidamente. No entanto, minhas opções lógicas para a realização das minhas intenções eram muito limitadas. O programa de doutoramento em psicologia para orientação profissional mais próximo ficava cerca de 241 quilômetros distante da minha casa, na Universidade de Wisconsin — Madison. Tinha quase toda a responsabilidade pela criação dos meus dois filhos pequenos e não tinha nenhum parente num raio de pelo menos 800 quilômetros. Além disso, não tínhamos dinheiro para financiar esse empreendimento. A possibilidade lógica do meu ingresso num programa de doutorado, nessa época de minha vida, era quase nula.

A coisa racional a ser feita teria sido desistir do meu sonho; ou então, pelo menos, postergar a data dele. No entanto, sempre tive inclinação para o impossível, de modo que continuei a afirmar a minha intenção. Solicitei uma lucrativa bolsa de estudos patrocinada por uma organização feminina local, pretendendo usar o dinheiro em vôos de ida e volta até a universidade a fim de poder estar em casa com as crianças todas as noites. Não ganhei a bolsa, mas em vez de só ficar pensando no meu desapontamento, continuei a visualizar a mim mesma caminhando pelo corredor da sala onde defenderia a minha tese, o traje de veludo sobre os meus ombros (Visão Quântica). À medida que continuava a afirmar e a visualizar minhas intenções, idéias novas e, com freqüência, ilógicas começaram a vir à tona (Pensamento Quântico).

Uma delas dizia respeito a encontrar uma babá que trabalhasse gratuitamente. De início, isso parecia muito ilógico, mas uma pesquisa realizada posteriormente mostrou que isso era exeqüível. Morávamos a apenas algumas quadras do *campus* da Universidade de Wisconsin —

LaCrosse. Essa universidade tem um excelente programa de mestrado em desenvolvimento de crianças. Descobri uma estudante que queria trocar horas de estágio por tempo de atuação como babá. O problema relativo ao cuidado das crianças foi resolvido. Em seguida, solicitei e recebi um empréstimo para bolsista. O problema do custo da instrução também foi resolvido. O único desafio restante era o do alojamento noturno. Planejei o meu horário de modo que todas as minhas aulas caíssem nas segundas, terças e quartas-feiras, mas esse horário ainda me obrigava a achar um lugar para dormir durante duas noites por semana. Um apartamento ou mesmo um hotel não cabiam no meu orçamento. Por fim, a universidade concordou em alugar-me um quarto para passar a noite no único dormitório que dispunha de espaço vazio, o dormitório dos estudantes de agricultura. Era uma piada. Reparti um dormitório (embora não um quarto) com várias centenas de estudantes de agricultura do sexo masculino que ainda não tinham se formado. A cada semana, fazia viagens de ônibus de ida e volta até Madison, aproveitando o tempo da viagem para estudar, a fim de poder dedicar só à minha família o tempo em que ficava em casa.

Para dizer a verdade, isso durou apenas um semestre. Durante esse semestre, meu marido recebeu uma oferta de emprego, que ele não solicitara, numa cidade onde eu podia completar minha graduação. No entanto, esse capítulo de minha vida foi inestimável. Convenceu-me de que, se estamos querendo manter uma visão (Visão Quântica), e se estamos querendo acolher idéias irracionais (Pensamento Quântico), soluções para os nossos mais árduos desafios aparecerão. Essas soluções, embora muito ilógicas, são, quase sempre, extremamente práticas. No entanto, há um risco. Quando o Pensamento Quântico nos leva para lugares desconhecidos, ele pode desencadear o medo e comumente faz isso. Com freqüência, à medida que utilizamos essa capacidade, defrontamo-nos com o caos — tanto em nós como nos nossos relacionamentos. No final das contas, fizemos tombar a proverbial carroça de maçãs. Mudamos as regras. Ousamos pensar de maneira diferente. Portanto, cuidado, usuário! A capacidade de ver as coisas de cabeça para baixo e em marcha à ré resultará em saltos quânticos e, muito provavelmente, em mudanças quânticas em todas as áreas da sua vida. "Pensar criativamente é caminhar à beira do caos" (Robert Gruan).

O DESENVOLVIMENTO DA HABILIDADE

Aprender a pensar paradoxalmente nem sempre é um processo fácil. No entanto, há uns bons modelos de papéis disponíveis. Talvez as crianças nos ensinem mais. Quando as observamos brincando em seu mundo de fantasia, somos lembrados de como é natural (e divertido) o pensamento irracional. O livro clássico para crianças de Lewis Carroll, Alice no País das Maravilhas, capta a essência desse pensamento. Quando Alice atravessa o espelho, as coisas vão ficando cada vez mais estranhas. Ela está num lugar onde a lógica racional não existe. Você se lembra da Rainha Branca, que dá um grito antes de ferir o dedo para não ter de fazer isso depois? O País das Maravilhas é um lugar de exploração contínua e de aventuras ilimitadas, uma terra onde acontecimentos aparentemente impossíveis são lugar comum e o pensamento mágico é uma capacidade que todos possuem. As crianças não têm dificuldades para ingressar nesse domínio irracional e imaginário. É uma capacidade com que todos nós nascemos. Portanto, o Pensamento Quântico não é uma nova habilidade a ser aprendida, mas, sim, um processo a ser lembrado.

Infelizmente, o hábito do pensamento binário está profundamente gravado na estrutura neurológica de nossos centros cerebrais inferiores (reptiliano e límbico). E nossos sistemas educacionais verbais-lineares-lógicos fazem um excelente trabalho ao reforçar essa inclinação natural. Em conseqüência disso, por volta da época em que atingimos a maioridade, muitos de nós demonstram menos de 10% da criatividade de uma criança normal de cinco anos de idade. No entanto, todos nós temos "cérebros totais" — cérebros que têm áreas com capacidade de pensamento linear, lógico, e áreas capazes de pensamento extremamente criativo. De modo característico, temos diferenciado essas capacidades em funções de cérebro esquerdo/cérebro direito. Isso é muito simples, mas a diferenciação entre cérebro esquerdo e cérebro direito serve para um propósito útil. Ela nos lembra de que todos nós temos dois conjuntos distintamente diversos de capacidades cognitivas, embora a maioria de nós tenha desenvolvido um dos conjuntos de habilidades (um hemisfério) muito melhor do que o outro.

Para utilizar a habilidade do Pensamento Quântico, devemos despertar as capacidades do assim chamado cérebro direito. O hemisfério direito do cérebro "pensa" em imagens, não em palavras. Esse centro de pensamento imagístico reúne idéias individuais e as padroniza em constelações extremamente criativas de idéias, tornando muito fácil sobrepor várias imagens uma no topo da outra. O autor Gary Zukav utiliza peças de um tabuleiro de xadrez para demonstrar essa concepção. Um bispo e um peão são duas peças separadas e distintas. Poderíamos, no entanto, serrar essas peças pela metade e remontá-las como um "bispeão". Na verdade, dependendo da altura em que os cortes fossem feitos, poderíamos, teoricamente, obter muitas variedades diferentes de "bispeões". Um "bispeão" seria chamado, na linguagem da física, de sobreposição coerente, uma dupla exposição, por assim dizer. O cérebro direito, muito criativo, tem capacidade para criar inúmeros "bispeões" mentais sobrepondo idéias aparentemente opostas em combinações inovadoras. Esse processo identifica possibilidades simplesmente impossíveis de serem conjuradas pelo cérebro esquerdo, linear.

O cérebro direito tem outra importante vantagem criativa. Ele pode processar milhões de imagens visuais em microssegundos, o que lhe permite resolver problemas numa velocidade exponencialmente mais rápida do que o hemisfério esquerdo limitado pelo relógio, linear e lógico. Todos nós passamos pelo assim chamado "encaixamento do tempo". Ele ocorre nos devaneios diurnos e nos sonhos durante o sono, quando sonhos que parecem se prolongar por horas duram na verdade apenas alguns segundos ou minutos do tempo cronológico. Cada vez que fazemos a escolha de visualizar, de pensar em imagens em vez de palavras, desligamo-nos, literalmente falando, do transcorrer linear do tempo. "A mente entra numa temporalidade diferente, e o pensamento que, seqüencialmente, tomaria semanas, meses e até mesmo anos é feito em horas, minutos e segundos" (Houston 1982, 152). Dessa maneira, por meio de pensamento imagístico, escapamos da tirania do tempo.

Como qualquer outra capacidade, o pensamento imagístico melhora com a prática. Um exercício útil é a prática do **imaginar em 360 graus**. Depois de ingressar num estado de relaxamento profundo, imagine que você põe um problema/uma pergunta/uma decisão no meio de um grande círculo. O propósito do exercício consiste em realizar uma caminhada imaginária ao longo da circunferência do círculo, observando a questão de várias perspectivas. Depois de completar essa caminhada simbólica, afaste-se do círculo e imagine que está vendo todas as opções de modo impreciso, permitindo a elas sobrepor-se umas às outras num caleidoscópio de possibilidades em constante mudança.

Uma amiga contou-me a seguinte história a respeito de sua experiência com esse processo. Ela se machucou num acidente de automóvel causado pela negligência de um funcionário de uma bem-conhecida empresa, a Fortune 500. O acidente ocorreu durante as horas de trabalho, e o funcionário estava dirigindo um veículo da empresa. Claramente, a empresa tinha alguma responsabilidade pelo que aconteceu. Minha amiga foi reembolsada pelos danos causados ao seu veículo, mas sentiu que esse acordo era insuficiente. O carro não foi a sua única perda. Ela também sofreu ferimentos no pescoço, que resultaram em significativas despesas médicas. Essa mulher tentou negociar uma indenização adicional, mas suas tentativas falharam. Conseqüentemente, sentiu que só lhe restavam duas únicas opções — mover uma ação judicial ou aceitar esse destino injusto. Nenhuma delas lhe agradava. Sentiu-se paralisada.

A essa altura, decidiu experimentar o exercício dos 360 graus. Ela pôs uma imagem do edifício de escritórios da empresa no centro do círculo. À medida que fazia sua caminhada imaginária ao redor do círculo, a imagem central começou a mudar. Uma imagem de seu pai (que era advogado) se sobrepôs ao edifício de escritórios. Subitamente, ela teve uma idéia da dinâmica do comportamento que estava tendo. Sua hesitação em passar à ação surgiu aparentemente de uma profunda **necessidade**, e de um **medo** simultâneo de desafiar figuras paternas. Logo se tornou evidente para ela que seus problemas com a figura da autoridade tiveram uma confiabilidade definida em suas tentativas para negociar a seu próprio favor. Essas idéias ajudaram-na a identificar uma nova opção — contratar um terceiro partido não adversário e neutro para negociar um acordo. Ao fazer isso, ela poderia, talvez, evitar um processo judicial demorado e dispendioso e criar uma solução em que todas as pessoas envolvidas sairiam ganhando. O exercício dos 360 graus ajudou-a a se libertar dos seus antolhos binários. Proporcionou-lhe uma nova idéia acerca do seu dilema e abriu-lhe uma nova possibilidade para resolvê-lo.

Ao praticar o pensamento dos 360 graus, aprendemos a ver possibilidades múltiplas e incessantes opções criativas para todos os desafios e decisões da vida cotidiana. Damos um salto quântico para o País das Maravilhas de Alice, a terra das possibilidades infinitas, e começamos a compreender que, se um elétron pode "tunelar" através de uma barreira energética aparentemente impossível, talvez nós também possamos "tunelar" através das barreiras com que nós e nossas organizações se defrontam atualmente.

A HABILIDADE EM AÇÃO

Para onde quer que olhemos, vemos organizações em luta. Declarações de visão são escritas. Objetivos estão no seu lugar. As pessoas estão fazendo tentativas de maneira muito árdua — e estão falhando. No final das contas, as horas do dia são escassas. E, na maioria dos nossos locais de trabalho, todos estamos tentando fazer mais com menos — menos tempo, menos erros, menos pessoas, menos recursos. Mais cedo ou mais tarde, chegaremos ao ponto em que simplesmente não poderemos nos esforçar mais. De fato, esforçar-se cada vez mais pode, paradoxalmente, levá-lo a produzir cada dia menos. Esforços intensificados, com freqüência, produzem problemas maiores. As estratégias que funcionaram melhor no passado podem até mesmo ser os maiores obstáculos ao sucesso de hoje. Esforçar-se não é a resposta àquilo que aflige o local de trabalho. Pensar de maneira diferente é! As questões com que nos defrontamos são, no final das contas, questões quânticas.

- Como podemos melhorar tanto a rapidez como a segurança?
- Como podemos equilibrar a responsabilidade para os depositários com a responsabilidade para os clientes, os funcionários e o meio ambiente?
- Como podemos melhorar a qualidade ao mesmo tempo que reduzimos o custo?
- Como podemos liberar o controle e reter a contabilidade?
- Como podemos atingir metas a curto prazo e manter um objetivo a longo prazo?

Essas questões paradoxais não podem ser respondidas no âmbito dos confins limitados da lógica clássica; nem podem ser resolvidas por um punhado de líderes. São questões complexas que exigem novas habilidades de pensamento e ampla participação. Tanto o Pensamento Quântico como a Visão Quântica são requeridos. O capítulo anterior demonstrou a necessidade de uma intenção clara (Visão Quântica). Do ponto de vista organizacional, uma visão clara, uma visão criada conjuntamente por todos os depositários, fornece o padrão para o sucesso da organização. O Pensamento Quântico põe "a carne sobre os ossos" dessa visão. Ele fornece um fluxo contínuo de idéias inovadoras — idéias que impulsionam a maneira **como** a visão é criativamente implementada.

Jack Stack, presidente da Springfield Remanufacturing Company, empresa sobre a qual se fez muita publicidade, que pertence aos próprios funcionários e está sediada em Springfield, no Missouri, é um Pensador Quântico. Ele induz os seus co-trabalhadores a estarem acima das soluções binárias simplistas do tipo "ou isto-ou aquilo" e a criar soluções inovadoras para enfrentar os desafios organizacionais. Em seu livro *The Great Game of Business* (1992), Stack conta a história do gerenciamento de uma instalação industrial em Chicago. As operações estavam paralisadas pois os caminhoneiros entraram em greve e não entregavam aço nessa instalação. Stack se viu diante do problema de mandar seus empregados de volta para casa porque, simplesmente, não havia nenhum trabalho para se fazer. Mandar as pessoas de volta para casa significava não pagar salários. Não pagar salários significava não ter dinheiro para a alimentação. Ele deparou um dilema real e não tinha idéia de como resolvê-lo. Stack reuniu seus funcionários e lhes perguntou se eles tinham alguma idéia de como poderiam conseguir aço para a fábrica sem ser alvo dos franco-atiradores. Alguém imediatamente sugeriu o uso de ônibus escolares. Outra pessoa sugeriu uma roupa de freira para os motoristas. O problema estava resolvido. Os ônibus escolares dirigidos por "freiras" trouxeram para a fábrica o material de que precisavam com tanta urgência. Stack comenta: "Sempre fazíamos coisas malucas desse tipo para manter a fábrica funcionando. Nada nos fazia parar. Introduzíamos as coisas mais ousadas que você poderia imaginar, e em geral elas funcionavam" (1992, 28).

Independentemente do seu sentimento a respeito de ser ou não apropriada a solução que se tomou, esse é um excelente exemplo de Pensamento Quântico. O dilema de Jack Stack exigiu inovação ousada e não pensamento racional. Para Stack e para muitos outros, as estratégias tradicionais de resolução de problemas estão se mostrando cada vez menos adequadas. Até mesmo soluções populares, como o gerenciamento da qualidade total e a reengenharia, são apenas Band-Aid sobre uma grande ferida. Essas intervenções podem deter temporariamente o sangramento, porém não são as estratégias de recriação do local de trabalho. Precisamos fazer mais do que simples reengenharia dos nossos produtos e processos. Precisamos recriá-los. Margaret Wheatley, numa entrevista para o *Industry Week*, descreveu muito bem o desafio que está diante de nós. Ela comenta:

> "Todos nós estamos nos juntando à medida que seguimos em frente, e nos sentindo confortáveis com essa postura. Criaremos melhor apoio para o processo de experiência, e para o pensamento conjunto e para sua realização, e para cometer enganos, e para fazer as coisas de maneira errada assim como de modo certo, e mudar o tempo todo. Vocês não podem fazer com que tudo tenha hoje o mesmo sentido que tinha antigamente. Em vez disso, vocês têm de brincar com as idéias, vocês devem ter a vontade de dizer: 'Sei que isso parece loucura, mas vamos pensar um pouco a respeito das coisas sob essa perspectiva' ou, 'sejamos ridículos por um momento e vejamos aonde isso nos leva' ... Precisamos nos mover rumo àquilo que é uma dança — uma dança divertida por meio da qual todos nós nos reunimos e vemos o que funciona. Não vamos julgar constantemente as outras pessoas nem buscar resultados imediatos" (in Brown 1993, 22).

Concentrarmo-nos no sentido de conseguir resultados a curto prazo é, de fato, um grande inibidor do Pensamento Quântico. Muitos de nós são encorajados a ser inovadores, mas devem fazer isso enquanto trabalham mais horas, têm prazos menores e menos recursos. Isso não só apenas nos mantém frenéticos, mas faz com que nos concentremos em problemas correntes de curto prazo, e não em oportunidades de longo prazo. E, a partir de uma perspectiva quântica, tudo aquilo em que nos concentramos se torna nossa realidade. Portanto, concentrarmo-nos em resultados de curto prazo nos mantém presos num modo de crise, perpetuando os problemas de hoje e nos aprisionando num círculo vicioso de reatividade.

Para ser Pensadores Quânticos, devemos nos libertar de nosso sentimento de urgência de curto prazo, impulsionado por crises. Como nos lembra Peter Senge, "o mais lento é, com freqüência, o mais rápido". Algumas organizações estão começando a reconhecer isso. A Semco, em São Paulo, no Brasil, é uma dentre um número crescente de organizações que fornecem um lugar especial para se refletir. Na porta da sala de reflexões da Semco está escrito: "Pensódromo". É um lugar aonde se vai para fazer reflexões, um lugar para escapar da urgência e para retardar a ação, pois "você não pode resolver um problema com o mesmo pensamento com que o criou" (Albert Einstein). A Semco também oferece férias para os funcionários, as quais eles chamam de Licença para Hepatite. O presidente executivo, Ricardo Semler, comenta:

> "Quando as pessoas nos dizem que não têm tempo para pensar, pedimos a elas que considerem o que aconteceria se, subitamente, contraíssem hepatite e fossem forçadas a passar três meses recuperando-se, deitadas numa cama. Então, falamos a elas para seguirem adiante e fazer a coisa. Os profissionais — pois hoje esse programa é limitado a empregos de nível médio ou superior — podem descontar algumas semanas ou até mesmo alguns meses a cada ano ou a cada dois anos de suas obrigações comuns. Eles podem passar o tempo lendo livros ou artigos, aprendendo novas habilidades ou replanejando seus empregos. Ou podem apenas pensar. De fato, esse é o propósito da Licença de Hepatite. Não se destina a ser uma cura para o trabalho excessivo. Significa criar um hiato em uma carreira, durante o qual nosso pessoal pode parar e repensar sua vida profissional e seus objetivos" (1993, 158-59).

A provisão de férias e de salas para pensar criada pela Semco incita os funcionários a fugir da crise do momento e a concentrar a atenção no futuro. Os japoneses também têm certa reputação de encorajar o pensamento a longo prazo. Suas práticas organizacionais estimulam os membros da equipe a dedicar tempo para pensar a respeito de problemas potenciais, que são, efetivamente, vistos como *ovos de ouro*. Esses ovos de ouro oferecem oportunidades para resolver criativamente problemas *antes* que eles ocorram — para pensar prospectivamente e não *reativamente*, antecipando o futuro em vez de simplesmente responder à crise do momento.

O pensamento a longo prazo é um componente essencial dos sistemas filosóficos orientais e também parece que o pensamento paradoxal surge com mais facilidade para a mente oriental. A explicação pode ser, apenas a de que a visão de mundo de Aristóteles, simplista, nunca penetrou profundamente no Oriente. No entanto, Robert Ornstein, psicólogo e pesquisador do cérebro, acredita que as diferenças de estilo de pensamento entre o Oriente e o Ocidente tenham suas origens na linguagem (1997). Enquanto a língua inglesa, que é lida da esquerda para a direita, deriva diretamente do grego, da lógica de fila indiana e da análise racionalista, as línguas japonesa e chinesa baseiam-se numa escrita pictográfica, que é lida verticalmente e não horizontalmente. A leitura seqüencial da esquerda para a direita é controlada pelo hemisfério cerebral esquerdo. As formas (os escritos pictográficos) são processadas no hemisfério direito. Portanto, nosso cérebro, e, desse modo, nossa preferência de estilo de pensamento, recebem grande impacto por parte de nossa cultura e de nossa linguagem nativas. Conseqüentemente, os asiáticos podem achar mais fácil o Pensamento Quântico, não-linear e não-lógico, do que aqueles de nós que vivem no Ocidente. A receptividade dos japoneses a um novo sistema de lógica não-binária — a lógica indistinta — dá credibilidade a essa suposição.

A concepção de lógica "imprecisa" originou-se na América do Norte no início da década de 60. Foi desenvolvida por Lotfi Zadeh, professor de engenharia no University College de Berkeley. A lógica imprecisa baseia-se na premissa de que vivemos num universo não-binário. Os colegas de Zadeh não ficaram impressionados com a sua teoria. Para ela estar certa, Aristóteles tinha de estar errado. William Kahan, matemático e colega do professor de Berkeley, comentou: "Aquilo de que precisamos é de mais pensamento lógico e não de menos. O perigo da teoria imprecisa é que ela estimulará o tipo de pensamento inexato que nos causou tantos problemas ... Não posso pensar em nenhum problema que não possa ser mais bem resolvido por meio da lógica comum" (in McNeill e Freiberger 1994, 47). Outros professores respeitados também reagiram energicamente a ela, "chamando-a de impostura e de moda passageira. Ela tolera o inaudito da permissividade ... e ameaça o método científico" (in McNeill e Freiberger 1994, 11).

Porém, os japoneses reagiram de maneira muito diferente às idéias de Zadeh (como também o fizeram com relação às idéias de Deming, na década de 50). Eles não só deram boas-vindas à lógica imprecisa, como também adotaram-na entusiasticamente, e a utilizaram no planejamento de tecnologia "inteligente" — tecnologia que utiliza lógica não-binária em computadores. Máquinas de lavar roupa que são capazes de "ler" o estado de sujeira da roupa e de introduzir automaticamente a quantidade correta de detergente, e fornos de microondas que utilizam um único botão, que "sabe" o tempo de cozimento e a temperatura adequados sem que haja necessidade de um ser humano para escolher as opções de funcionamento, constituem resultados diretos da lógica imprecisa. E a revolução imprecisa está apenas começando. Sua utilização ainda é uma criança. Num futuro não muito distante, sistemas de computadores que utilizam uma rede neuronal imprecisa, dotados de altos QIs maquinais, mudarão drasticamente a maneira como vivemos e trabalhamos. A partir de uma perspectiva imprecisa, "a verdadeira questão não é saber se as máquinas pensam, mas se os homens fazem isso" (B. F. Skinner). Poderemos nós, como cultura, nos dar o luxo de continuar utilizando a lógica clássica num mundo de tecnologia imprecisa?

Sistemas de computadores polivalentes estão no cerne da tecnologia imprecisa. Num sistema assim, "peneiras" deixam passar quantidades variadas de corrente, negando, desse modo, o sistema binário comumente utilizado de uns e de zeros — corrente plena e nenhuma corrente. Infelizmente, essa nova tecnologia imprecisa foi ignorada por muitas pessoas. Muitos de nós ainda se apegam aos seus hábitos binários. Não conseguimos reconhecer que vivemos num universo extremamente complexo e polivalente. A lógica imprecisa não só nos estimula a repensar o valor de nossos hábitos de pensamento binários como também nos incita a repensar nossa obsessão social com a coleção de dados e com a análise.

A lei fundamental da lógica imprecisa é a **Lei da Incompatibilidade**, segundo a qual "à medida que aumenta a complexidade, afirmações precisas perdem significado e afirmações significativas perdem precisão" (McNeill e Freiberger 1994, 43). Essa lei demonstra que existe um relacionamento inverso entre a complexidade de uma situação e o valor da coleção de dados. A medição de questões complexas lhes aumenta o estado de imprecisão. Desse modo, quanto mais profundamente analisamos um problema complexo, maiores são as chances de que a sua solução seja indefinida.

Muitas vezes passei por essa dinâmica em meu trabalho de consultoria. Alguns anos atrás, uma empresa que era minha cliente pediu-me para fazer um levantamento junto a dezessete gerentes de nível médio. Pedi a eles para classificarem dez questões-chave organizacionais quanto à sua importância relativa. A classificação "um" indicava "mais importante"; a "dez" indicava "menos importante". Três das dez questões obtiveram tanto um "um" como um "dez"; seis das outras perguntas tiveram, no mínimo, uma lacuna de percepção de sete pontos. A questão restante obteve classificações que variavam de quatro a dez. Obviamente, esses gerentes percebiam sua realidade comum de maneiras muito diferentes. Um dos gerentes seniores da empresa expressou a expectativa de que, após o término do projeto de consultoria, todos os gerentes vissem as questões de maneira semelhante. Porém, isso é muito improvável num mundo impreciso. A maneira como uma pessoa percebe a organização será sempre diferente da maneira como alguém que ocupa outro papel, outra função ou outra localização a percebe.

O estado de indefinição da percepção humana comumente leva a confusão e a equívocos, e, como sugere a lei de Zadeh, coletar mais dados nem sempre é útil. Por exemplo, há pouca relação entre medidas das características efetivas de um ambiente de mercado específico e suas características percebidas. Robbins explica:

> "Infelizmente, o ambiente de uma organização não é como um gorila de quinhentos quilos. Você não consegue deixar de notar o gorila, mas ambientes não são facilmente reconhecidos e claramente demarcados. O mesmo ambiente que uma organização percebe como imprevisível e complexo pode ser visto como estático e fácil de ser entendido por outra organização ... Pessoas situadas na parte inferior de uma organização podem selecionar como parte desta algo que esteja 'lá fora' e chamá-lo de ambiente específico, enquanto que pessoas situadas mais no alto nessa mesma organização vêem algo mais como sendo o ambiente específico da empresa. Você também pode esperar diferenças baseadas em plano de fundo, em educação e em áreas funcionais em cujo âmbito os indivíduos trabalham. É até mesmo provável que gerentes seniores da mesma empresa vejam o ambiente de maneira diversa. Isso sugere que as organizações constroem ou

inventam seus ambientes e que o ambiente criado depende da percepção" (1990, 208).

Portanto, mesmo que as organizações possam pensar que estão tomando decisões estratégicas baseadas em "fatos" ambientais, elas estão, na verdade, baseando as decisões em sua percepção dos fatos. A coleta de mais dados nos fornece novos fatos, mas o fator de imprecisão da percepção humana permanece. As escolhas que fazemos quanto ao que observar sempre nos fazem ignorar muitas outras possibilidades passíveis de observação (Princípio da Complementaridade). **A realidade é sempre muito mais ampla do que os dados que coletamos.**

Nossas inclinações quanto à observação afetam a maneira como vemos as pessoas. "Nas organizações humanas, brincamos diariamente com o gato de Schroedinger, determinando o destino de todos nós — nossa qualidade de estar vivos ou mortos — pela maneira como decidimos observar uns aos outros" (Wheatley 1992, 61). Vemos o que esperamos ver e, com freqüência, deixamos de nos lembrar de que a realidade tem múltiplas faces. Esse assim chamado efeito Pigmalião já era conhecido desde há muito tempo; no entanto, com freqüência deixamos de reconhecer plenamente seus perigos organizacionais.

A estereotipia — a tendência para perceber outra pessoa como pertencente a certa classe — e seu "lado B", o efeito auréola/chifre — a tendência para basear a percepção numa característica única —, são armadilhas comuns no processo de avaliação do desempenho. Ambas têm sido muito pesquisadas; e, de maneira repetida, tem-se constatado que eram um problema básico, que afetava a precisão da avaliação (Luthans 1995, 104). Processos tais como a realimentação em 360 graus — onde se obtinha realimentação de desempenho vinda de colegas de trabalho, de clientes, de fornecedores e de relatórios diretos, bem como do gerente — forneciam informações mais equilibradas e, dessa maneira, resultavam numa figura mais abrangente da realidade.

A equipe de gerenciamento sênior de uma das minhas organizações-clientes participou de um processo de realimentação em 360 graus. Todos os gerentes participantes estabeleceram metas de desenvolvimento profissional baseadas na realimentação que receberam. Vários deles estabeleceram metas quantitativas para fornecer uma realimentação mais positiva aos seus assim chamados "relatórios diretos" (por exemplo, obter uma razão "dois para um" de realimentação de desempenho positiva para negativa). Depois de trabalhar três meses em seu plano de desenvolvimento, um gerente comentou a respeito de "como era fácil flagrar as pessoas fazendo as coisas corretamente quando se está olhando para elas". Ele estava ciente de que, em sua maior parte, seus "relatórios diretos" estavam fazendo essas coisas o tempo todo. Esses gerentes não estavam exibindo novos comportamentos. Ele foi o único que mudou. E, naturalmente, quando as intenções do gerente mudaram, suas percepções também mudaram. Esse gerente entendeu que sua percepção da realidade sempre será limitada. No entanto, descobriu novas capacidades que lhe permitem reduzir sua cegueira perceptiva.

O processo de realimentação em 360 graus nos lembra de que a realidade externa não é preta nem branca. Essa é, com freqüência, uma lição difícil de se aprender organizacionalmente. Não faz muito tempo, observei um grupo de executivos que estavam tentando reestruturar sua organização em torno de linhas de produtos. A suposição do grupo era a de que havia *uma maneira melhor de organizar* e que essa maneira se evidenciaria com facilidade para eles depois que se completasse uma análise processual em toda a empresa (a idéia de que a forma se segue à função). Depois de um par de dias de intensas discussões, não ficou tão evidente que uma estrutura organizacional ideal viria à tona automaticamente quando os processos ficassem claramente delineados. A análise processual, embora muito lógica e perfeitamente linear, malogrou em computar o papel do elemento humano — questões relacionadas ao território de cada um, suposições pessoais, necessidades de poder. Gradualmente, tornou-se claro que não havia uma maneira perfeitamente *correta* de organizar. A discussão passou de qual seria a maneira correta de organizar para o que funcionaria para todos. Finalmente, eles descobriram uma solução inclusiva, do tipo "isso *e* aquilo", que era praticável tanto da perspectiva de um processo como da de uma pessoa. O Pensamento Quântico salvou o dia.

Na teoria sistêmica, há uma concepção denominada **equifinalidade**. Significa que um sistema pode alcançar o mesmo estado final a partir de diferentes condições e de vários caminhos. Em outras palavras, não há só uma maneira correta de se chegar a um destino almejado. Organizacionalmente, quando abandonamos nossa obsessão aristotélica de achar o caminho *correto*, nós podemos, em vez disso, focalizar a exploração de vários caminhos. Podemos construir nos locais de trabalho comunidades de pesquisa contínua — comunidades que respeitam profundamente a diversidade da percepção.

As tradições dos indígenas norte-americanos nos proporcionam muitos exemplos do processo de pesquisa. Às vezes, peço a equipes que estão enfrentando decisões árduas que participem de uma cerimônia de roda medicinal. Sentamo-nos num círculo no chão, formando fisicamente uma comunidade de iguais, utilizando músicas e rituais (por exemplo, tambores, roupas e adereços), destinada a abrir caminho para o cérebro direito, criativo. Cada pessoa no círculo assume o papel de um grupo depositário particular, examinando a questão e falando só com base na perspectiva a ele atribuída. À medida que esse processo se desdobra, membros da equipe começam a sair para fora do compartimento limitador da experiência pessoal. Começam a imaginar maneiras novas e diferentes de ver os desafios que têm à mão. Começam a sobrepor várias perspectivas/opções umas sobre as outras e, assim, descobrem soluções incrivelmente criativas para os seus problemas mais desconcertantes. Eles recriam a si mesmos e recriam suas organizações à medida que aprendem a ver cada problema desafiador *de cabeça para baixo e em marcha à ré.*

INTEGRAÇÃO DE HABILIDADES

Reflita a respeito do que acabou de ler e do que mais cativou sua imaginação, e utilize as seguintes atividades para ajudar a reforçar a Habilidade Quântica deste capítulo:

- ✍ Desenhe uma representação gráfica do que essa habilidade significa para você e então escreva no diário a respeito do significado do seu símbolo.
- ✍ Anote concepções-chave relacionadas com este capítulo utilizando um mapa mental não-linear de símbolos e de figuras, bem como de palavras-chave. Comece no centro da página e trabalhe dirigindo-se para fora.*

---

* Uma amostra de mapa mental e mais experiências e exercícios podem ser encontrados nos Apêndices.

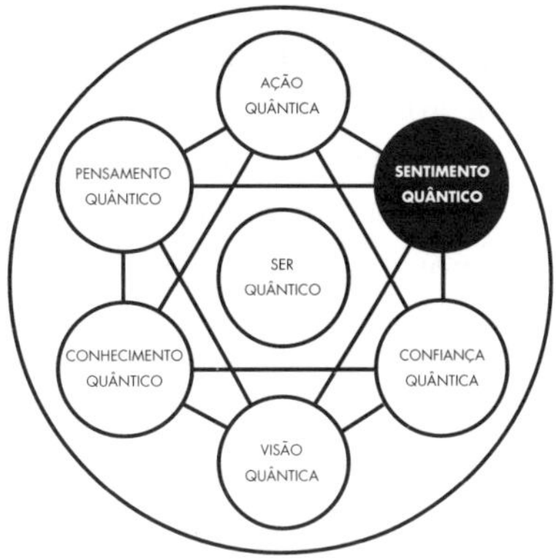

SENTIMENTO QUÂNTICO

A capacidade de se sentir efetivamente vivo.

4 Trabalho do Coração

"Se há algo que constitui, em última análise, o universo, esse algo é a energia pura ... o mundo é, fundamentalmente, energia dançante; energia que está por toda parte e, de maneira incessante, assume primeiro esta forma e em seguida aquela."

Gary Zukav

O DESAFIO

Ansiamos por vidas com muita energia. No entanto, muitos de nós têm grande dificuldade para criá-las. Prazos que se sucedem rapidamente drenam nossa energia. Empregos cheios de tensão nos exaurem. Ansiamos pela saúde e pela vitalidade, mas, com freqüência, sentimos cansaço e ausência de bem-estar*. Queremos felicidade, mas vivemos esgotados. Há uma solução? A teoria quântica nos lembra de que o ingrediente fundamental do universo é a energia. A quantidade de energia que existe no uni-

* Em inglês *dis-ease*, formado a partir de *disease* (doença). (N. T.)

verso é, de fato, tão grande que é incalculável. Já que os seres humanos são compostos da mesma energia que o restante do universo, talvez precisemos aprender os princípios básicos da excitação da energia.

Pesquisas recentes sugerem que o coração humano é uma fonte básica de poder para o sistema mente-corpo. Se for assim, poderia ser possível a nós aprender a mudar a física do nosso corpo aprendendo a mudar os sentimentos do nosso coração? Como nossa vida poderia mudar se cada um de nós aprendesse a maneira de se sentir bem interiormente, independentemente do que lhe acontecesse exteriormente? Como poderíamos tentar trabalhar de maneira diferente se desenvolvêssemos a capacidade de escolher, momento a momento, o nosso estado emocional?

A NOVA CIÊNCIA

O domínio quântico é participatório (Capítulo 2) e paradoxal (Capítulo 3). Também é fonte de enorme poder. De acordo com a famosa fórmula de Einstein, $E=mc^2$, a energia (força) contida na matéria é equivalente à massa dessa matéria multiplicada pela velocidade da luz ao quadrado (um número muito grande). Portanto, até mesmo a menor partícula de matéria contém um imenso potencial de energia concentrada. A massa de uma partícula é, de fato, medida em unidades de energia (elétrons-volt). O número de volts que cada partícula tem é função de seu tipo (por exemplo, próton, elétron, nêutron) e de sua velocidade.

As partículas subatômicas também têm carga elétrica (positiva, negativa ou neutra). A carga de uma partícula determina a maneira como ela responde a outras partículas. Uma partícula com uma carga neutra não é atraída nem repelida por outras partículas. Partículas carregadas com carga positiva ou negativa são atraídas por partículas de carga oposta e repelidas por partículas de carga do mesmo sinal. Essa dança de atração e repulsão entre partículas com cargas diferentes é denominada força eletromagnética. Essa força permite às partículas unirem-se para formar átomos e moléculas. É a cola fundamental do universo. Sem a força eletromagnética não haveria matéria visível.

As cargas positivas e negativas das partículas subatômicas produzem campos elétricos. Se a carga elétrica está fluindo (isto é, uma corrente elétrica), ela também cria um campo magnético. A energia eletromagnética desses campos viaja pelo espaço sob a forma de ondas eletromagnéticas. Essas ondas, diferentemente das ondas na água ou das ondas sonoras, viajam na velocidade da luz e não requerem um meio material. A própria luz é transmitida como uma onda eletromagnética, assim como as ondas de rádio, os raios X e as microondas.

Max Planck, freqüentemente chamado de "pai da física quântica", foi a primeira pessoa a descobrir que a energia das ondas eletromagnéticas é absorvida e emitida em "nacos", ou quantidades fixas. Planck batizou com a palavra **quanta** esses grumosos pacotes de energia. Os elétrons dentro de um átomo absorvem esses pacotes de energia (quanta) num processo conhecido como **excitação**. Quando os elétrons ficam excitados, eles se afastam da posição que ocupavam com relação ao núcleo do átomo, denominada estado fundamental, passando a ocupar órbitas de energia mais alta. No entanto, ao contrário da lei de Newton do movimento contínuo, esses elétrons não se movem para fora de uma maneira uniforme e contínua. Em vez disso, fazem-no de maneira descontínua, saltando de uma órbita (nível energético) para a seguinte quando mais e mais energia é absorvida. Quando a fonte de energia externa é interrompida, os elétrons caem de volta no estado fundamental, liberando a energia da excitação sob a forma de fótons (luz).

Planck também descobriu "que a energia de um quantum de luz aumenta com a freqüência. Quanto maior for a freqüência, maior será a energia" (Zukav 1979, 57). Essa relação comprovou ser um ingrediente de importância-chave na formulação da teoria quântica. Ela demonstrou que há uma relação *constante* entre energia e freqüência. Significa, muito simplesmente, que quando fótons de luz de alta freqüência atingem um elétron, esses fótons farão com que os elétrons saltem para um nível de energia maior do que o fariam fótons de uma luz de baixa freqüência. A quantidade de energia liberada subseqüentemente por esses elétrons é maior ou menor conforme seja maior ou menor a freqüência das ondas eletromagnéticas (fótons) incidentes.

A freqüência de uma onda luminosa é a medida do número de cristas de onda que passam por um dado ponto num segundo. A amplitude refere-se à altura das cristas de onda. O comprimento de onda é a distância entre duas cristas de onda consecutivas (Figura 4.1). Quanto menor for o comprimento de onda, mais alta será a freqüência dessa onda. Desse modo, embora a velocidade da luz seja constante (a luz sempre viaja pelo espaço com uma velocidade de 300.000 quilômetros por segundo), seu comprimento de onda, sua amplitude e sua freqüência variam. Se a freqüência e a amplitude de uma onda eletromagnética aumentam, também aumenta, e de maneira drástica, a energia liberada pelos átomos nos quais essa onda incide. Essa é uma concepção fundamental da teoria da eletrodinâmica quântica (EDQ), a qual, de acordo com Gribbin, é "a teoria científica mais bem-sucedida e precisa que já existiu" (1995, 90).

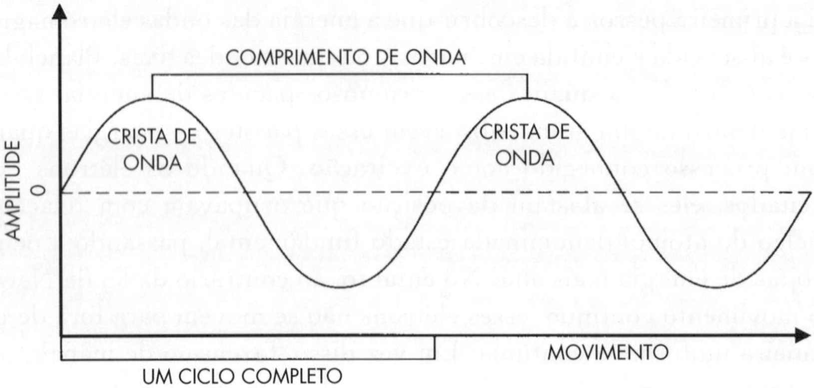

Figura 4.1: *Concepções-chave da Teoria Eletromagnética. O comprimento de onda é a distância entre uma crista de onda e a seguinte. A amplitude de uma onda é a altura da crista de onda. A freqüência indica quantas cristas de onda passam por um dado ponto a cada segundo. Quanto mais curto for o comprimento de onda, mais alta será a freqüência da onda.*

A teoria da eletrodinâmica quântica tem levado a muitas instigantes realizações científicas, uma das quais é a tecnologia do laser. Os lasers são acionados por átomos supercarregados que armazenam energia luminosa quando excitados e, em seguida, liberam essa energia numa rajada de luz de grande potência. As fontes luminosas comuns liberam fótons em diferentes instantes e os projetam em diversas direções. Os fótons na luz de laser são altamente organizados (coerentes). Ondas de energia são **coerentes** se têm o mesmo comprimento de onda e se estão *em fase* umas com as outras. A coerência de um feixe de laser permite à luz de laser viajar mais longe e permanecer mais brilhante do que qualquer outra fonte de luz conhecida.

Lasers constituem um exemplo de uma estrutura quântica particular conhecida como um **condensado de Bose-Einstein**. Os condensados de Bose-Einstein, que também são encontrados em supercondutores e em estrelas de nêutrons, são a estrutura mais altamente ordenada e mais altamente unificada já descoberta. Essas estruturas são um fenômeno exclusivamente quântico e não podem ser encontradas no domínio macroscópico newtoniano, no qual os sistemas podem ser altamente ordenados (cristais) ou altamente unificados (gases), mas nunca ambos ao mesmo tempo. A unidade e a ordem num sistema criam coerência e ressonância. A energia coerente, ressonante, é a mais poderosa energia conhecida. Seu potencial é enorme.

UMA NOVA PERSPECTIVA

Fisicamente falando, somos seres quânticos. Nossos corpos são compostos das mesmas partículas subatômicas que compõem as casas e os cavalos. E somos, literalmente, "mantidos coesos" pelas mesmas forças eletromagnéticas que modelam a terra e as estrelas. Assim como todas as outras coisas do universo, nosso ingrediente básico é a energia, e essa energia está em constante movimento, gerando atividade elétrica. O ADN humano vibra com uma freqüência entre 52 e 78 gigahertz (Shealy, in Myss 1996, xii), e cada órgão do corpo produz um sinal elétrico que pode ser mapeado (por exemplo, cérebro/EEG [eletroencefalograma], pele/RCG [reflexo cutâneo galvânico], músculos/EMG [eletromiograma] e coração/ECG [eletrocardiograma]).

O mais forte dos sinais eletromagnéticos do corpo humano é gerado pelo coração. A intensidade do sinal do coração, que é 40 a 60 vezes mais intensa que a do cérebro, sugere que o coração possa ser o oscilador-mestre do corpo humano, irradiando informações elétricas para todo o corpo (*IHM Research Update* 1993, 3). De fato, o campo eletromagnético do coração pode ser medido até uma distância de vários pés do corpo. "As freqüências que estão contidas nesse campo e que o modelam mudam conforme mudam nossos pensamentos e nossas emoções, sendo que as emoções causam as mudanças mais imediatas e mensuráveis no sistema elétrico do coração" (Childre 1996, 70).

Emoções negativas (por exemplo, frustração, medo, raiva ou tensão) diminuem a coerência das ondas eletromagnéticas do coração. Isso faz com que o sistema mente-corpo sofra perda de energia. Emoções positivas (por exemplo, amor, cuidado, compaixão e estima) aumentam a coerência dessas ondas (Figuras 4.2 a e b).

Mudanças nas ondas eletromagnéticas do coração constituem o subproduto de interações entre os sistemas nervosos simpático e parassimpático. Quando estamos estressados, o sistema nervoso simpático acelera o ritmo das batidas do coração enquanto, ao mesmo tempo, o sistema nervoso parassimpático tenta diminuir esse ritmo. Isso é análogo a dirigir um automóvel com um pé no freio e outro no acelerador. O desequilíbrio entre os dois sistemas nervosos cria um enorme desgaste em nosso corpo físico. Esse desequilíbrio cria ritmos cardíacos incoerentes que diminuem a coerência nas ondas eletromagnéticas do coração, esgotando, dessa maneira, a energia do sistema (*IHM Research Update* 1993, 2).

Inversamente, quando nos sentimos calmos e relaxados, os sistemas nervosos simpático e parassimpático equilibram-se, e os ritmos cardíacos

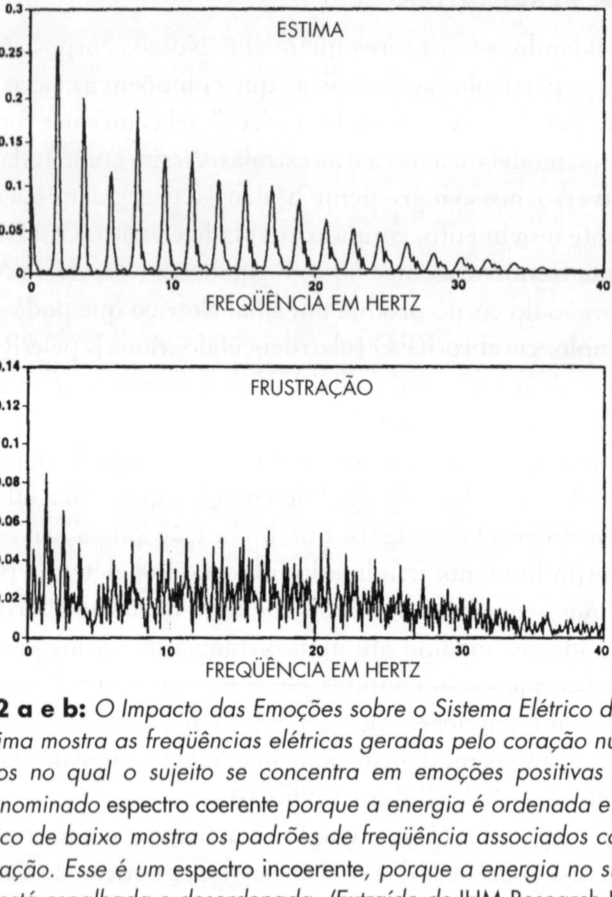

Figuras 4.2 a e b: *O Impacto das Emoções sobre o Sistema Elétrico do Coração. O gráfico de cima mostra as freqüências elétricas geradas pelo coração num período de dez segundos no qual o sujeito se concentra em emoções positivas (estima). Esse padrão é denominado* espectro coerente *porque a energia é ordenada e harmoniosa.*

O gráfico de baixo mostra os padrões de freqüência associados com dez segundos de frustração. Esse é um espectro incoerente, *porque a energia no sistema elétrico do coração está espalhada e desordenada. (Extraído de* IHM Research Update *1995, 3. Reproduzido com a permissão do Institute of HearthMath, Boulder Creek, CA.)*

tornam-se coerentes. Quando os dois sistemas nervosos ficam equilibrados, também ocorre sincronização (os médicos chamam isso de **arrasto**) entre os padrões das batidas do coração e as ondas cerebrais (EEG). O arrasto coração-cérebro cria grandes mudanças no sistema nervoso automático que controla nossos sistemas imunológico e hormonal. Essas mudanças estão associadas a sentimentos de aumento de paz e de criatividade, bem como a uma intensificação da intuição. O arrasto coração-cérebro também melhora a capacidade de processamento de informações pelo cérebro, o que resulta num funcionamento cognitivo melhorado (por exemplo, aumento da clareza de pensamento).

Pesquisas feitas pelo Institute of HeartMath (IHM) confirmam o que nós já sabemos intuitivamente: "emoções negativas drenam nossa energia e enfraquecem nosso sistema imunológico, ao passo que atitudes positivas intensificam os níveis de energia e a resposta imunológica" (*IHM Research Update* 1995, 4). No entanto, essa informação não está fazendo muita diferença na vida das pessoas. As doenças ainda se propagam vigorosamente. A exaustão física e a psicológica são epidêmicas. A depressão crônica está constantemente em alta. Pelo menos 11 milhões de pessoas nos Estados Unidos têm um episódio de depressão a cada ano, e os índices estão aumentando (Finkelstein e Greenberg 1994, 8). A depressão séria é dez vezes mais prevalecente hoje do que há cinqüenta anos. Ela atinge duas vezes mais mulheres do que homens, e hoje, em média, atinge pessoas dez anos mais jovens do que na geração anterior (Seligman 1990, 10). Enquanto sociedade, estamos vivendo uma profunda miséria psicológica. É como se nós, coletivamente, estivéssemos caindo num buraco negro de desespero; assim como o buraco negro do espaço exterior, o puxão gravitacional da condição faz com que pareça impossível escapar dela.

Se temos evitado o buraco negro da depressão, podemos, em vez dele, estar afundando na areia movediça da fadiga. As estatísticas de *stress* e de esgotamento nos empregos são igualmente alarmantes. Um importante estudo do Northwestern Life Insurance (Orsborn 1992, 145-46) revelou essas descobertas:

- Um dentre três norte-americanos tem pensado seriamente em abandonar o trabalho devido a *stress* no emprego, e um em três tem a expectativa de "queimar todo o combustível" no emprego num futuro próximo.
- Quase metade dos entrevistados classificaram seu nível de *stress* como "extremamente" ou "muito" elevado. Um em três disse que o *stress* no emprego era, tomado isoladamente, o maior por que já passara em sua vida.
- Sete em dez funcionários disseram que o *stress* no emprego diminui a produtividade.
- Setenta e dois por cento dos entrevistados tiveram três ou mais enfermidades relacionadas com o *stress* "até um certo grau" ou "com muita freqüência".
- A ocorrência de incapacidades relacionadas com o *stress* está aumentando, tendo duplicado de 6% para 13% durante os últimos nove anos.

Numerosos levantamentos médicos e psicológicos identificam o *stress* como o problema de saúde número um da nação. Estamos imersos numa epidemia de *stress* e de desespero. Esquecemo-nos de como nos sentir bem. Ansiamos por reivindicar nossa vitalidade e por reequilibrar nossas vidas. Queremos estancar a drenagem de energia e aprender novas habilidades de excitação de energia. A questão é: "Como fazer isso?"

A HABILIDADE DO SENTIMENTO QUÂNTICO

O Sentimento Quântico é a habilidade de nos sentir vivos e com vitalidade. Essa habilidade nos permite regular os sistemas de energia de nossos corpos e manter um estado de muita energia interior, independentemente do que estiver acontecendo exteriormente. O *stress* é uma parte inevitável da vida. Coisas acontecem! No entanto, não precisamos ser emocionalmente drenados por circunstâncias externas. Essa habilidade nos proporciona a capacidade de escolher conscientemente sentimentos que mantenham a vitalidade. Baseia-se na premissa de que há um ponto de escolha perceptivo entre todo estímulo externo e a resposta interna subseqüente. Portanto, não somos vítimas de pessoas ou de acontecimentos. No entanto, freqüentemente somos vítimas de nossas escolhas perceptivas.

Durante mais de trinta anos, os psicólogos cognitivos têm enfatizado a relação entre escolha cognitiva e emoções. Suas pesquisas demonstram de maneira consistente que os sentimentos não são causados por acontecimentos externos, mas, em vez disso, por nossa interpretação desses acontecimentos. Terapeutas de orientação cognitiva têm obtido grande sucesso ao tratar tanto a depressão como distúrbios emocionais relacionados com o *stress* com técnicas de reenquadramento do pensamento. É evidente que quando as pessoas identificam e mudam suas assim chamadas "crenças errôneas" a respeito de uma situação, sua percepção dessa situação e, conseqüentemente, seus sentimentos a respeito dela mudam de maneira correspondente.

As pesquisas do Institute of HeartMath (IHM), que foram analisadas anteriormente neste capítulo, sugerem que há outra maneira, talvez mais simples, de se aprender a lidar com emoções negativas. Os psicólogos do IHM ensinam os seus clientes a se concentrar no *coração* e não na *cabeça*. A meta consiste em **ter** um sentimento positivo em vez de **entender** um sentimento negativo. Suas pesquisas sugerem que podemos passar por cima do processo cognitivo de identificar nossas suposições e nossas crenças geradoras de *stress*; em vez disso, podemos aprender a liberar energia negativa simplesmente mudando a direção da nossa atenção. Quando escolhemos focalizar conscientemente os aspectos positivos de uma situação, em vez dos negativos, nossos sentimentos imediatamente mudam — mesmo que não tenhamos uma introvisão dos fatores que desencadearam nossa reação emocional inicial.

O desafio, naturalmente, consiste em aprender a mudar a atenção à vontade. Numa abordagem terapêutica relativamente nova, denominada **Terapia de Solução-Focalizada** (O'Hanlon e Weiner-Davis 1989), terapeutas ajudam clientes a aprender a mudar a atenção fazendo "perguntas-milagres". Os proponentes dessa abordagem terapêutica acreditam que não é só perda de tempo analisar ou examinar um problema, mas que isso também é, efetivamente, contraproducente. Em vez de focalizar o problema, pede-se aos clientes para imaginarem que um milagre acaba de ocorrer e que o problema que os levou a procurar ajuda não existe mais. Em seguida, o terapeuta pede ao cliente para descrever em detalhe o que é diferente quando o problema foi resolvido. Quando os clientes começam a descrever suas imagens da vida sem o problema, sua atenção se desloca do problema para a solução. Essa mudança interior permite ao cliente estabelecer uma nova intenção e, dessa maneira, fazer novas escolhas perceptivas.

A experiência de um amigo meu é um bom exemplo. No trabalho, ele foi responsável por um importante projeto de renovação técnica no mundo apressado da radiodifusão. Em sua vida pessoal, teve de enfrentar enormes dificuldades com prazos finais em sua dissertação de Ph.D., um sonho de toda a vida, que seria realizado com a idade de 56 anos. Depois de semanas de tensão e de ansiedade, ele apareceu na minha casa, numa noite de sexta-feira, inusitadamente relaxado. Seu estado de relaxamento não combinava com a semana que eu sabia que ele acabava de ter. Sua explicação era simples. Ele reservara certo tempo, naquela manhã, para descrever para si mesmo com o que um "bom dia" deveria se parecer. Procedeu então no sentido de criar esse dia concentrando sua energia em sua intenção, em vez de se deixar importunar pela agitação da remodelagem do estúdio da estação. Ele não negou o problema, mas focalizou sua energia em soluções. Para ele, foi uma experiência revolucionária. Descobriu que a quantidade de *stress* em sua vida estava diretamente relacionada com suas escolhas perceptivas.

Com certeza, a partir de uma perspectiva quântica, isso aconteceu como seria de se esperar que acontecesse. Se vivemos num universo subjetivo, cada situação, assim como cada pacote de onda de energia, tem um aspecto complementar. Quando desenvolvemos a habilidade do

Sentimento Quântico, aprendemos a olhar para o lado positivo de cada situação por uma razão muito básica — sentimentos positivos geram energia, sentimentos negativos a esgotam. Por exemplo, se perdemos nosso emprego, podemos nos concentrar nos aspectos negativos da perda de salário (e de identidade) ou nos aspectos positivos de novas oportunidades de crescimento. Qualquer coisa em que nos concentremos, conseguiremos obtê-la. Se nos concentrarmos na perda, sentiremos medo. Se nos concentrarmos nas possibilidades, sentiremos excitação.

Ver esses assim chamados eventos "negativos" a partir de uma perspectiva positiva requer que pensemos paradoxalmente. Se, de repente, nos encontramos sem trabalho, é apenas "lógico" voltar os olhos para os aspectos negativos da situação. No entanto, se fizermos isso, veremos apenas os indícios perceptivos que sustentam nosso pensamento "lógico". Veremos nossas contas se acumularem. Veremos como é restrito o mercado de trabalho. Veremos pessoas desempregadas para onde quer que nos voltemos. Por outro lado, se podemos ver a situação de maneira "irracional", concebendo-a talvez como uma dádiva disfarçada, e não como uma crise, começaremos a ver as bênçãos ocultas. Quando focalizamos as bênçãos, as ondas eletromagnéticas do nosso coração tornam-se coerentes, e as ondas cerebrais seguem espontaneamente essa mudança (arrasto). A partir desse estado mental mais coerente, vemos oportunidades que teríamos deixado escapar se tivéssemos permanecido presos na negatividade. As oportunidades estavam presentes o tempo todo; nossa incoerência cognitiva induzida pelas nossas emoções simplesmente tornou-as indisponíveis a nós.

Literalmente falando, os sentimentos são energia em movimento (e-moção). Sentimentos positivos criam ritmos cardíacos coerentes; sentimentos negativos produzem incoerência nas ondas eletromagnéticas do coração, esgotando, assim, a energia. Portanto, energizamos ou esgotamos nossos sistemas mente-corpo com cada escolha perceptiva que fazemos. Como sugere Goswami (1993), as famosas palavras de Descartes, *cogito, ergo sum* [**penso**, logo existo], poderiam, talvez, ser enunciadas com maior precisão como *opto, ergo sum* [**escolho**, logo existo]. Optar por *ver* os aspectos positivos de todos os acontecimentos da nossa vida muda tanto a nossa mente como o nosso coração. À medida que os padrões de batidas rítmicas do coração tornam-se coerentes, as ondas eletromagnéticas do cérebro (EEG) reduzem seu ritmo de acordo com as alterações cardíacas. Nesse estado de sincronicidade cérebro-coração, não só nos sentimos mais fortes e mais vivos como também temos maior clareza de pensamento e geramos idéias mais criativas.

O DESENVOLVIMENTO DA HABILIDADE

Se os sentimentos constituem os subprodutos da atenção, é evidente que eles são passageiros e inconstantes. Os sentimentos mudam rápida e dramaticamente quando aprendemos a mudar nossa atenção. Portanto, cada um de nós tem a capacidade da liberdade psicológica — a capacidade para escolher ver as coisas de maneira diferente e, em conseqüência disso, **sentir** de maneira diversa.

No entanto, não podemos exercitar a escolha sobre nossas respostas emocionais até que nos tornemos conscientes delas. Esse primeiro passo básico rumo a uma vida dinâmica não é necessariamente fácil. Alguns de nós, devido à dor de traumas passados, podem ter anestesiado seus sentimentos. Fazemos isso por meio da supressão consciente ou da repressão inconsciente. Com freqüência, tentamos entorpecê-los por meio de uma infinidade de comportamentos que viciam, que variam desde o comer e o abuso de substâncias químicas até o vício pelo trabalho e seu subproduto — o vício em adrenalina.

Para usar a Habilidade do Sentimento Quântico, temos de abrir as comportas do nosso coração e permitir que venham à tona nossos sentimentos sufocados e, portanto, não-resolvidos. Os sentimentos constituem o mecanismo de realimentação de nossa vida. Eles são espelhos para a nossa alma, refletindo de volta para nós nossos assuntos psicológicos inacabados. O propósito do Sentimento Quântico não é **negar** os sentimentos negativos, mas **transformá-los**. No entanto, não podemos transformar um sentimento antes de, em primeiro lugar, reconhecê-lo. O simples fato de reconhecer sentimentos previamente ignorados libera a energia congelada associada a eles. Isso, por si só, nos proporciona mais capacidade de vitalidade.

Nossos sistemas corpo-mente são, de fato, muito parecidos com uma bateria NiCad (de níquel-cádmio). Eles não podem ser plenamente carregados com nova energia até que estejam completamente descarregados. Descobri isso ao tentar recarregar meu computador *laptop* depois de cada uso. A bateria passou a reter a carga durante períodos de tempo cada vez mais curtos. Um amigo, que estava mais familiarizado com assuntos técnicos, explicou a necessidade de descarregar totalmente a bateria antes de tentar recarregá-la. Essa é uma analogia maravilhosa para o sistema energético humano. Precisamos liberar a dor do nosso passado antes de tentar revitalizar nossa vida. Se fracassarmos ao fazer isso, poderemos continuar a ver as coisas segundo as velhas maneiras, independentemente de nossa intenção de nos reconcentrarmos.

Descobri que vários tipos de **trabalho com o corpo** são bastante úteis para descarregar velhas energias. Parece que a memória (a energia) é armazenada em cada célula do corpo. Pesquisas indicam que a memória celular é reativada cada vez que passamos por um acontecimento semelhante ao estímulo que criou a memória original (Wade 1996, 41). Reiki, massagem, rolfing, terapias quiropráticas e de polaridade, e outros tipos de trabalho com o corpo, freqüentemente ajudam a liberar a memória celular, proporcionando-nos capacidade aumentada para escolhas emocionais conscientes. **Exercícios** físicos regulares também ajudam a melhorar o fluxo de energia através do sistema mente/corpo. Uma quantidade cada vez maior de pesquisas demonstra seus benefícios tanto físicos quanto psicológicos.

Manter um diário também descarrega a negatividade. A escrita espontânea e sem censura dissipa fortes emoções negativas, eliminando-as do nosso sistema e permitindo-nos, assim, dispor de uma quantidade maior de escolhas emocionais. Um estudo recente feito pelo psicólogo James Pennebaker, da Universidade do Texas, exemplifica bem esse fato. Pennebaker pesquisou o valor de se manter um diário para enfrentar com sucesso os aspectos emocionais do sentimento de baixa estima. Ele dividiu em três grupos um conjunto de 63 engenheiros dispensados dos seus empregos. O primeiro grupo dedicou meia hora, durante cinco dias consecutivos, para escrever a respeito de como a demissão os fazia sentir. O segundo grupo escreveu durante o mesmo período de tempo, mas a respeito de um assunto emocionalmente neutro — como eles passavam o dia. O terceiro grupo não escreveu nada.

Os resultados foram impressionantes. Embora não houvesse diferença significativa entre os três grupos no número de chamadas telefônicas feitas, de resumos enviados ou de entrevistas para conseguir emprego completadas, o grupo que escreveu no diário sobre os seus sentimentos encontrou um novo emprego muito mais depressa do que os integrantes dos outros dois grupos. "Oito meses depois do estudo, 52% do grupo experimental tinha encontrado emprego, em comparação com apenas 20% dos dois grupos de controle" (Clay 1998, 24). Pennebaker acredita que a chave para as diferenças nos grupos pode ser encontrada na maneira como os participantes se conduzem nas situações de entrevista reais. Ele suspeita que os engenheiros que não escreveram diários levaram mais bagagem emocional às suas entrevistas para empregos do que o grupo que escreveu diários, o qual processara e, dessa maneira, liberara sua dor emocional.

Respirar profundamente é outra técnica que facilita a catarse emocional. O **trabalho com a respiração** ficou, de fato, tão popular, que tem sido chamado de "o bambolê dos anos 90". A respiração profunda, abdominal, está sendo utilizada para ajudar no trabalho de parto, para melhorar o desempenho atlético e para diminuir o *stress*. Pode também ser utilizada para aumentar a centralização emocional e, dessa maneira, a escolha emocional. A respiração profunda não só libera a tensão como também as toxinas. Aproximadamente, 70% de todos os resíduos do corpo são eliminados por meio da respiração. Infelizmente, cerca de 90% dos seres humanos são "respiradores fúteis", inalando menos de 25% do oxigênio que nossos pulmões foram planejados para reter (Grout 1996).

A **música** e o **olfato** também estão intrinsecamente ligados às nossas emoções. A música tem sido utilizada para reduzir o *stress* e o desconforto de procedimentos cirúrgicos e odontológicos, e para aliviar a ansiedade e a depressão em unidades de tratamento de problemas cardíacos (McCraty, et al. 1996, 1). Pesquisadores do Institute of HeartMath (IHM) utilizam música para ajudar os pacientes a reduzir o *stress* e aumentar emoções positivas. Um recente estudo do IHM mediu os efeitos de quatro diferentes tipos de música (rock *grunge*, música clássica, *new age* e "música planejada" [*designer music*]) sobre o sentimento dos participantes. A música planejada é um termo utilizado para descrever a música que é feita "para produzir um efeito positivo sobre o humor, a tensão e a clareza mental" (McCraty, et al. 1996, 2). Os resultados desse estudo indicam que todos os tipos de música provocam mudança de sentimento, mas a música planejada foi mais eficiente no sentido de aumentar os sentimentos positivos. Essa pesquisa sugere "que a música pode ser um método barato e fácil para ajudar na redução do *stress* e no bem-estar emocional" (McCraty, et al. 1996, 7).

Os odores também podem afetar profundamente a maneira como sentimos. Os seres humanos podem reconhecer aproximadamente 10.000 odores. Alguns deles são estimulantes. Alguns são relaxantes. Alguns nos perturbam; outros tranqüilizam a alma. O médico Alan Hirsch, diretor da Smell and Taste Treatment and Research Foundation (Fundação de Pesquisas e Tratamento pelo Olfato e pelo Sabor) liderou numerosos estudos a respeito dos efeitos dos odores sobre a depressão e a ansiedade. "Os estudos têm indicado que os aromas podem ser utilizados para induzir sentimentos de conforto e de segurança, ou até mesmo para desenvolver agressividade e melhorar a força e a competitividade dos atletas" (Smith 1993, D-10). Quase todos os odores podem desencadear profundas lembranças do passado. Portanto, os odores são úteis para nos permitir sentir e curar emoções não-resolvidas (aromaterapia).

À medida que liberamos a energia "congelada" de sentimentos não-resolvidos (reprimidos/suprimidos), tornamo-nos cientes de *todos* os nossos sentimentos, e, em conseqüência disso, passamos a ter mais poder de decisão consciente sobre eles. Paradoxalmente, quando nos tornamos mais conscientes dos nossos sentimentos, com freqüência começamos a levá-los um pouco menos a sério, notando que os sentimentos vêm e vão como as marés — estão ali por um momento e totalmente mudados no momento seguinte. Além disso, começamos a notar a ligação entre *stress*, exaustão e nossas reações emocionais. Começamos a adquirir uma percepção da subjetividade dos sentimentos, e começamos a selecionar os sentimentos que mantêm nosso desejo de viver uma vida plena e abundante. Eventualmente, desenvolvemos uma **capacidade de resposta** [*response-ability*] exercitando a cada momento nossa capacidade para escolher conscientemente nossas reações emocionais.

A capacidade de resposta requer **desprendimento** psicológico. O desprendimento significa deixar que as coisas sejam o que são — desistir de nossa necessidade de fixar e de controlar. O desprendimento é diferente da negação ou da repressão. Quando nos desprendemos de uma situação, não "sufocamos" (negamos ou reprimimos) nossos sentimentos negativos. Não fingimos que estamos nos sentindo tranqüilos quando estamos efetivamente perturbados, mas vemos nossa perturbação ou frustração do ponto de vista do observador que está de fora. Ao fazê-lo, permitimo-nos ter nossos sentimentos; e, não obstante, não ser controlados por eles. Quando sentimos plenamente, algo *mágico* acontece — a negatividade se dissipa. O julgamento, a culpa e o apego nos mantêm atolados. O desprendimento nos liberta para ver as coisas de maneira diferente. O exercício seguinte ajuda-me a praticar o desprendimento.

1. Em primeiro lugar, fecho os olhos e relaxo o corpo concentrando-me na respiração.
2. Em seguida, identifico uma situação da minha vida que está fazendo com que eu me sinta incomodada.
3. Imagino uma entrada (algo como o posto de controle eletrônico de segurança num aeroporto).
4. Vejo a mim mesma transpondo a entrada, e imaginando que todos os meus sentimentos negativos a respeito dessa situação estão sendo removidos sem dor de minha consciência enquanto cruzo a porta.
5. Passo para o outro lado da porta, livre para me sentir de maneira diferente.

6. Então, identifico pelo menos uma coisa que posso apreciar a respeito dessa situação.
7. Concentro minha atenção em meu coração e indago a mim mesma: "O que eu quero sentir neste exato momento? Que opção de sentimento sustenta melhor a minha vitalidade?"
8. Abro os olhos, plenamente consciente de minhas escolhas.

A vida me proporciona oportunidades diárias para praticar esse processo. Enquanto trabalhava neste capítulo, tive uma oportunidade particularmente boa para fazer isso. Toda a semana foi desafiadora. Foi uma dessas semanas do tipo "tudo-o-que-podia-dar-errado-deu". Os eventos reais variaram desde uma multa de trânsito até uma garganta inflamada por infecção de estreptococos. Por volta de sexta-feira, eu mal conseguia falar, e no sábado escalaram-me para ajudar numa sessão de planejamento estratégico para trinta voluntários da comunidade. Trabalhei numa reunião que durou todo o dia. Depois, ao voltar para casa, um pneu novo do meu carro furou. Estava chovendo e fazia muito frio, e lá estava eu, com a cabeça descoberta sobre a garganta inflamada e totalmente exausta devido ao intenso processo do dia. Fiquei tentada a me sentir abandonada e como vítima. Pensamentos do tipo "Por que eu?" passaram desenfreadamente pela minha cabeça. Eu queria culpar e atacar — a empresa de pneus por fabricar pneus com defeito, eu mesma por não saber como trocar um pneu, e Deus, por permitir que isso acontecesse a mim nesse dia em particular.

Depois de passar alguns minutos chafurdando na autopiedade, lembrei a mim mesma de que podia escolher sentir-me de maneira diferente. Fechei os olhos e visualizei os passos do exercício do Sentimento Quântico. Quando cheguei ao Passo 7, tive a certeza de que aquilo que eu queria sentir era desprendimento calmo do meu dilema. Ao abrir os olhos, a ação a ser tomada tornou-se perfeitamente clara. Ficou evidente para mim que aquilo de que eu mais precisava era proteger minha saúde frágil, e isso significava que eu devia sair rapidamente do frio. Caminhei pela rua até o telefone mais próximo e chamei um táxi. Fui para casa, deixando o carro estacionado num lugar bem iluminado. Durante a corrida de táxi até em casa, continuei a focalizar os aspectos positivos da situação:

- Aconteceu no caminho para casa — e não no caminho para a reunião.
- Aconteceu perto de um telefone.
- Um táxi me apanhou três minutos depois da minha chamada.
- Não precisei do meu carro para mais nada naquela noite.
- Foi apenas um pneu (e não uma transmissão ou o motor).

A tensão rapidamente se dissipou quando concentrei minha atenção nesta lista de aspectos positivos da situação. Quando cheguei em casa, tomei um banho demorado, quente e espumado, e fui diretamente para a cama, lembrando-me de que é sempre uma boa idéia "não suar por coisa pequena" (e que nunca é tarde demais para aprender a trocar um pneu ou, pelo menos, para se filiar a uma sociedade como o Rotary Club).

Um pneu furado é um transtorno de importância menor. Esse processo funciona igualmente bem para provações maiores. Utilizei-o para que me proporcionasse mais capacidade de resposta ao me deparar com perda de emprego, divórcio, carros roubados e casas inundadas. Ele sempre tem me ajudado a fazer escolhas carregadas de emoção. No entanto, esse processo simples nem sempre é fácil. O culpado disso é o ego humano. Se estamos irritados, zangados ou frustrados, com freqüência nosso ego cheio de medo sentirá dor, e se sentirá vítima, sentimento que a acompanha, e não o trabalho do coração. No entanto, permaneceremos mergulhados na dor por tanto tempo quanto nosso ego permanecer focalizado nos aspectos negativos da situação. Os psicólogos deram a isso o nome de **ruminação**. Os ruminantes dizem repetidamente a si mesmos como as coisas são más, ou como eles têm estado tremendamente errados. As conversas negativas que estabelecem consigo mesmos os mantêm mergulhados em emoções negativas. A ruminação negativa é um círculo vicioso e muito difundido de pensamento-sentimento. Porém, ele pode ser quebrado! Quando mudamos o enfoque de nossa cabeça para o coração, passamos por dramáticas mudanças de percepção. Literalmente falando, começamos a nos sentir de maneira diferente e, conseqüentemente, também começamos a ver as coisas de modo diverso.

Quando praticamos a habilidade do Sentimento Quântico, deixamos de resistir à vida e começamos a aceitar as coisas como elas são. Posteriormente, podemos até mesmo começar a apreciar aquilo que antes era o nosso pior "castigo merecido". Descobrimos que quando aprendemos a escolher a apreciação em vez da frustração, da raiva ou do ressentimento, nossa fisiologia muda em conformidade com essa escolha. Nosso cérebro sincroniza-se com as freqüências coerentes de nosso coração, e nossa vitalidade sobe às alturas. Em essência, descobrimos o segredo da beatitude. Parafraseando um verso dos antigos ensinamentos sânscritos, os Vedas: "em beatitude nascemos, em beatitude somos sustentados e para a beatitude iremos e nos fundiremos novamente". Quando utilizamos a habilidade do Sentimento Quântico, aprendemos que a alegria é uma escolha e que a felicidade não precisa ser procurada.

A HABILIDADE EM AÇÃO

Em sua maioria, as pessoas não vivenciam a felicidade, especialmente no seu local de trabalho. Embora a maior parte dos diretores executivos alegue que gosta de seus empregos, a satisfação profissional diminui muito quando descemos a escada organizacional. De acordo com a pesquisa de Basso e Klosek, somente 20% dos gerentes de nível médio afirmam que gostam do seu trabalho. No nível não administrativo, apenas 19% desfrutam de seus empregos, e um trabalhador em cada quatro identifica o local de trabalho com uma prisão (McGarvey 1993, 102). Muitíssimas pessoas nos locais de trabalho estão desesperadas. Nos seus medidores de energia lê-se "vazio" e elas não têm idéia de como reabastecer o seu "tanque".

Um dos principais obstáculos é a crença onipresente segundo a qual a felicidade é uma função das circunstâncias externas. E, infelizmente, a maioria dos funcionários perpetua esse mito com elaborados sistemas de recompensas e de punições. Prêmio por bom desempenho, gerenciamento de desempenho, partilha de lucros e uma ampla variedade de outros programas de incentivo behaviorístico têm sido tentados. Os psicólogos têm pesquisado a motivação e a satisfação nos empregos por quase cinqüenta anos; além disso, não parecemos empenhar plenamente, e muito menos inflamar, o espírito humano nos locais de trabalho (Kohn 1993). Estimulamos, subornamos, ameaçamos e recompensamos, mas nada muda grande coisa. Replanejamos empregos e nivelamos hierarquias. Implementamos equipes e aperfeiçoamos processos. Reduzimos e acertamos as dimensões, e adotamos a reengenharia; a produtividade permanece praticamente a mesma, ao passo que a depressão, o *stress* e as estatísticas de esgotamento continuam a aumentar.

Jack Wiggins, ex-presidente da American Psychological Association, estima que mais de 35% dos funcionários têm *stress* ou esgotamento no emprego a ponto de terem uma condição mental diagnosticável. O custo disso é espantoso. Uma pesquisa conjunta, dirigida pela National Mental Health Association juntamente com a Sloan School of Management do Massachusetts Institute of Technology e o The Analysis Group, Inc., constatou que a depressão custa para os Estados Unidos 43,7 bilhões de dólares por ano em tratamento e perda de produtividade — um custo assumido principalmente pelo setor empresarial norte-americano. A depressão clínica gera 12,4 bilhões de dólares em despesas com médicos por ano, e o suicídio causado pela depressão custa 7,5 bilhões de dólares em rendimentos perdidos. Porém, a conta mais alta provém do absenteísmo e da perda de produtividade: 23,8 bilhões de dólares. Os trabalhadores norte-americanos perdem um número estimado de 88 milhões de dias de trabalho por ano devido à depressão ("Costs of Depression" 1994, 12).

Esses números são alarmantes. Não é de se admirar que as nossas organizações estejam lutando muito. Não é de se surpreender que tantas novas iniciativas malogrem. Até que cada um de nós aprenda a criar uma vida cheia de energia, os programas de mudança organizacional não farão nenhuma diferença em nossa produtividade nem em nossa satisfação no emprego. São necessários, embora não sejam suficientes, esforços de replanejamento do local de trabalho e processos de delegação de poder aos funcionários. Não podemos mudar nosso local de trabalho até que aprendamos a mudar a nós mesmos. É um fenômeno do tipo "vinho novo em odre velho" ou, numa linguagem mais contemporânea, a síndrome do segundo casamento com a mesma mulher. Sem uma mudança na consciência nem um novo conjunto de habilidades de escolha emocional, continuaremos recriando os velhos padrões em nossa vida, independentemente das novas oportunidades disponíveis a nós. O velho recipiente estraga o vinho novo.

A habilidade do Sentimento Quântico nos permite mudar os construtos de nossa mente. Proporciona escolha consciente sobre nossos estados emocionais, permitindo-nos, assim, perceber de maneira diferente o nosso trabalho. Observo com freqüência esse fenômeno em sessões de aconselhamento de carreira. Inúmeros clientes têm me procurado devido à insatisfação no emprego, só para abandonar o processo de aconselhamento algumas semanas depois, animados de um novo sentimento de compromisso e de entusiasmo pela sua posição atual. Externamente, nada mudou. No entanto, internamente, ocorreram saltos quânticos. O processo de reflexão e de auto-avaliação liberou essas pessoas para que vissem seus empregos a partir de uma nova perspectiva; ao fazer isso, elas se libertaram de velhas percepções e redescobriram a paixão e a vitalidade por aquilo que, antes, lhes drenava a energia.

Um dos sentimentos que mais esgotam nossa energia no trabalho é a frustração. Não há carência de pessoas, políticas ou acontecimentos potencialmente frustrantes. No entanto, tentar mudar essas coisas que estão nos frustrando aumenta, com freqüência, a nossa frustração. De fato, tentar fazer a mudança de uma situação negativa com energia negativa viola as leis da física subatômica. Energia semelhante repele. Energia oposta atrai. Metaforicamente, isso sugere que, se quisermos mudar situações negativas no local de trabalho, começaremos por transformar o nosso sentimento negativo em sentimento positivo. Podemos utilizar a habilidade da **Visão Quântica** para esclarecer nossas intenções e mudar nossa atenção. Podemos utilizar a habilidade do **Pensamento Quântico** para nos ajudar a ver o lado complementar da situação. E podemos utilizar a habilidade do **Sentimento Quântico** para escolher um estado de sentimento que melhor se identifique com nosso anseio por uma vida com muita energia.

A frustração é gerada no âmbito interno. Independentemente de quão controlador seja o seu chefe ou de quão incompetentes lhe pareçam os seus colegas, há uma outra maneira de vê-los. Independentemente de quão arcaica é a sua política, ou de quão ineficiente é a estrutura de sua organização, você sempre poderá encontrar algo para apreciar. Embora essa visão complementar possa não fazer sentido lógico, faz um sentido perfeitamente sadio a partir de uma perspectiva quântica. Energeticamente, temos poucas chances de influenciar nossa *realidade* externa negativa enquanto não a vemos de uma perspectiva positiva. O paradoxo está no fato de que, à medida que nossas percepções mudam, nossos sentimentos também mudam. Nossa necessidade de mudar o ambiente exterior com freqüência diminui quando deixamos de concentrar tanta energia negativa no problema.

Com freqüência, tenho o privilégio de ajudar líderes de organizações em suas próprias mudanças perceptivas. Caracteristicamente, essas pessoas me telefonam muito frustradas a respeito do que elas reconhecem como sendo uma crise ou, pelo menos, como um problema significativo. Depois de tentar entender suas percepções, em geral sugiro que convidemos todas as pessoas envolvidas para se reunir e discutir o problema. Há uma coisa com que posso sempre contar — as pessoas nessa reunião *verão* a situação de maneira diferente, e, assim, se *sentirão* diferentes a respeito dela.

Numa dessas reuniões, o líder da equipe (gerente de indústria) começou por expressar sua frustração e descrever o problema. Depois de uma discussão um tanto defensiva, um dos membros da equipe finalmente perguntou: "Também podemos falar a respeito do que está indo bem?" Esse jovem prosseguiu mencionando que os operadores da prensa tinham, de fato, produzido mais com essa nova prensa no último mês do que o tinham feito nos seis meses anteriores juntos. Terminou sua exposição com estas palavras: "Estamos melhorando a produção aos trancos e barrancos. Portanto, qual é o problema?"

O líder dessa equipe, muito habilidoso, escutava atentamente e de modo não defensivo quando um segundo membro da equipe comentou:

"Quero apenas que a administração gaste tanto tempo investigando o que está dando certo quanto eles gastam investigando o que está dando errado. Então, todos nos sentiremos de maneira diferente." Essa reunião terminou com uma decisão do grupo no sentido de mapear as melhorias em vez de rastrear os problemas, e o líder da equipe comprometeu-se a concentrar sua atenção durante trinta dias no que estava indo bem.

Quando essa equipe se reuniu novamente depois de trinta dias, o tom do encontro mudou muito. O grupo até mesmo se distribuiu de maneira diferente, sendo que o líder sentou-se ao lado da mesa e não à sua cabeceira. Essa pequena mudança exterior espelhava uma grande mudança interior. Ele agora via a situação a partir de uma perspectiva muito mais ampla. Em conseqüência disso, sua própria energia mudou e, como resultado, a energia do grupo tornou-se muito mais coerente quando o enfoque coletivo passou da investigação dos problemas para o reforço do sucesso.

Outro cliente, um empresário que é dono de uma pequena empresa de prestação de serviços, telefonou-me, faz pouco tempo, extremamente frustrado. Ele passara os últimos seis anos tentando criar um novo paradigma de estrutura organizacional — isento de nomes de funções no emprego, de escritórios, de tabelas organizacionais, com financiamentos abertos e tomada de decisões participatória. Nessa empresa, as pessoas eram até mesmo acompanhadas por seus cães. A cultura é vívida e o ânimo é otimista. Como consultora externa, pensava que as realizações desse homem eram fenomenais. Ele não só criara uma cultura única como também sua empresa estava ultrapassando suas metas financeiras. De fato, levei meus alunos de Mestrado em Administração Comercial em excursões de campo para visitar essa empresa, descrevendo-a como um "modelo do futuro".

Mas o dono, um perfeccionista clássico, via as coisas de maneira diferente. Quando me contatou pela primeira vez, estava obcecado com os problemas — as pessoas não estavam demonstrando iniciativa suficiente, não estavam cumprindo os prazos, algumas delas queriam orientação em demasia, e umas poucas se sentiam tão apaixonadas com a visão dele quanto ele queria que elas se sentissem. Toda a sua frustração era legítima, mas constituía apenas uma parte da realidade dessa organização. E, ao focalizar só os desapontamentos, os principais sucessos estavam sendo ignorados. Além disso, focalizar os aspectos negativos apenas reforça os problemas porque a negatividade gera a condição de defesa e de resistência justamente nas pessoas que gostaríamos de mudar.

Depois de inúmeras conversas, esse homem sábio não só começou a fazer psicoterapia individual como também começou a fazer listas de gratidões — colocando por escrito, para si mesmo, o que estava dando certo. Seria ingênuo sugerir que todos os problemas que o tinham frustrado anteriormente desapareceram de súbito quando ele mudou seu enfoque de percepção. No entanto, seria correto dizer que saltos quânticos inesperados ocorrem. Quando sua energia mudou da frustração negativa para a apreciação positiva, a energia do grupo mudou correspondentemente e, a partir desse novo lugar de coerência, novas idéias foram geradas e soluções começaram a surgir. A realidade dessa organização mudou quando ele fez uma nova escolha perceptiva.

Tem sido um deleite para mim observar meus filhos aprender a exercitar escolhas perceptivas. Meu filho Matthew era um universitário recém-formado, que trabalhava há três meses em seu primeiro emprego de tempo integral quando telefonou para casa com uma maravilhosa história de sucesso. Estava trabalhando num sanatório para homens com duplo diagnóstico de enfermidade (mentalmente doentes e mentalmente retardados). Todos os seus três pacientes tinham "pirado" no mesmo dia. Um deles devorara o guia de TV, outro usara as fezes como massa de modelagem e o terceiro despira-se, atirando a roupa no telhado, e passara a desfilar nu pelo quintal (num bairro residencial). No entanto, Matt não parecia particularmente estressado. Quando comentei sobre isso, ele me contou que, de início, tudo realmente o estava "aborrecendo"; mas então ele percebeu que teria grandes histórias para contar quando começasse a pós-graduação no outono. Quando começou a ver a situação de maneira diferente, seus sentimentos mudaram imediatamente. Ele se deslocou de um lugar de tensão para um reconhecimento do valor de suas experiências (apreciação). Demonstrou, assim, ter capacidade de resposta.

Quando praticamos a capacidade de resposta, nossa **eficiência** dispara (percebemos como podemos contar com qualquer situação em particular). Começamos a apreciar o que costumávamos temer, sabendo que cada situação desafiadora nos dá uma oportunidade para fortalecer nossas habilidades de escolha consciente. À medida que nossa eficiência aumenta, a tensão em nossa vida diminui muito. "Bandura descobriu que as pessoas muito eficientes têm um nível relativamente baixo de excitação fisiológica (por exemplo, têm menos adrenalina na corrente sangüínea). No entanto, as pessoas que estão sob tensão têm alta excitação fisiológica. Desse modo, pessoas com muita eficiência tendem a permanecer mais calmas quando estão diante de uma situação estressante" (Luthans 1995, 306).

Tensão e vitalidade são parceiras incompatíveis. A tensão gera freqüências incoerentes no sistema elétrico do coração, e essa incoerência é comunicada diretamente ao cérebro. Isso resulta em **inibição cortical**. Não podemos pensar de maneira clara, e muito menos de maneira criativa, quando os centros de percepção mais elevados do cérebro se fecham. A tensão também leva à assim chamada **deriva negativa**. Ela nos faz ver o mundo através de óculos escuros, e as trevas que pressagiamos tornam-se uma profecia que tende a se auto-realizar.

A habilidade do Sentimento Quântico capacita-nos a neutralizar a tensão. Quando utilizamos essa habilidade, libertamo-nos de nossa luta incessante para obter cada vez mais coisas num tempo cada vez menor. Paradoxalmente, quando nos livramos da tensão e da urgência, temos idéias revolucionárias a respeito de ações que podemos realizar e de mudanças que precisamos fazer. Nossa produtividade efetiva aumenta muito. Descobrimos que o tempo realmente é relativo e que existe pouca relação direta entre o esforço despendido e os resultados obtidos. E, quando "desencanamos" de nossos esforços, nossa capacidade para influenciar nossas organizações aumenta exponencialmente. Tornamo-nos autênticos mestres da mudança, mudando a nós mesmos e às nossas organizações de dentro para fora.

O autor/consultor Tom Peters comentou certa vez que os programas de mudança organizacional que realmente funcionam são quase místicos. Jack Hawley dá um passo além: "Os programas que realmente funcionam, os únicos que geram grandes mudanças, são místicos" (1993, 26). São místicos porque não são causados por fatores externos, mas por uma transformação interior. Fui privilegiada em observar tal transformação numa das minhas empresas clientes. O proprietário/presidente executivo comprometera-se com o replanejamento de sua empresa num sentido que comportasse equipe de trabalho e participação. Ele trabalhara longa e arduamente durante mais de dois anos para realizar essas mudanças exteriores, porém, as mudanças mais importantes estavam ocorrendo em seu interior. Sentei-me em meio à audiência na reunião anual de todos os funcionários da empresa quando ele, com olhos brilhantes e um tremor na voz, contou às pessoas sua nova descoberta: "A única coisa que eu realmente posso mudar é a mim mesmo."

Quando mudamos a nós mesmos, mudamos inevitavelmente nossas organizações. Quando um número suficiente de pessoas mudar a si mesmas, criaremos **organizações quânticas** — organizações nas quais a energia flui livremente numa constante dança de criatividade. Essas organizações quânticas obterão um sucesso sem precedentes. Resultados positivos (clientes, vendas, idéias de produtos, soluções de problemas) serão atraídos para elas com tanta certeza como a energia eletromagnética atrai limalhas de ferro para um eletroímã. E tudo isso pode acontecer sem um único novo plano de incentivo ou programa de mudança elaborado corporativamente. A coerência que obtemos interiormente sempre se reflete externamente. É assim que a energia opera.

INTEGRAÇÃO DE HABILIDADES

Reflita a respeito do que acabou de ler e do que mais cativou sua imaginação, e utilize as seguintes atividades para ajudar a reforçar a Habilidade Quântica deste capítulo.

- ✍ Faça uma representação gráfica do que essa habilidade significa para você e, então, escreva no diário a respeito do significado do seu símbolo.
- ✍ Anote concepções-chave relacionadas com este capítulo utilizando um mapa mental não-linear de símbolos e de figuras, bem como de palavras-chave. Comece no centro da página e trabalhe dirigindo-se para fora.*

---

* Uma amostra de mapa mental e mais experiências e exercícios podem ser encontrados nos Apêndices.

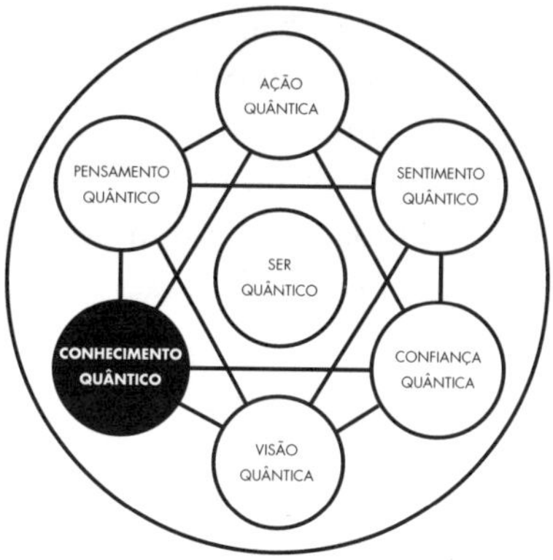

CONHECIMENTO QUÂNTICO

A capacidade de conhecer intuitivamente.

5

Aprendendo de Dentro para Fora

"O universo começa a se parecer mais com um grande pensamento do que com uma grande máquina."

Sir James Jeans

O DESAFIO

Vivemos na chamada *Era da Informação*. Diariamente, muitos de nós viajam pela via da informação. Corremos para dentro e para fora de *sites* da rede descobrindo infinitas quantidades de dados. Porém, nossa sabedoria aumentou em conformidade com isso? Estamos tomando melhores decisões do que fazíamos no passado? Talvez tenhamos atingido um ponto na evolução da humanidade em que a quantidade de informações disponíveis é simplesmente grande demais para ser processada pelas vias tradicionais, analíticas (reducionistas). É hora de aprendermos a confiar na nossa intuição — *saber* com o coração, assim como com a mente? Se for assim, como aprendemos a nos empenhar plenamente na inteligência do coração? Como podemos ter acesso a estados superiores de consciência onde florescem as idéias brilhantes e a sabedoria? E, o que é mais importante, como nossa vida e nosso local de trabalho se beneficiarão se começarmos a adotar modos intuitivos de conhecimento, *aprendendo de dentro para fora*?

A NOVA CIÊNCIA

O espaço assemelha-se a um oceano invisível fervilhante de atividade. É, essencialmente, uma teia ou rede de **campos de energia** subatômicos. Sentimos esses campos todas as vezes em que atiramos uma bola (gravidade) ou em que ouvimos o rádio (eletromagnetismo). A vida na virada do século é, de fato, intensamente dependente de campos de energia. Falamos em telefones celulares e ligamos nossos televisores sem questionar o fato de as informações desejadas estarem no ar. Casualmente, falamos a respeito das maravilhas do ciberespaço, tomando como certo que podemos recuperar seus dados invisíveis. Simultaneamente, nosso espaço aéreo individual pode conter uma emissão radiofônica vinda de Moscou e um sinal de radar vindo de um avião que voa sobre nossas cabeças, juntamente com sinais de televisão, de telefone celular, raios X e raios cósmicos. Os físicos estimam que estamos cientes de menos de um bilionésimo das ondas de energia que nos cercam. Vivemos numa sopa energética infinitamente maior que o mundo material que somos capazes de ver.

Os campos de energia também podem ser encontrados dentro de nós. Proporcionalmente, nosso corpo é muito semelhante ao espaço intergalático. Os átomos do nosso corpo são constituídos de 99,999 por cento de espaço vazio. O núcleo de cada átomo é mantido coeso por um campo criado pelas forças nucleares fortes, ao passo que o campo criado pela força eletromagnética mantém os elétrons em suas órbitas e permite que os átomos se liguem uns aos outros para formar moléculas. Portanto, toda a matéria é mantida coesa por um campo de energia, assim como os planetas são mantidos no espaço pelo campo de gravidade. Os campos de energia estruturam o universo.

Esses campos, embora intangíveis e invisíveis, criam efeitos visíveis. Todas as coisas tangíveis que vemos no mundo físico são efeitos secundários de campos de energia invisíveis. Por exemplo, "Quando vemos luz, nosso cérebro está efetivamente selecionando qualidades totalmente abstratas extraídas do campo e interpretando-as como luz. De fato, tudo o que vemos, tocamos, ouvimos, degustamos e cheiramos é selecionado do reservatório infinito de energia vibratória no campo" (Chopra 1991, 206). Na linguagem da física, os campos são o **estado fundamental** de tudo o que existe. Einstein certa vez comentou que "os campos constituem a única realidade". O universo não está repleto de campos; em vez disso, o universo emerge do campo. Nós, junto com tudo o mais no mundo material, somos apenas excitações desse campo quântico subjacente. O físico David Bohm deu a esse campo o nome de ordem fundamental ou ordem implicada. O mundo observável, a ordem secundária ou explicada, emerge do campo quântico.

Esse mar subjacente de potenciais, o campo quântico, parece infinito, onipresente e onipotente. É indescritível e incalculável. Sempre que os físicos tentam medir a energia do campo, obtêm uma resposta infinita que não pode ser calculada. Acredita-se que o campo quântico contém **condensados de Bose-Einstein** (Zohar 1990, 226). Como foi discutido no Capítulo 4, os condensados de Bose-Einstein (encontrados em hologramas, em lasers e em supercondutores) constituem as estruturas mais ordenadas e mais unificadas encontradas até hoje no universo. A física Danah Zohar propôs que os processos de Bose-Einstein no cérebro podem criar as estruturas neurológicas que são o pré-requisito para a consciência humana. Se pesquisas subseqüentes confirmarem uma relação entre os processos de Bose-Einstein e a consciência, podemos então especular que o campo quântico e, conseqüentemente, todo o universo físico, podem ser conscientes (Zohar 1990, 226).

Um universo consciente ajudaria a explicar novos desenvolvimentos nas experiências da dupla fenda discutidos no Capítulo 2. Recentes pesquisas feitas por John Wheeler, físico da Universidade do Texas, demonstram que um experimentador pode influenciar os resultados de um experimento de dupla fenda *depois* que o fóton atravessa uma das fendas (o que é denominado **fenômeno de escolha retardada**). No último minuto, a escolha por livre-arbítrio do experimentador, enquanto o fóton ainda está no meio do seu vôo, mas depois que atravessou uma fenda simples ou dupla, determina qual padrão (interferência ou difração) o fóton criará na tela do detector — independentemente do número de fendas que foram abertas (Corwin 1983, 22). As intenções do experimentador influenciam os resultados do experimento.

A concepção de *potencial quântico* oferece uma teoria a respeito de como isso pode acontecer. Briggs e Peat explicam essa concepção:

> "O potencial quântico — que toda partícula quântica possui — é um *feedback* infinitamente sensível com o todo. Imagine o elétron

como um avião controlado por um piloto automático. O potencial quântico associado com a partícula é análogo a um sinal de radar que informa ao piloto automático a respeito de tudo o que se passa no meio ambiente do avião. O sinal não aciona efetivamente o avião, mas pode influenciar profundamente o seu curso por meio das informações que transporta a respeito das condições meteorológicas, de outros aviões na área, cadeias de montanhas, torres de aeroportos. Uma mudança nas informações causará uma mudança na direção do avião" (1989, 183-84).

Se as partículas subatômicas têm uma tal sensibilidade ao *feedback* ambiental, cada partícula pode estar recebendo continuamente informações do campo quântico, e respondendo a elas. Isso explicaria o fenômeno da escolha retardada e também poderia explicar por que nós, seres humanos, retemos um sentido coerente do eu, mesmo que os átomos do nosso corpo estejam constantemente intercambiando átomos com outros corpos animados e inanimados. De fato, 98% dos átomos do nosso corpo não estavam nele um ano atrás. Por exemplo, o pâncreas substitui a maior parte das suas células a cada vinte e quatro horas, e o revestimento do estômago, a cada três dias. Obtemos uma nova pele a cada mês, e um novo esqueleto, a cada três meses. Até mesmo no cérebro, 98% da proteína é reciclada a cada mês, e todos os átomos são substituídos a cada doze meses (Briggs e Peat 1989, 68).

Fisiologicamente, temos um eu totalmente novo a cada sete anos. Nosso corpo está sendo constantemente reciclado; não obstante, nossa identidade não muda à medida que novos átomos circulam através de nós. Talvez sejam as informações no campo quântico que nos mantêm "organizados", e não os processos que ocorrem no cérebro humano. Portanto, a consciência pode não ser uma função da sofisticação evolutiva; em vez disso, ela pode ser o "ingrediente" fundamental da realidade física. O prêmio Nobel George Wald explica:

> "A mente, em vez de emergir como um prolongamento tardio na evolução da vida, sempre existiu como a matriz, a fonte e a condição da realidade física ... o material de que é composta a realidade física é material mental. Foi a mente que compôs um universo físico que alimenta a vida e que, finalmente, desenvolve criaturas que conhecem e que criam" (1984, 1-2).

É bastante fácil reconhecer as implicações espirituais dessas idéias. Se estávamos procurando Deus no universo físico, um campo quântico *consciente* seria o lugar onde procurá-lo. Assim como "o Vazio" no misticismo oriental, o campo quântico contém a potencialidade para toda a matéria visível. As informações do campo in-formam o mundo material.

UMA NOVA PERSPECTIVA

O universo é, basicamente, um conjunto de sinais ou um campo de informações. Assemelha-se mais a um Grande Pensamento que a uma Grande Máquina, a metáfora do paradigma newtoniano. Um número cada vez maior de físicos e de psicólogos acredita que o cérebro é apenas um dos locais receptores (ou transdutores) que ligam o corpo humano a todo esse abrangente campo de informações. Recentes pesquisas sobre a memória sugerem que o conhecimento (memória) não está fisicamente armazenado em nenhum lugar fisiológico em particular no cérebro, e talvez nem mesmo no corpo físico. Como foi mencionado anteriormente, os materiais básicos do cérebro (carbono, nitrogênio e oxigênio) são totalmente substituídos aproximadamente a cada doze meses; não obstante, a memória não é afetada.

O neurofisiologista Karl Lashley tentou descobrir a localização da memória realizando cirurgia cerebral em ratos de laboratório. Em primeiro lugar, ensinou os ratos a escapar de um labirinto, acreditando que essa habilidade, uma vez aprendida, seria armazenada no cérebro. Lashley começou então a remover sistematicamente a matéria cerebral, supondo que, enquanto os ratos pudessem escapar do labirinto, seus centros de memória ainda estariam intactos. Surpreendentemente, mesmo depois de mais de 90% de todo o seu córtex ser removido, esses ratos ainda podiam completar a tarefa. Sua memória permaneceu intacta, embora seu cérebro fosse grandemente alterado.

Karl Pribram, M.D., diretor do centro de pesquisas de neurociência da Universidade de Stanford, desenvolveu um **modelo holográfico** do cérebro que pode explicar as descobertas de Lashley. Se o cérebro funciona como um holograma, ele pode armazenar "quantidades quase infinitas de informações, paradoxalmente, em todo lugar do cérebro e não em um lugar determinado" (Wade 1996, 14). O modelo de Pribram sugere que o cérebro não só armazena holograficamente as informações como também utiliza processos holográficos para evocar a ordem explicada da realidade tridimensional a partir da ordem fundamental ou implicada. De acordo com Pribram: "Nosso cérebro constrói matematicamente a realidade 'concreta' interpretando freqüências vindas de outra dimensão, um domínio de padrões significativos, uma realidade fundamental que transcende o tempo e o espaço. O cérebro é um holograma interpretando um universo holográfico" (in Wade 1996, 14).

O modelo holográfico de Pribram é congruente com o Princípio da Incerteza de Heisenberg, que foi discutido no Capítulo 3. O Princípio da Incerteza significa que a realidade depende do que escolhemos para medir; mais especificamente, depende do conjunto de lentes que escolhemos para olhar através delas. Se olharmos para o nosso mundo externo através de uma lente cultural de paradigmas aprendidos, veremos uma *realidade* tridimensional concreta — um mundo de partículas composto de objetos materiais. No entanto, se fôssemos capazes de perceber sem as distorções de nossa lente cultural, veríamos apenas ondas de possibilidades energéticas.

A percepção sem lente torna-se cada vez mais desafiadora quando nos tornamos aculturados (quando aprendemos as regras da realidade adulta). No entanto, as crianças bem jovens ainda não são controladas por esses antolhos culturais e parecem transcender facilmente a *realidade* newtoniana (como é evidenciado por suas idéias extremamente criativas e seus assim chamados companheiros "imaginários"). Porém, a cultura extingue rapidamente essa conexão sem lente com o campo infinito do conhecimento ao se ensinar às crianças a contarem somente com os seus sentidos. À medida que aprendemos gradualmente uma linguagem verbal, com as regras de lógica que a acompanham, construímos um mundo tridimensional, e nossas introvisões intuitivas, de base não-sensorial, extraídas desse campo quântico de informações, tendem a desaparecer, ou, pelo menos, a ser negligenciadas. "O conhecimento intuitivo (em particular a criatividade) é rejeitado em favor do pensamento de inferência disciplinado — o raciocínio abstrato, lógico linear e discursivo do hemisfério esquerdo" (Wade 1996, 129). No entanto, as coisas parecem estar mudando. Parikh sugere que estamos no meio de uma **revolução da realidade**. Ele comenta:

> "Agora é chegado o tempo de pensar a respeito de como entender e de como descobrir mais plenamente a natureza humana. ... A humanidade foi tão longe graças à sua inteligência, mas agora devemos aprender a respeito da sabedoria para o próximo estágio do desenvolvimento humano. Se devemos ir ainda mais longe, temos de aprimorar a consciência de maneira que ela possa aceitar um mundo próspero, coexistente, às vezes até mesmo ilógico e multicultural.... Voltar a atenção para a nossa intuição nos ajudará a confiar em nossas descobertas e em nossas análises, e a treiná-las" (1994, 9).

Muitos de nós estão preparados para desenvolver nossa capacidade intuitiva — e redescobrir nosso potencial humano inato para *conhecer* por intermédio de vias não sensoriais. Atualmente, podemos dispor apenas de poucas escolhas para conseguir isso. Nossa vida simplesmente se tornou demasiado complexa. Há, de longe, um número excessivo de informações disponíveis para se analisar. Se contamos com nossos sentidos (a varredura perceptiva), o mundo se torna rapidamente esmagador. Além disso, em sua maior parte, nossos desafios contemporâneos são imediatos. Eles não nos dão tempo para coletar dados e para fazer análises em profundidade. Portanto, as ferramentas tradicionais do pensamento linear — a racionalidade e o reducionismo — não funcionam tão bem nesse novo mundo da "raplexidade" (rápida complexidade). Podemos, no entanto, resolver problemas complexos sem sequer saber *como* conseguimos fazê-lo. O sistema nervoso humano tem uma capacidade notável para compreender sem analisar — para organizar espontânea e inconscientemente as informações, vindas do campo, em totalidades significativas. Fazemos isso quando ingressamos em estados superiores de consciência e nos ligamos com a ordem implicada.

O psicólogo William James utilizava a expressão *noético* para descrever esses estados de consciência ("noético" provém da palavra grega *gnosis*, saber). Nesses assim chamados estados alterados, nossa percepção é extraordinária. É como se **conhecedor** e **conhecido** se tornassem um só. Muitos místicos têm descrito essa experiência como uma morte do eu (ego individual) e a experiência do Eu cósmico (a inteligência do todo). Jean Houston explica esse fenômeno usando a metáfora da supercondutividade.

> "Na maioria dos sistemas de fluxo elétrico há uma resistência, análoga à de uma lâmpada elétrica acesa, que dificulta o fluxo da corrente, a qual cria os usos práticos para a corrente elétrica. Mas nos estados supercondutivos, os elétrons podem fluir sem obstáculo em movimento perpétuo ao longo de um circuito do fluxo. Pode ser que seja isso o que acontece na experiência da meditação profunda: os neurônios tornam-se sistemas de fluxo supercondutivo, coerentes, em fase com outros neurônios em virtude do tunelamento quântico. A resistência é superada, os tipos usuais de lentes perceptivas e psicológicas não são mais operativos, e o cérebro torna-se um instrumento muito diferente, um instrumento que fica disponível para receber mensagens vindas da realidade fundamental" (1982, 195).

Nesse estado supercondutor, nossa criatividade voa bem alto e nosso sentido de bem-estar muda drasticamente. É como se o universo fosse um diapasão e nós, seres humanos, uma corda musical. Uma vez que nos sintonizemos com a freqüência universal correta, a ressonância quântica, capacidades extraordinárias surgem. Descobrimos uma capacidade para a sabedoria, que é infinita, e um potencial para a criatividade, que é surpreendente. Tornamo-nos unificados com o campo quântico.

A HABILIDADE DO CONHECIMENTO QUÂNTICO

O Conhecimento Quântico é a capacidade de se ligar, por vias não-sensoriais, com informações vindas do campo quântico de potencialidades. Essa habilidade nos permite *conhecer* intuitivamente e aprender de dentro para fora. O psiquiatra Carl Jung explica que a intuição "não denota algo contrário à razão, mas, sim, algo que está fora da província da razão". Certos aspectos da consciência humana simplesmente não podem ser explicados por meio de processos de pensamento lógicos e analíticos.

Não obstante, a maioria dos ocidentais reverencia a razão. Muitos de nós têm vivido suas vidas pelo velho adágio: "O que a minha rede não apanha não é peixe" ou, mais literalmente, se alguma coisa não pode ser medida, ela não existe (os filósofos chamam isso de **positivismo**). Desde que, em 1619, René Descartes estabeleceu suas quatro regras para avaliar a verdade, a ciência ocidental tem se inclinado para a racionalidade e o reducionismo. Temos acreditado que podemos entender melhor coisas complexas reduzindo-as às suas partes mais simples, e que a melhor maneira de estudar as coisas é por meio dos nossos sentidos. As regras de Descartes, do século XVII, para se tomar decisões racionais, são as seguintes (in Harman e Rheingold 1984, 71):

"1. Nunca aceite como verdadeiro algo que não seja claramente conhecido como tal.
2. Divida cada uma das dificuldades examinadas em tantas partes quantas for possível.
3. Comece com o mais simples e mais fácil e, em seguida, trabalhe, passo a passo em direção ao mais complexo.
4. Faça enumerações tão completas e revisões tão gerais, que eu possa me assegurar de que nada foi omitido."

Paradoxalmente, esses quatro passos racionais, lineares e analíticos vieram a Descartes num sonho. Harman e Rheingold comentam a respeito dessa incongruência. Eles escrevem:

"O sonho de Descartes é um importante episódio na história secreta da inspiração, pois representa um marco na institucionalização do tabu contra o conhecimento interior — e, ironicamente, também representa um exemplo excelente do poder potencial do mesmo conhecimento interior. Embora as idéias que se manifestaram nesse momento pareçam ter sido apreendidas num estado de consciência alterado, e envolvessem meios não-racionais de 'conhecimento', uma conseqüência direta da revelação foi o desenvolvimento da ciência racionalista, reducionista e positivista — a mesma instituição que, mais tarde, questionou a validade do 'conhecimento subjetivo'" (1984, 76).

A inclinação do mundo ocidental para meios de conhecimento objetivos, reducionistas e positivistas ainda persiste, quase 400 anos depois do famoso sonho de Descartes. Porém, não obstante essa inclinação social, pessoas de todas as áreas da vida demonstram continuamente o valor da intuição. Escritores, músicos, artistas, cientistas e até mesmo homens e mulheres de negócios atribuem sua capacidade criativa a sua boa vontade para ser supridos por informações que chegam até eles de maneira espontânea e inusitada.

Por exemplo, muitos compositores relataram a experiência de que seções completas de música vieram a eles num *flash* auditivo espontâneo. Mozart certa vez observou a respeito de suas composições: "De onde e como elas vêm? Eu não sei e nada tenho a ver com isso." Diz-se que Michelangelo, quando indagado de onde ele recebera a inspiração para criar *Davi*, respondeu: "*Davi* já estava na pedra. Eu apenas o libertei." J. R. R. Tolkien descreveu uma experiência semelhante quando escreveu *The Silmarillion*. Essas histórias "surgiram na minha mente como coisas 'dadas'... Tive a sensação de registrar o que já estava 'lá', em algum lugar; e não de inventar". O ganhador do Prêmio Pulitzer Larry McMurtry (*Lonesome Dove*) expressa a mesma sensibilidade numa linguagem mais contemporânea. Ele sente como se suas histórias fossem "enviadas em fax a ele através do vazio".

Até mesmo no domínio do quantitativo, as informações com freqüência aparecem de maneira fácil e afortunada. Em *The God Particle* (1993), o físico Leon Lederman menciona vários avanços científicos revolucionários que surgiram não graças à genialidade individual, mas simplesmente porque essas informações estavam "no ar". Segundo um recente levantamento, 80% de duzentos cientistas afirmaram que as respostas vieram a eles inesperadamente, em geral depois que tinham deixado de trabalhar no problema. De fato, soluções de muitos dilemas científicos difíceis surgiram durante o sonho. Problemas relativos à produção em massa de insulina (Banting), a posição do buraco numa agulha de máquina de costura (Howe), o arranjo dos elementos numa tabela periódica (Mendeleev) e a estrutura molecular de compostos químicos (Kekulé) foram, todos eles, resolvidos graças a informações recebidas em sonhos.

O mundo empresarial também tem histórias de súbitos avanços revolucionários intuitivos. A idéia de Edwin Land para a câmara Polaróide veio a ele de maneira súbita e inesperada. Land comenta:

> "Certo dia, quando estávamos de férias em Santa Fé, em 1943, minha filha Jennifer, que tinha então 3 anos, me perguntou por que ela não podia ver a foto que eu tinha tirado dela. Quando estava dando uma volta por essa encantadora cidade, me propus a tarefa de resolver o quebra-cabeça por ela apresentado. No intervalo de uma hora, a câmara, o filme e a químico-física ficaram tão claros que, com grande excitação, dirigi-me apressado ao lugar onde um amigo estava hospedado para lhe descrever detalhadamente uma câmara seca que forneceria uma foto imediatamente após a exposição. Na minha mente, ela era tão real, que eu passei várias horas fazendo essa descrição" (1972, 84).

Outro avanço revolucionário conhecido é o rótulo "post-it" [cole-isto]. Spencer Silver, o funcionário da 3M que desenvolveu o adesivo característico do produto, comentou certa vez que se ele tivesse pensado a respeito desse adesivo, não teria feito a experiência, pois a literatura estava cheia de exemplos que diziam "isso não pode ser feito". Felizmente para todos nós, Silver seguiu sua orientação intuitiva e hoje todos nós tiramos proveito dos benefícios.

Essas histórias sugerem uma nova maneira de conceber o potencial humano. Elas nos pedem para reconsiderar nossas crenças a respeito da criatividade revolucionária. Sugerem que o gênio não é uma função dos genes, mas sim, da capacidade da pessoa para se ligar com uma fonte de informações intuitivas. Nossa compreensão do campo quântico nesse final do século XX comporta essa nova perspectiva. Se estamos inextricavelmente ligados com a fonte de tudo o que existe, estamos, portanto, ligados com seu pleno potencial. Estamos, por assim dizer, inextricavelmente ligados com a base de dados cósmica porque somos manifestações (excitações) dessa base de dados. Se é assim, por que tão poucos dentre nós aprendem a ter acesso ao nosso potencial? Seria porque ainda acreditamos que nossos sentidos são melhores fontes de informação do que nossas almas, ou seria porque tememos nosso potencial?

Há uma antiga história hinduísta da criação na qual os deuses estão sentados em círculo tentando decidir onde pôr o segredo da divindade da humanidade. Eles cogitam colocá-lo no topo de uma montanha, no fundo do mar e na lua. Finalmente, decidem colocar esse segredo dentro de nós, pois esse é o último lugar onde pensaríamos em procurar. Diariamente, muitos de nós demonstram a validade dessa suposição. Alguns de nós, no entanto, estão reconhecendo que superaram suas limitações sensoriais. Estamos prontos para saber mais, para ver mais e para ser mais. Ansiamos por ter acesso ao supremo "campo dos sonhos" e por escapar das amarras do nosso aparelho sensorial. Ao fazer isso, podemos realizar mais — muito mais — do nosso potencial infinito.

O DESENVOLVIMENTO DA HABILIDADE

A mente humana tem muitos estados diferentes de consciência. Só um deles é racional e analítico. De fato, cada um de nós ingressa num estado de consciência alterado ou não-racional inúmeras vezes durante cada dia. Quando sonhamos, dormindo ou acordados, temos acesso a um nível diferente de percepção. Nesses assim chamados estados alterados, nosso conhecimento intuitivo floresce. Caracteristicamente, referimo-nos a essas intuições como pressentimentos ou como sensação de frio na barriga. A maioria dentre nós está ciente desses sentimentos. Poucos de nós os honram com regularidade. Parikh (1994) utiliza a metáfora das ondas de rádio. Embora ondas de informações intuitivas estejam "chovendo" continuamente sobre nós, deixamos de ligar nossos receptores ou, talvez, recebemos a mensagem mas não prestamos atenção a ela.

Lembro-me bem das ocasiões em que agi contrariando minhas intuições. Com freqüência isso se mostrou ser um erro. Alguns anos atrás, defrontei-me com uma oferta de emprego que eu simplesmente não sentia que fosse adequado para mim. De uma perspectiva lógica, era o emprego perfeito. O salário era alto, o nível de educação era compatível com o meu sistema de valores, o trabalho, desafiador, a indústria me oferecia novas oportunidades de crescimento e os recursos eram abundantes. Ainda assim não o *sentia* adequado, mas peguei o emprego. Era a única coisa racional a fazer. Na época, eu estava desempregada, e criava sozinha meus dois filhos adolescentes, um dos quais em vias de ingressar na faculdade. Por isso, desprezei minha intuição. Essa decisão racional, no entanto, rapidamente me atirou na desordem.

O presidente da empresa, a quem eu muito admirava, foi logo aposentado, e toda a equipe administrativa sênior rapidamente se dissipou. O nível de educação mudou quase que da noite para o dia. Vi-me subitamente cercada por novos líderes hostis aos meus valores e às minhas crenças. Foi uma boa lição para mim. A racionalidade perdeu credibilidade nesse malogro, ao passo que minha confiança na capacidade de conhecer intuitivamente aumentou muito. Devido a essa experiência, resolvi desenvolver mais minhas habilidades intuitivas. E descobri as seguintes atividades úteis.

1. Passava diariamente certo tempo ouvindo o meu sistema de orientação interior. A cada manhã, a primeira coisa que eu fazia depois de acordar era anotar os meus sonhos. Se não me lembrava de nenhum sonho, eu anotava qualquer coisa que despontasse na minha percepção. Se estou lidando com uma questão vital ou com uma decisão importante, anoto meus primeiros pensamentos a respeito desse assunto. Procuro não utilizar um despertador nem pular da cama. Ruídos altos e movimentos abruptos parecem romper minha ligação do tempo do sono com esse campo quântico de informações.

2. Depois das anotações no diário, geralmente passo cerca de vinte minutos com os olhos fechados — apenas respirando profundamente e ouvindo. Em certos dias, mantenho essa atividade meditativa até na minha caminhada diária. Quando caminho, tento interromper minha tagarelice mental e me ligar com meu "receptor" interior. Uma vez por semana, assisto uma aula de ioga, que também coloca minha mente consciente "fora da linha".

3. Controlo o que eu como e o que eu bebo, sabendo que o que está no meu corpo afeta a minha capacidade para me ligar com estados superiores de percepção — para entrar em ressonância com o campo quântico da inteligência.

4. Pratico interrupção da tarefa quando estou cansada ou frustrada, sabendo que é difícil ter acesso a um estado superior de consciência estando sob pressão. Isso é particularmente difícil para mim, uma personalidade clássica do tipo A. A respiração abdominal profunda ajuda-me a diminuir minha urgência.

Há muitas outras técnicas para melhorar a intuição. Todas elas são semelhantes pelo fato de todas se basearem na aprendizagem para tranqüilizar a mente — para silenciar sua ociosa tagarelice. É muito mais fácil *receber* informações vindas do campo quântico quando estamos relaxados — mental, física e emocionalmente. Técnicas específicas vão desde o relaxamento sistemático (que se tornou famoso graças aos cursos Lamaze de preparação para o parto) até formas espirituais de meditação. Dançar, tocar tambor, entoar cânticos, trabalhar sobre a respiração e muitos outros exercícios psicofísicos e psicoespirituais também têm sido utilizados para se ter acesso a estados superiores de consciência.

Herbert Benson, M.D. da Harvard Medical School e da Hypertension Clinic do Hospital Beth Israel em Boston, popularizou uma abordagem leiga do processo meditativo. Em seu livro bastante conhecido, *The Relaxation Response*, Benson utilizou terminologia leiga para introduzir o mundo ocidental na antiqüíssima prática oriental da meditação diária. Seu processo, que se mostrou capaz de produzir importantes benefícios físicos, bem como psicológicos, tem quatro exigências simples.

1. Um ambiente calmo.
2. Uma palavra (ou imagem) focal.
3. Uma atitude passiva.
4. Uma posição confortável.

A primeira exigência não requer explicação. Telefones tocando ou bebês chorando não são, obviamente, adequados para nos conduzir ao relaxamento profundo. A segunda exigência é tão simples quanto escolher uma palavra e utilizá-la como centro de atenção durante o tempo de relaxamento (meditação). Benson recomenda a palavra "um". Sua abordagem substitui por uma palavra ocidental neutra e inócua a tradicional sílaba oriental isenta de sentido (mantra). Tanto "um" como "om" funcionam igualmente bem. Ambas realizam o que se supõe que um mantra deva fazer — impedir que a mente devaneie.

A terceira exigência de Benson, uma atitude passiva, nos põe face a face com o paradoxo da meditação — quanto mais vigorosamente tentamos aquietar a mente ativa, em geral pior é o resultado obtido. Quanto maior é o esforço que exercemos, mais ativa a mente se torna. Descobri isso da maneira mais difícil, por meio do fracasso. Minha primeira experiência com a meditação ocorreu na década de 70, quando o *biofeedback* estava começando a se popularizar como um método para o controle do *stress*. O hospital onde eu trabalhava enviou-me para um curso de uma semana numa Clínica Menninger. No primeiro dia, fomos ligados a várias máquinas de *biofeedback* que mediam ondas cerebrais, tensão muscular e a temperatura da pele. Foi-nos dito que a única maneira de controlar o *feedback* auditivo vindo dessas máquinas era relaxar totalmente o corpo. Em outras palavras, se você não quer que sua máquina fique "choramingando", você tem de controlar seu estado fisiológico. É mais fácil falar do que fazer! Fui um total fracasso. Pela primeira vez na vida, quanto mais vigorosamente eu tentava, pior era o resultado. Finalmente, cerca de meia semana depois, desisti de tentar, sentindo-me derrotada. Adivinha o que aconteceu? As máquinas silenciaram. Acidentalmente, descobri o processo, e, ao mesmo tempo, aprendi que o meu comportamento orientado para uma meta nem sempre era útil. Não se pode realmente querer atingir o relaxamento profundo. Só se pode permitir que ele ocorra.

A exigência final de Benson é uma posição confortável. Ele recomenda sentar-se numa cadeira. A posição meditativa oriental tradicional é a bem conhecida posição de lótus. Qualquer posição que lhe permita respirar profundamente funcionará. A respiração abdominal lenta e profunda tem um efeito extremamente calmante tanto sobre a mente como sobre o corpo. Também estimula a receptividade do sistema nervoso central, que aumenta o fluxo de corrente elétrica ao longo das vias neurológicas do corpo, produzindo, desse modo, efeitos fisiológicos significativos. Num estado de meditação, a respiração e as batidas do coração reduzem o seu ritmo, o consumo de oxigênio diminui significativamente e os padrões de ondas cerebrais mudam drasticamente. Durante os estados de consciência desperta normais, o cérebro exibe, basicamente, ondas beta rápidas. Ao entrar no estado de meditação, essas ondas ficam mais lentas e formam padrões alfa e teta extremamente sincronizados.

> "Ocorre não apenas a sincronização das ondas cerebrais entre os hemisférios, nos estados avançados, como também essa redução do ritmo forma padrões harmoniosos denominados hiperssincronia. (Quando o pico de um padrão ondulatório do cérebro coincide exatamente com o pico do outro, as amplitudes das duas ondas se combinam para produzir uma forma de onda com o dobro da altura da original.) ... Desse modo, a prática noética equilibra e intensifica a organização eletroquímica, sem atribuir predominância a nenhum dos hemisférios" (Wade 1996, 198).

Essas mudanças fisiológicas estão positivamente relacionadas com a melhora da saúde. David McClelland, em Harvard, descobriu que a diminuição da ansiedade aumenta o anticorpo imunológico denominado IgA, "que é considerado a primeira linha de defesa do corpo contra bactérias e vírus invasores" (Childre 1996, 79). Cientistas do Institute of HeartMath constataram que a prática diária de uma técnica denominada "Cut-Thru" (técnica de redução do *stress* semelhante a outros processos de relaxamento/meditação) aumenta muito a produção do hormônio DHEA. "O DHEA (deidroepiandrosterona) é o hormônio mais prolífico do corpo humano e o precursor de muitos outros hormônios, inclusive dos hormônios sexuais testosterona, estrogênio e progesterona" (Childre 1996, 82). Num estudo, participantes mostraram um aumento médio de 100% no DHEA depois de praticarem diariamente, apenas durante um mês, técnicas de relaxamento (Childre 1996, 83).

Um aumento da produção de DHEA, junto com uma redução do cortisol (considerado com freqüência o hormônio do *stress*), pode explicar por que os praticantes de meditação agem de maneira diferente das pessoas que não praticam a meditação. Robert Wallace, o primeiro cientista ocidental a estudar a fisiologia dos estados alterados de consciência, chegou aos seguintes resultados:

> "Os praticantes de meditação, enquanto grupo, eram significativamente mais jovens do ponto de vista biológico do que sua idade cronológica. A diferença entre ambos também não era pequena — a mulher que obteve o melhor resultado era exatamente vinte anos mais jovem do que sua idade cronológica. De modo notável, o quanto uma pessoa testada era mais jovem estava diretamente ligado ao tempo que a pessoa mantinha sua prática de meditação. Wallace descobriu uma linha divisória entre os que tinham meditado menos de cinco anos e os que meditaram cinco anos ou mais. O primeiro grupo era, em média, cinco anos mais jovem biologicamente, ao passo que o segundo era em média doze anos mais jovem. Um estudo que serviu de *backup* a este, realizado mais tarde na Inglaterra, calculou que cada ano de meditação regular subtrai aproximadamente um ano de envelhecimento" (Chopra 1990, 194).

Numerosos estudos subseqüentes têm confirmado as vantagens da meditação regular para a saúde. Um estudo da Blue Cross-Blue Shield, realizado com dois mil praticantes de meditação, mostrou que eles eram muito mais saudáveis do que o norte-americano médio em dezessete fatores de saúde. Por exemplo, a hospitalização de praticantes de meditação era 87% menor para doenças do coração e 50% menor para tumores (Chopra 1990, 194). Essas descobertas têm uma enorme importância social. Além da redução dos custos dos seguros para assistência à saúde, esses estudos também sugerem uma melhora significativa do funcionamento mental.

Quando a mente racional é silenciada, a mente intuitiva produz uma percepção extraordinária. Somos capazes de ver as coisas como elas realmente são sem a lente da percepção sensorial que filtra tudo e, ao fazer isso, resolvemos criativamente nossos problemas mais difíceis e transformamos nossos relacionamentos mais espinhosos. Quando praticamos a habilidade do Conhecimento Quântico, os antigos obstáculos desaparecem e, nesse estado de *fluxo* supercondutor, tornamo-nos atores quânticos em um mundo de potencial ilimitado. Descobrimos esse ponto mítico que Arquimedes estava procurando — um lugar para se apoiar e mover o mundo. Esse ponto estava dentro de nós o tempo todo.

A HABILIDADE EM AÇÃO

A enorme quantidade de informações nas organizações complexas e em rápida mudança da atualidade nos dão pouca escolha a não ser adotar novos modos de conhecer. Somos diariamente bombardeados por dados aparentemente sem fim. Desenvolvemos metodologias de modelagem e de previsão extremamente sofisticadas; não obstante, não parece que tomamos decisões melhores do que em épocas menos computadorizadas. De fato, muitos de nós se sentem sobrecarregados de informações e mergulhados em análises paralisadoras. Reconhecemos que a análise racionalista (reducionismo) não é adequada para a demanda de nosso ambiente atual.

Lembra-se do fiasco da Coca-Cola na década de 80? Quatro anos de pesquisas de mercado preliminar indicaram que as pessoas gostavam do sabor da nova Coca melhorada. No entanto, a pesquisa de mercado focalizou fatos (sabor), e não sentimentos (lealdade). Ela fracassou por não levar em conta o compromisso das pessoas com uma tradição norte-americana de 100 anos. Por isso, mesmo que os dados previssem o contrário, o novo produto foi um desastre. Dados quantitativos levaram a administração a tomar decisões erradas.

Os modelos de previsão tradicionais, lineares, são, na verdade, grosseiramente inadequados em sistemas complexos, não-lineares (tais como organizações), pois são baseados em suposições lógicas e racionais, e em lógica newtoniana simplista. Ellen Langer, professor de psicologia da Universidade de Harvard, desenvolveu uma teoria da tomada de decisões **consciente** (McCarthy 1994, 28). A pesquisa de Langer sugere que coletar informações não leva necessariamente a se tomar melhores decisões. Ela acredita que nossa cultura se concentra numa meta impossível de tomada de decisões — reduzir a incerteza por meio da reunião de informações. Langer vê nisso um esforço fútil porque até mesmo a quantidade de informações que poderiam ser reunidas em torno da mais simples das decisões (por exemplo, comprar um computador) é infinita. Em vez de se concentrar na coleta de informações, sua teoria focaliza o permanecer ciente (em atenção cuidadosa). Langer assinala que esta, com certeza, é efetivamente uma enorme desvantagem. Com certeza leva à **negligência**. Quando estamos certos, deixamos de prestar atenção. Por outro lado, a incerteza nos mantém atentos tanto com relação ao mundo exterior a nós quanto com relação à nossa própria intuição interior. A atenção cuidadosa mantém nossa ligação com o campo quântico de informações.

Maynard e Mehrtens, em seu instigante livro *The Fourth Wave: Business in the 21st Century*, sugerem que no próximo século os processos de tomada de decisão intuitivos e não-racionais substituirão o pensamento analítico, lógico e linear (1993, 44). Assim como as fibras ópticas não-lineares, digitais, fazem os antigos sistemas de informações analógicas parecerem obsoletos, os atuais padrões de coleta e de análise de dados parecerão cada vez mais limitados. A quantidade total de dados disponíveis ordenará um aumento de confiança na intuição. Parikh concorda. Em seu livro *Intuition: The New Frontier of Management* [Intuição: A Nova Fronteira do Gerenciamento], ele comenta:

> "Adaptar-se à mudança já é quase impossível, e torna-se mais difícil a cada momento quando um número cada vez maior de pessoas, utilizando técnicas mais inovadoras, procuram adaptar e melhorar seus métodos, seus materiais, e seus estilos e sistemas de administração. Como a Rainha de Copas de Alice, administradores bem informados têm corrido o mais depressa que podem só para permanecer no mesmo lugar; prosperar significaria correr ainda mais depressa. Desse modo, essa é uma área importante na qual a orientação intuitiva pode desempenhar um papel cada vez mais importante nas operações diárias do profissional do século XXI. A intuição não é um processo racional consciente nem um exercício linear de escolher os papéis e tomar decisões consecutivas. A capacidade de 'fazer uma varredura' em grandes quantidades de informações sem ter uma agenda predeterminada e, não obstante, ser capaz de extrair esse tesouro subconsciente de dados possivelmente pertinentes poderá se tornar o único caminho que os gerentes do próximo século serão capazes de manter à frente da competição" (1994, 16).

Poderia acontecer que a habilidade do Conhecimento Quântico viesse a se tornar, de fato, uma importante vantagem competitiva no século XXI? O Dr. Ruud Heijblom, professor de Gerenciamento Estratégico no Henley Management College e consultor para muitas organizações européias, tanto públicas como privadas, realizou pesquisas que confirmam essa premissa. Recentemente, Heijblom falou-me a respeito de treinar chefes militares holandeses em intuição estratégica, que ele define como a capacidade "para fazer o levantamento do todo num golpe de vista". Esses chefes militares têm sido bem-treinados em tomadas de decisões racionais e analíticas. No entanto, um incidente recente, no qual a força de paz holandesa das Nações Unidas fracassou em proteger o povo da Bósnia em Zrbrenica contra agressores sérvios, levantou sérias questões a respeito da capacidade de tomada de decisões da força de combate holandesa. Esse incidente, que teve grande repercussão, prejudicou seriamente a imagem do exército holandês.

Como resultado do incidente em Zrbrenica, líderes militares resolveram dirigir o treinamento a fim de determinar se os processos de tomada de decisões intuitiva poderiam melhorar a qualidade e a rapidez destas em situações tensas. Metade dos oficiais foi treinada para tomar decisões por vias lógicas, lineares e analíticas. E a outra metade foi treinada utilizando-se processos intuitivos, tais como desenho associativo, meditação, mapeamento mental e trabalho do corpo. O grupo treinado em tomada de decisões intuitiva respondeu a situações simuladas com soluções muito mais inovadoras em muito menos tempo do que o grupo de controle treinado de maneira tradicional.

Outra pesquisa recente sugere que muitos líderes em todo o mundo já estão utilizando bastante a intuição na tomada de decisões. Parikh (1993) fez um levantamento entre 1.312 gerentes seniores em nove países (EUA, Japão, Reino Unido, Áustria, Brasil, Holanda, Índia, França e Suécia), relativo ao uso da intuição em suas vidas pessoal e profissional. Gerentes no Japão, nos EUA e no Reino Unido pareceram os mais intuitivos, e os da Suécia os menos intuitivos. Nos EUA, 78,7% dos entrevistados classificaram-se acima da média em suas capacidades intuitivas.

Os participantes do levantamento foram indagados a respeito da relevância de se utilizar a intuição em diferentes áreas funcionais dos negócios. A estratégia/planejamento empresarial liderou a lista com 79,9% de todos os entrevistados que concordavam com o fato de que essa era uma área de suma importância para o pensamento intuitivo. Outras funções identificadas como requerendo altos níveis de intuição eram o *marketing*, as relações públicas, a pesquisa e desenvolvimento, e o desenvolvimento de recursos humanos. Mais de 50% dos entrevistados acreditavam que a intuição também deveria ser aplicada ao investimento, à aquisição, à diversificação e a decisões de fusão e de aliança.

Internacionalmente, 53,6% dos entrevistados afirmaram que utilizavam a lógica/raciocínio e a intuição em proporções quase iguais tanto na vida pessoal como na vida profissional. Um pequeno grupo (7,5%) reconheceu que em seus empregos contava mais com a intuição do que com a lógica. Quando indagados a respeito de como utilizavam a intuição, 62,7% foram capazes de citar exemplos específicos (75,9% das mulheres; 61,4% dos homens). Uma grande maioria (77,9%) acredita que o desenvolvimento das capacidades intuitivas dos funcionários contribuiria para um maior sucesso nos negócios, e 64,9% pensam que as organizações deveriam oferecer treinamento que visassem melhorar a capacidade intuitiva de todos os funcionários.

Numa era em que tantas empresas estão tentando se tornar **organizações de aprendizagem**, essa iniciativa parece valer a pena. A palavra educação, no final das contas, deriva da palavra latina *educare*, que significa "puxar de dentro". O verdadeiro aprendizado não se refere à aquisição de dados, mas à expansão da capacidade — a capacidade de *saber* e, depois, de agir. Algumas empresas estão testando novos processos de treinamento baseados na intuição, um dos quais é denominado **aprendizagem acelerada**. Colin Rose e Malcolm Nicholl (1997) escreveram extensamente a respeito desse processo e demonstraram seu valor em muitas organizações, tais como a Motorola, a Xerox e a IBM. Instrutores da C&P Telephone Company da Bell Atlantic converteram dois dos seus cursos de serviço ao cliente num formato de aprendizagem acelerada. O custo de um curso foi reduzido em 42%, e o do outro, em 57%, e a satisfação dos participantes e o desempenho no emprego melhoraram muito (Gill e Meier 1989, 63). Música, jogos, flores, atividades artísticas, imagens visuais e humor representam algumas das técnicas de aprendizagem acelerada utilizadas para abrir caminhos ao domínio intuitivo.

Em Kansas City, o consultor de aprendizagem acelerada local, Bill Kay, tem utilizado inúmeras técnicas de cérebro direito para ensinar habilidades de cérebro esquerdo, como por exemplo, a instrução financeira para funcionários da Utilicorp. A Anderson Consulting (treinamento por *software* financeiro), a American Century (fundos mútuos) e a Gateway Computers representam apenas algumas outras empresas locais que estão utilizando processos de aprendizagem acelerada. Todas essas organizações têm constatado que tanto a rapidez de aprendizagem como a retenção de habilidades melhoram quando processos do cérebro direito são utilizados para reforçar habilidades do cérebro esquerdo.

O escritório de Chicago da Right Management Consultants, com sede em Filadélfia, uma firma internacional de consultoria para procura de novos empregos/administração de carreiras, está hoje utilizando processos de aprendizagem acelerada para ajudar na procura de empregos. Executivos recém-demitidos estão olhando dentro de si mesmos antes de começar a procurar empregos novos. Música, movimento, imagens visuais, mapeamento mental, anotações em diário e atividades artísticas são utilizadas para se obter acesso ao potencial do assim chamado cérebro direito, permitindo a esses clientes que procuram novos empregos ultrapassar as limitações de velocidade e de criatividade do cérebro esquerdo, lógico, linear e racional.

De acordo com Dave Cox, vice-presidente de Consultoria de Administração de Carreira da Right, os clientes que procuram novos empregos atingem, então, depois de dois dias de atividades de aprendizagem acelerada, um ponto de "pronta procura" que costumava levar semanas para ser atingido utilizando-se processos tradicionais, analíticos, para a procura de novos empregos. O nível de percepção que os clientes têm de si mesmos, seu nível de confiança e sua capacidade para dirigir sua própria atividade de busca deram um salto quântico como resultado dessa nova iniciativa. Cox comentou que "as diferenças na energia e na criatividade do cliente eram notáveis".

Ainda não existem dados a respeito de quão mais depressa esses executivos conseguem novos empregos em comparação com os que são treinados por meio dos processos tradicionais do cérebro esquerdo. O consultor de carreiras da Right, Howard Campbell, previne que o "tempo de desembarque [*landing*]" (o tempo que demora para "desembarcar" num novo emprego) pode nem mesmo ser uma medida de sucesso. De fato, muitos clientes de crescimento acelerado podem demorar mais tempo, já que o aumento da sua autoconfiança e sua intuição intensificada abrem novas possibilidades que poderão nunca vir a ocorrer com os clientes aconselhados por meios mais tradicionais. Um número significativo de aprendizes que passaram por esse processo de aceleração da Right, identifica e procura novos rumos na carreira.

Devido a resultados como esses, muitas empresas estão reconhecendo e utilizando formalmente processos intuitivos. Porém, muitas outras ainda contam excessivamente com metodologias de aprendizagem e de tomada de decisões lógicas, lineares e analíticas. Esses processos do cérebro esquerdo estão, no entanto, comprovando-se totalmente inadequados num mundo de raplexidade [rapidez e complexidade]. Se devemos permanecer flutuando num mar constantemente mutável de informações infinitas, e se devemos tomar decisões oportunas enquanto estamos submersos nesse mar turbulento, devemos todos aprender a **conhecer** por meio de novos caminhos que consomem menos tempo. Em resumo, devemos criar ambientes de trabalho e de aprendizagem não-tradicionais — ambientes nos quais utilizamos música, movimento, poesia e arte para nos ajudar a ter acesso ao campo quântico do conhecimento infinito. E, o que é de igual importância, devemos estar dispostos a incorporar o silêncio e a contemplação em nossa rotina de trabalho diário.

Em seu livro estimulante, *The Heart Aroused*, o poeta e empresário David Whyte comenta que "nossa capacidade para responder criativamente, quer estejamos junto à nossa escrivaninha, deitados no chão no nosso local de trabalho ou diante da página ainda em branco, depende da nossa capacidade para viver com o território inexplorado do silêncio. Se somos sérios a respeito da alma em ação, e da criatividade que sustenta uma vida de trabalho cheia de alma, devemos todos confrontar a questão da tranqüilidade e da contemplação no local de trabalho" (1994, 98-99).

Quando incorporarmos o espaço para o silêncio na rotina diária, criaremos organizações de cérebro inteiro — organizações que usarão plenamente ambos os lados do cérebro, valorizando o conhecimento intuitivo bem como a análise racional. Essas organizações serão lugares em que redes de informações, e não tabelas organizacionais, constituirão a estrutura que veicula a carga da organização — em que a capacidade para utilizar a habilidade do Conhecimento Quântico, e não o título ou o direito de posse, confere à pessoa o direito de ser escutada.

Um dia, olharemos para trás, para concepções tais como **aquisição de poder** ou **gerenciamento de livro aberto**, achando-as divertidas. No final das contas, como pode uma pessoa conferir poder a outra se todos nós temos acesso à mesma base de dados cósmica? À medida que nós, em número cada vez maior, aprendermos a utilizar a habilidade do Conhecimento Quântico, as informações serão vistas como energia a ser partilhada, e não como um bem a ser acumulado. No final, criaremos organizações quânticas nas quais as pessoas reconhecerão sua capacidade inata para **conhecer**, e, por meio desse conhecimento, inimagináveis avanços revolucionários ocorrerão. À medida que aprendermos a ter acesso a uma parte maior do potencial infinito do campo quântico, criaremos verdadeiras organizações de aprendizagem — organizações que valorizarão profundamente a *aprendizagem de dentro para fora*.

INTEGRAÇÃO DE HABILIDADES

Reflita a respeito do que acabou de ler e do que mais cativou sua imaginação, e utilize as seguintes atividades para ajudar a reforçar a Habilidade Quântica deste capítulo.

- ✍ Faça uma representação gráfica do que essa habilidade significa para você e, então, escreva no diário a respeito do significado do seu símbolo.
- ✍ Anote concepções-chave relacionadas com este capítulo usando um mapa mental não-linear de símbolos e de figuras, bem como de palavras-chave. Comece no centro da página e trabalhe dirigindo-se para fora.*

* Uma amostra de mapa mental e mais experiências e exercícios podem ser encontrados nos Apêndices.

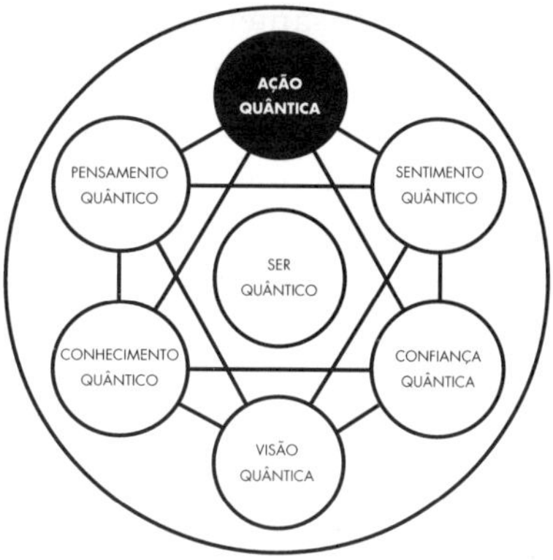

AÇÃO QUÂNTICA
A capacidade de agir com responsabilidade.

6
À Distância

"Somos uma gota no oceano; o que quer que aconteça com o oceano, acontecerá com a gota; o que quer que aconteça com a gota, acontecerá com o oceano."
Paramahansa Yogananda

O DESAFIO

Percorremos um longo caminho até aqui! Muitas práticas amplamente aceitas no passado atualmente são vistas como bárbaras. No entanto, grandes injustiças ainda predominam. Basta-nos observar as guerras religiosas que estão sendo travadas em todo o mundo, os dramas éticos no governo ou a batalha política em nosso próprio local de trabalho, para percebermos que ainda há muito por realizar. A Regra de Ouro nos desafia a fazer para os outros o que gostaríamos que os outros fizessem para nós, porém o ego humano com freqüência nos faz tropeçar. A teoria quântica nos lembra da nossa interconexidade. No nível subatômico, tudo está no relacionamento. O que acontece com a parte afeta o todo, e o que acontece com o todo afeta a parte — até mesmo ao longo de grandes distâncias no espaço. Quão diferentemente viveríamos se acreditássemos que cada pensamento que temos e cada ação que realizamos têm o potencial para exercer um impacto significativo não só sobre nossa vida mas também sobre todo o universo? Como nossa vida e nosso local de trabalho poderiam mudar se cada um de nós reconhecesse nossa interconexidade e atuasse com base na compreensão de que as coisas acontecem *à distância*?

A NOVA CIÊNCIA

O universo parece funcionar como um holograma — o que é conhecido para o todo é conhecido para a parte, e o que é conhecido para a parte é conhecido para o todo. Isso invalida a visão newtoniana do universo como uma máquina estável e previsível, e a substitui pela visão de um universo que funciona como um sistema altamente complexo e interativo — um sistema no qual cada parte (partícula subatômica) está relacionada com todas as outras.

Uma vez que o comportamento de qualquer parte é determinado pelas suas ligações com o todo; e uma vez que nunca podemos conhecer plenamente a complexidade dessas ligações, não podemos predizer, com precisão, a atividade subatômica. Por exemplo, um elétron num átomo pode saltar inesperadamente de uma órbita para outra, ou uma partícula radioativa pode parecer decair espontaneamente. No entanto, esses acontecimentos não são totalmente aleatórios, mas são totalmente imprevisíveis, pois não têm uma causa **local** claramente identificável. No nível subatômico, uma partícula pode ser afetada por acontecimentos que estão ocorrendo a grandes distâncias dela, concepção conhecida como **causalidade não-local**.

Essas complexas interações "à distância" são explicadas por um princípio exclusivamente quântico — o **princípio da não-separabilidade**. De acordo com esse princípio, quando duas partículas subatômicas interagem, elas permanecem ligadas, independentemente de suas localizações futuras separadas; portanto, qualquer medição de uma afeta a outra espontaneamente, mesmo ao longo de grandes distâncias. Essas fantasmagóricas idéias de "ação à distância" eram assustadoras para Einstein e para muitos outros físicos do começo do século XX. No final das contas, o princípio quântico da não-separabilidade viola o princípio fundamental da teoria da relatividade — o de que nada pode viajar mais depressa que a luz.

Na década de 30, Einstein, juntamente com Boris Podolsky e Nathan Rosen, conceberam uma experiência de pensamento esperando mostrar à comunidade científica como era irracional a causalidade não-local. O artigo que descrevia essa experiência terminava com estas palavras: "Ele faz com que a realidade [da posição e do *momentum* no segundo sistema] dependa do processo de medição realizada no primeiro sistema, que não perturba de modo algum o segundo sistema. Não *se poderia esperar que nenhuma definição razoável de realidade permita isso*" (Gribbin 1984, 182-83). Mesmo que a lógica sugira o contrário, os resultados da sua experiência confirmaram o princípio da não-separabilidade, que mais tarde veio a ser conhecido como efeito EPR (Einstein-Podolsky-Rosen).

Einstein, durante sua vida, continuou a acreditar que havia alguma ordem de mecanismo de relojoaria subjacente no universo, a qual acabaria sendo descoberta, invalidando, assim, os resultados da sua famosa experiência de pensamento. Ele preferiu pensar que a teoria quântica fosse falha em vez de reconhecer o princípio da não-separabilidade. No entanto, Einstein e seus colaboradores se enganaram. Em 1964, J. S. Bell, físico irlandês da European Organization for Nuclear Research, publicou o teorema de Bell, que, diferentemente da experiência de pensamento EPR original, poderia ser efetivamente testado num laboratório. Oito anos mais tarde, em 1972, John Clauser e Stuart Freedman, na Universidade da Califórnia, em Berkeley, comandaram a primeira experiência real medindo a polarização direcional de fótons. Seus resultados confirmaram o teorema de Bell e validaram o efeito EPR. A teoria quântica passou por um outro teste importante.

Desde a década de 70, muitos outros físicos replicaram esses resultados utilizando cenários experimentais cada vez mais complicados. Em 1982, Alain Aspect e uma equipe de físicos da Universidade de Paris-Sul preencheu a última maior lacuna ao realizar uma experiência na qual a estrutura do experimento era alterada depois que os fótons eram disparados, de maneira muito parecida com aquela pela qual os resultados do experimento da dupla fenda podem ser mudados depois que o fóton atravessa uma fenda simples ou dupla (o fenômeno da escolha retardada de John Wheeler foi discutido no Capítulo 5). O experimento de Aspect eliminou a possibilidade de que o planejamento mecânico do experimento predeterminasse o comportamento futuro do fóton. Isso selou o destino da causalidade local.

Hoje, o **princípio da não-separabilidade** é uma concepção fundamental na física quântica. As aplicações tecnológicas desse princípio poderão logo resultar em computadores quânticos mecânicos, nos quais todos os componentes respondem instantaneamente a uma mudança no estado de um componente. Seth Lloyd, num artigo para o *Scientific American*, discute o atual dilema digital.

> "A cada dois anos, durante os últimos 50 anos, os computadores tornaram-se duas vezes mais rápidos, enquanto seus componentes ficaram duas vezes menores. Hoje, os circuitos contêm fios e transistores que medem somente um centésimo de um fio de cabelo humano em espessura. Devido a esse progresso explosivo, as máquinas da atualidade são milhões de vezes mais poderosas do que seus grosseiros ancestrais. Mas as explosões acabam se dissipando, e a tecnologia do circuito integrado está correndo de encontro aos seus limites" (1995, 140).

Lloyd explica que técnicas litográficas avançadas podem produzir peças que são cem vezes menores que aquelas correntemente utilizadas. No entanto, há obstáculos quânticos. Quando os componentes se tornam extremamente pequenos, eles são afetados pelas leis da mecânica quântica. Os pesquisadores ainda não encontraram uma maneira de minimizar as incômodas artimanhas quânticas e de maximizar as espantosas possibilidades quânticas. Não obstante, a computação quântica está fazendo notáveis progressos.

> "Peter W. Shor, dos AT&T Bell Laboratories, demonstrou que um computador quântico poderia ser utilizado para trabalhar com números grandes — tarefa que pode frustrar a mais poderosa das máquinas convencionais. E, no ano passado, *workshops* realizados no Institute for Scientific Interchange, em Turim, na Itália, geraram muitos projetos para se construir circuitos quânticos. Mais recentemente, o grupo de H. Jeff Kimble, em Caltech, e a equipe de David J. Wineland, no National Institute of Standards and Technology, construíram algumas peças desses protótipos" (Lloyd 1995, 141).

A capacidade potencial dos computadores quânticos é estarrecedora. Eles serão capazes de realizar simultaneamente todas as computações possíveis (paralelismo quântico). Não serão arranjos de transistores, mas sim cadeias de átomos de hidrogênio, que reterão bits de informações. A codificação atômica permitirá a um computador quântico simular o comportamento de qualquer sistema quântico utilizando-se processos quânticos, tais como a sobreposição e a correlação não-local. "De fato, um computador quântico de 40 bits poderia recriar em pouco mais de, digamos, 100 passos, um sistema quântico que um computador clássico, dotado de um trilhão de bits, levaria anos para simular" (Lloyd 1995, 144).

A "ação à distância" (**causalidade não-local**) transformará a vida como a conhecemos por meio de assombrosos avanços tecnológicos; porém, mais importante que isso, esse mesmo princípio tem potencial para mudar nossa visão de nós mesmos e de nossos relacionamentos uns com os outros e com o universo. Gribbin explica por quê:

> "Eles [os estudos de pesquisa] nos contam que as partículas que estavam uma vez juntas permanecem, em algum sentido, sendo partes de um único sistema, que responde conjuntamente a interações posteriores. Praticamente tudo o que vemos, tocamos e sentimos é feito de coleções de partículas que estiveram envolvidas em interações com outras, e esse envolvimento remonta no tempo ao Big Bang, no qual o universo como o conhecemos passou a existir. Os átomos do meu corpo são feitos de partículas que, certa vez, 'se acotovelavam' em estreita proximidade na bola de fogo cósmica com partículas que hoje fazem parte de uma estrela distante, e com partículas que formam o corpo de alguma criatura viva em algum planeta distante e desconhecido. Na verdade, as partículas que formam o meu corpo certa vez se acotovelavam em estreita proximidade e interagiam com as partículas que formam o seu corpo. Somos partes de um único sistema, assim como os dois fótons que se separam a partir do âmago do experimento de Aspect" (1984, 229).

De fato, o neurofisiologista mexicano Jacobo Grinberg-Zylberbaum e seus colaboradores realizaram pesquisas recentes que demonstram que os resultados do experimento de Aspect podem ser repetidos com seres humanos. Em seus experimentos, dois seres humanos foram instruídos para interagir até que começassem a sentir que estavam "comunicando-se diretamente" (esse nível de conexidade levava aproximadamente 30 a 40 minutos para ser obtido). Cada sujeito era então colocado numa gaiola de Faraday separada, um invólucro metálico que bloqueia todos os sinais eletromagnéticos. A um dos sujeitos foi mostrado um sinal luminoso que piscava. Esse sinal produz automaticamente um assim chamado **potencial evocado**, uma resposta no cérebro que pode ser medida por um EEG. Surpreendentemente, o segundo sujeito, cujo cérebro não fora estimulado por luz, teve uma resposta eletrofisiológica semelhante (denominada **potencial de transferência**) que era semelhante, tanto na forma como na intensidade, ao sinal produzido no cérebro estimulado. Sujeitos de controle não apresentaram uma resposta (potencial de transferência) mensurável. É importante observar que nenhum dos sujeitos do grupo experimental relatou qualquer percepção consciente de suas respostas cerebrais correlacionadas. A não-localidade nos sistemas humanos parece funcionar num nível inconsciente (Goswami 1993, 132).

O biólogo James Lovelock acredita que toda a biosfera funciona como um sistema único correlacionado, a que ele dá o nome de Gaia. A visão tradicional tem sido a de que a Terra e as formas de vida que nela existem não estão relacionadas. De acordo com a teoria de Lovelock, a vida humana e o planeta estão intimamente interligados. "A teoria de Gaia propõe que não apenas todos os animais e plantas mas também a atmosfera, os oceanos e o solo estão ligados juntos numa teia de interdependência" (Wertheim 1995, 245).

Essa teoria sugere que os organismos não só reagem a mudanças no planeta como também trabalham para criar o meio ambiente do planeta a fim de assegurar a sobrevivência das suas espécies. Um exemplo comum é o da constância da temperatura do planeta. Embora a luminosidade do Sol tenha mudado significativamente durante os quatro bilhões de anos de vida da Terra (a radiação aumentou em pelo menos 30%), a temperatura da Terra permaneceu relativamente constante para sustentar a vida. A composição dos oceanos tem permanecido igualmente constante, mantendo uma taxa de 3,4% de concentração de sal durante pelo menos cem milhões de anos (Templeton e Herrmann 1994, 112).

Esses exemplos dão apoio à teoria de Gaia. Eles demonstram que tudo no universo faz parte de um todo correlacionado e complexo no qual cada parte influencia cada uma das outras partes. Ou, nas palavras mais poéticas de Ted Perry: "Isso nós sabemos. Todas as coisas estão ligadas como o sangue que une uma família ... O que quer que aconteça com a Terra, acontece com os filhos e filhas da Terra. O homem não tece a teia da vida; ele é apenas um dos seus fios. O que quer que ele faça à teia, ele faz a si mesmo" (Inspirado pelo Chefe Seattle).

UMA NOVA PERSPECTIVA

Alguns de nós sofrem de ilusão de óptica. Acreditamos que estamos separados do universo físico, além de estarmos separados uns dos outros. Nossas ilusões de separatividade têm muitas origens. Constituem uma extensão natural da antiga crença judeu-cristã segundo a qual os seres humanos foram criados para ter domínio sobre um mundo físico que existe basicamente para que eles o explorem. A separatividade também foi reforçada pelo modelo de Newton de um universo semelhante a um relógio, composto de partes isoladas, pela filosofia dualista de Descartes, que separava a mente da matéria, e por uma grande quantidade de teorias psicológicas orientadas para o eu. No entanto, estamos superando o isolacionismo, o dualismo e a atenção narcisista voltada para o eu. Talvez tenhamos alcançado um ponto na evolução humana em que precisamos nos focalizar no **nós** a fim de nutrir e de sustentar o **eu**. O mundo como aldeia global está simplesmente demasiado interligado para que se possa agir de outro modo.

Naturalmente, muitas pessoas já reconhecem a profundidade dessa nossa interdependência. Os filósofos orientais com freqüência retratam o mundo como um teia cósmica, "uma perfeita rede de relações mútuas na qual todas as coisas e eventos interagem uns com os outros de uma maneira infinitamente complicada" (Capra 1983, 139). Mesmo no Ocidente, essa idéia não tem sido totalmente ignorada. A teoria de Carl Jung de um inconsciente coletivo é bem diferente das teorias psicológicas de seus colegas psicólogos, voltadas para a individualidade e baseadas no ego. Jung acreditava que cada um de nós não só tem um inconsciente pessoal, com seu reservatório de memórias armazenadas, como tem também uma ligação com um depósito muito mais amplo, universal, de memórias armazenadas — um banco de memória inconsciente de nossa história coletiva como espécie (Hall e Lindzey 1970, 83).

A idéia que Jung tinha de uma coletiva base de dados de memórias inconscientes partilhadas é semelhante à teoria dos **campos mórficos** do biólogo inglês Rupert Sheldrake, formulada no final do século XX. Segundo a teoria de Sheldrake, a memória de toda a espécie humana está contida em campos de energia invisíveis. De acordo com essa teoria, algumas das coisas que sabemos como fazer não provêm do aprendizado individual, mas sim de informações que foram acumuladas num campo de informações universal (campo mórfico) ao qual estamos todos ligados (Sheldrake 1995, 82).

Os campos mórficos poderiam explicar por que é mais fácil aprender uma nova habilidade (ou mudar um paradigma) depois que outros já o fizeram. O padrão reside no campo e permite à aprendizagem individual tornar-se cada vez menos laboriosa. Quando a energia individual interage com a energia do campo, podem ocorrer mudanças comportamentais espontâneas. Os campos mórficos também podem explicar por que é tão difícil mudar um comportamento. Os paradigmas culturais continuam a nos influenciar fortemente, mesmo quando reconhecemos suas limitações. A teoria de Sheldrake sugere que a mudança individual pode acontecer de duas maneiras muito diferentes. Pode ocorrer por meio da intenção pessoal (Visão Quântica), mas também pode ocorrer espontaneamente, quando um nível superior de consciência é obtido por uma massa crítica; mudando, desse modo, o conteúdo do campo mórfico (o que é às vezes conhecido como o **fenômeno do centésimo macaco**).

A concepção que Jung tinha de um inconsciente coletivo e a teoria do campo mórfico de Sheldrake são exemplos das maneiras pelas quais o princípio quântico da não-separabilidade pode funcionar no nível humano. Nossa consciência individual está interagindo continuamente com um campo de energia maior, de maneira complexa e não-local, que pode explicar essas coincidências espontâneas e significativas às quais com freqüência nos referimos como sendo **sincronicidades**. Jean Houston comenta: "Não existe essa coisa chamada de coincidência se, seguindo o modelo holográfico, tudo está em ressonância e em padrões de interferência com tudo o mais" (1982, 190).

A sincronicidade é vividamente retratada no filme *The Fisher King* [*O Pescador de Ilusões*]. Nesse filme, a falta de tato de um apresentador de um arrogante programa de *talk show* radiofônico com relação a um ouvinte emocionalmente instável desencadeia um episódio psicótico. O ouvinte entra num "delírio de tiroteio", matando sete pessoas num restaurante de Nova York. O incidente mergulha o apresentador do *talk show* na depressão e no uso de drogas. Dois anos depois, quando tentava suicidar-se, uma pessoa da rua o salva. Esse morador de rua, um homem emocionalmente instável, é justamente o marido de uma das vítimas assassinadas. O trauma de ver a cabeça esfacelada de sua mulher o atirou na loucura. A resposta do apresentador do *talk show* a esse encontro aparentemente casual foi mais ou menos esta: "Por que, dentre todas as pessoas da Cidade de Nova York, eu tinha de ser salvo justamente por esse homem, sendo que fui eu o responsável pelo assassinato da mulher dele?"

Naturalmente, não há explicação lógica. No entanto, quando entendemos a intrincada rede que é o universo, essas coincidências começam a fazer sentido. Vemos que existe um fundamento físico, bem como espiritual, para a Regra de Ouro, e começamos a escolher conscientemente nossas ações, reconhecendo que nossas palavras e feitos têm potencial não somente para prejudicar ou para ajudar outras pessoas, mas também para prejudicar ou ajudar a nós mesmos. Então, a escolha da ação correta não é apenas uma **escolha abnegada** mas também uma **escolha egoísta**. Escolhendo conscientemente ações responsáveis, pomos em jogo possibilidades para o bem retornar a nós por caminhos criativos e altamente imprevisíveis.

A HABILIDADE DA AÇÃO QUÂNTICA

A Ação Quântica é a capacidade para agir com preocupação pelo todo — todo o eu, toda a sociedade, todo o planeta. Usamos essa habilidade para planejar vidas de ação impecável — vidas que se concentram em intenções boas tanto para o eu como para o sistema mais amplo. A utilização da habilidade da Ação Quântica significa que optamos fazer escolhas responsáveis levando em consideração as conseqüências das nossas ações. O autor Gary Zukav sugere que a escolha responsável envolva três questões: "O que isso produzirá? Eu realmente quero criar isso? Estou preparado para aceitar todas as conseqüências dessa escolha?" (1989, 138).

Uma vida de escolhas responsáveis requer um compromisso com a **escolha consciente**. Viver uma vida consciente significa que vivemos com percepção consciente de nossos valores e uma clara intenção para agir por vias que sejam congruentes com eles. Naturalmente, isso exige energia e compromisso. Em conseqüência, muitos de nós escolhem a saída fácil, vivendo inconscientemente a vida, e deixando que seus hábitos do passado ditem o comportamento presente.

No entanto, viver a vida tem, habitualmente, suas recompensas. Exige menos energia, menos esforço, menos concentração. Por outro lado, a escolha consciente exige intenção clara, auto-observação contínua e uma ligação com uma inteligência superior (fonte de energia). Sem essa ligação, permanecemos seres biológicos acionados por necessidades e desejos que são, basicamente, inconscientes. Quando agimos sem percepção consciente, vivemos como robôs, malogrando em ter acesso às nossas mais avançadas capacidades cognitivas e, desse modo, perdendo nossa capacidade para a escolha consciente.

Numerosos estudos de pesquisa dão apoio à crença determinista segundo a qual nós, enquanto seres biológicos, somos simplesmente incapazes de escolha consciente. Tipler explica:

> "Libet et al. demonstraram que o cérebro de uma 'pessoa' faz uma decisão agir antes que a 'pessoa' esteja ciente de ter decidido agir; isto é, o cérebro toma a decisão e em seguida informa a pessoa sobre a decisão, e a pessoa (equivocadamente) acredita que é ele ou ela quem efetivamente 'tomou' a decisão. No experimento que mostrou isso, uma mancha que girava numa tela de televisão com uma velocidade de 2,5 ciclos por segundo era observada por um sujeito experimental. Pedia-se ao sujeito para decidir com seu livre-arbítrio dobrar um dedo e observar a posi-

ção da mancha quando essa decisão fosse tomada. Um eletrodo preso à cabeça mostrou que, na média, uma mudança em potencial no cérebro ocorria 0,35 segundo *antes* que a pessoa dissesse que ele ou ela 'pretendia' agir" (1994, 201).

Pesquisas como essa sugerem que, para muitas pessoas, o livre-arbítrio é uma ilusão. Certamente, todos fazemos muitas escolhas inconscientes. No entanto, há diversos níveis de percepção humana. À medida que aumenta nosso nível de percepção consciente, nossa capacidade para interceptar respostas condicionadas aumenta igualmente. Portanto, quando nos encontramos em estados superiores (noéticos) de consciência, nossa probabilidade de conseguir uma resposta condicionada (inconsciente) a um estímulo exterior diminui dramaticamente. Desse modo, aprendendo a ter acesso a estados noéticos de consciência numa base diária, podemos nos tornar co-criadores da vida, em vez de ser pessoas que simplesmente respondem a ela.

Cada escolha consciente que fazemos não apenas influencia a probabilidade de nossas escolhas futuras como também, devido à nossa interconexidade quântica, afeta igualmente as escolhas futuras de todas as outras pessoas. Desse modo, planejamos nossas vidas e nossos locais de trabalho (intencional ou inconscientemente) fazendo uma escolha de cada vez. Quando escolhemos atos de bondade, de compaixão, de honestidade ou de fidelidade, estamos, nas palavras de Danah Zohar, "imprimindo uma carga no dado quântico", e aumentando a probabilidade de que outros optem por agir em conformidade com isso. Cada um dos nossos eus individuais encontra-se em relação não-local com cada outro eu, e as decisões morais que cada um de nós toma afetam todo o sistema.

A complexidade disso tudo é espantosa. Meu comportamento é influenciado não apenas pelos meus valores pessoais mas também pelos valores no campo mórfico. O desafio é o seguinte: "Como mudamos os sistemas de valor/crença humanos?" Fazemos isso com uma pessoa de cada vez. À medida que os valores pessoais mudam, à medida que assumimos maior responsabilidade por quem somos e por aquilo que queremos criar, mudamos nossos campos de energia pessoais. À proporção que nossos campos mudam, aumenta a probabilidade de que outros mudem igualmente os deles. Juntos, criamos um novo campo coletivo, um campo baseado em valores que sustentarão a todos nós.

"Pouco a pouco, sistema por sistema, desenvolvemos um *momentum* suficiente para afetar mais amplamente a sociedade ... Agir localmente permite-nos trabalhar com o movimento e com o fluxo de eventos simultâneos no âmbito desse pequeno sistema. Temos maior probabilidade de ficar sincronizados com esse sistema, e, dessa maneira, de exercer um impacto. No entanto, essas mudanças em pequenos lugares criam mudanças em grandes sistemas, não porque partilham da totalidade indivisa que uniu a todas elas conjuntamente. Nossas atividades numa parte do todo criam causas não-locais que emergem longe de nós. Há valor em trabalhar com o sistema em qualquer lugar onde ele se manifeste, pois conexões invisíveis criarão efeitos à distância, em lugares que nunca imaginaríamos" (Wheatley 1992, 42).

Quando usamos a habilidade da Ação Quântica, tornamo-nos aquilo que Jean Houston chama de **pessoas do avanço revolucionário** [*breakthrough*]. Pessoas do avanço revolucionário são as que almejam agir com intenção consciente. Elas entendem profundamente o significado do ensinamento budista segundo o qual "aquele que sabe e não age, na verdade, nunca soube". Enquanto pessoas do avanço revolucionário, escolhemos viver cada dia de maneira responsável, pensando globalmente e atuando localmente. John Heider, em seu livro cheio de sabedoria, *The Tao of Leadership* (1985, 107), expressa essas idéias de maneira simples e profunda. Ele escreve:

> "Se a sua vida funciona, você influencia sua família.
> Se a sua família funciona, sua família influencia a comunidade.
> Se a sua comunidade funciona, sua comunidade influencia a nação.
> Se a sua nação funciona, sua nação influencia o mundo.
> Se o seu mundo funciona, o efeito ondulatório se espalha por todo o cosmos."

O DESENVOLVIMENTO DA HABILIDADE

Quando aprendemos a ter acesso aos estados noéticos da consciência, tornamo-nos cientes de uma ligação espiritual com algo muito maior do que nossos eus isolados. Novos valores e, em conseqüência disso, novos comportamentos emanam espontaneamente dessa percepção. Na medida em que permanecemos ligados ao campo quântico do conhecimento infinito, podemos começar a agir intuitiva e espontaneamente em qualquer situação. A clareza de escolha chega até nós vinda não de uma análise do **impacto externo**, mas de uma percepção dos **valores internos**.

Começamos a intuir ações corretas, em vez de tentar *calculá-las*. Ogilvy explica:

> "Os que são inocentes tanto dos absolutos como da racionalidade utilitária tendem a *intuir* seu caminho em direção ao bem, da mesma maneira como fazem julgamentos a respeito do belo. A moralidade, assim como a apreciação da beleza, é menos uma questão de *maximizar* do que de *saborear*: ver padrões, sensibilizar-se com a coerência, deleitar-se com o que se adapta, sentir como é apropriada determinada parte de um todo complexo" (1995, 143-44).

Se dedicamos certo tempo a cada dia para fazer as coisas que precisamos fazer a fim de estar em ressonância com esse todo complexo, podemos então, em qualquer momento, ter acesso à nossa intuição profunda, e, subseqüentemente, viver vidas de espontaneidade e de responsabilidade. A prece e a meditação são processos comprovados para nos colocar em ressonância com o campo quântico. Não são substitutos para a ação, porém capacitam-nos a *alinhar* nossas ações com o bem maior. Quando conseguimos esse alinhamento, somos capazes de agir espontaneamente a partir da verdade interior, sem estar completamente concentrados na tentativa de analisar ou de prever efeitos incognoscíveis. Focalizamos nossa atenção no que está acontecendo justamente *agora* e ficamos menos interessados em exercer um impacto exterior, e mais interessados em permanecer em ressonância com um estado superior de consciência. Gary Zukav nos oferece estas sugestões:

> "Relaxe, fixando-se no momento presente. Faça o que precisa fazer no momento presente. Você não deve se preocupar com aquilo que chamamos de futuro. Isso não quer dizer que você não leva em consideração as conseqüências de cada uma das suas escolhas. Levar em consideração as conseqüências de sua decisão é uma escolha responsável. Significa criar com intensidade no momento presente. Não perca o controle sobre as incertezas da sua vida. Essas são ilimitadas e infinitas. Conserve o seu poder no agora, no tempo presente. Conserve o seu poder justamente no dia em que está vivendo na Terra, e não em como manobrar o amanhã" (1989, 242).

Quando aprendemos a ser mais **atentos** com relação ao momento presente, tornamo-nos mais cientes do *feedback* que a vida está constantemente nos proporcionando em resposta às nossas escolhas. Começamos a usar essas mensagens sem julgamento, reconhecendo-as, não como recompensa nem como punição, mas como idéias. Nossa responsabilidade consiste simplesmente em prestar atenção — utilizar esse *feedback* para modificar ações que não parecem congruentes com nossos valores. Tento refletir todas as noites sobre o *feedback* que a vida me proporcionou no decurso do dia, indagando-me se "fiz o que falei" ou se não fiz, e refletindo sobre as correções na trajetória que farei no futuro. Naturalmente, isso é **reativo**, mas esse processo, juntamente com minha meditação matinal mais **proativa**, ajuda-me a viver cada dia mais conscientemente, engatinhando na direção de uma vida de Ação Quântica — uma vida na qual sou capaz de demonstrar, momento a momento, minha preocupação pelo todo. Em essência, emolduro meu dia com valores. Começando, a cada manhã, com prece e meditação (para me ligar ao campo quântico), e terminando o dia com um exame dos valores (refletindo sobre o *feedback* de minhas ações e de minha vida).

Também pratico o que Seligman (1990, 289) chama de **solavanco moral** — exercício de comportamentos que beneficiam o bem comum. Para mim, essas atividades vão da reciclagem e de comportamentos que reduzem o consumo até a partilha dos meus recursos financeiros na antiqüíssima prática do dízimo. Minha intenção é, simplesmente, ser uma boa cidadã do planeta. Há muitas outras maneiras de se produzir um solavanco moral. Seligman oferece numerosas idéias, tais como desistir de alguma atividade prazerosa que você realiza regularmente, como "comer fora de casa uma vez por semana, assistir a um filme alugado na noite de terça-feira ... jogar *videogames* ao voltar do trabalho, sair para comprar sapatos novos", e, em vez disso, "empregar esse tempo (o equivalente a uma noite por semana) numa atividade dedicada ao bem-estar de outras pessoas ou da comunidade". Outra das sugestões de solavanco moral de Seligman é que dediquemos o tempo gasto em atos heróicos ou mesquinhos para escrever cartas. Ele nos desafia a "compor cada trechinho dessas cartas com tanto cuidado quanto você faria um relatório de importância crucial para a sua empresa".

O desafio do solavanco moral consiste em aprender a expressar preocupação pelo todo enquanto se permanece desprendido de resultados, lembrando-se de que o mais importante é a ação, e não o seu fruto. A fim de conseguirmos isso, devemos estar inclinados a viver responsavelmente sem estar totalmente preocupados com os resultados, dando pela simples alegria de dar, sem apego à maneira como a dádiva é utilizada. O solavanco moral não precisa sequer envolver ação *externa*. Flexionamos nossos músculos morais e reprogramamos o campo mórfico de acordo com cada pensamento de compaixão que pensamos e com cada cenário pacífico que visualizamos mentalmente. Tudo o que conhecemos a respeito de física quântica sugere que os pensamentos são poderosos agentes de manifestação.

Viver de maneira responsável, sem uma necessidade obsessiva de fixar as coisas ou de mudar as pessoas, é um paradoxo real (e também um desafio bastante real). Esse paradoxo dá uma guinada quântica na tomada de decisões morais. Ele nos lembra de que a **moralidade quântica** é, por definição, pluralista. Ela, simplesmente, tem de sê-lo, uma vez que a perspectiva de uma pessoa é sempre limitada. A moralidade quântica reconhece que pode haver mais de uma solução *correta* para qualquer problema, e que, quanto mais certos estamos da nossa posição, maior é a probabilidade da cegueira de nossa situação. No entanto, isso não significa que tudo é moralmente relativo. Num universo intrincadamente interconexo, sempre haverá restrições objetivas. Desse modo, embora os critérios locais para se avaliar o certo e o errado possam ser um tanto pessoais e subjetivos, os critérios globais são muito mais universais e objetivos. "Em última análise, não será bem-sucedido nenhum mundo no qual o comportamento de alguns fira outros, ou no qual o comportamento de todos fira esse processo mais amplo de coerência crescente e ordenada no universo como um todo" (Zohar 1990, 200).

A HABILIDADE EM AÇÃO

A responsabilidade social das empresas é um tópico quente dos negócios. No decurso dos poucos últimos anos, cursos sobre ética ganharam credibilidade nas escolas comerciais, indo do *status* opcional até o obrigatório; além disso, muitas empresas acrescentaram programas de ética nos seus currículos de treinamento na própria empresa. Milhares de organizações desenvolveram declarações a respeito de valores empresariais, e algumas delas até mesmo criaram funções semelhantes à dos *ombudsmen*, cujo papel é o de promover (e de monitorar) o comportamento ético na organização. Além disso, os desafios éticos permanecem, e a complexidade das questões aumenta, movendo-se para além da mera condescendência legal até preocupações sociais muito mais amplas. Problemas árduos a respeito de responsabilidade social estão subindo à tona — questões que vão do pagamento de executivos à sustentabilidade ambiental. A essência de todas essas questões pode ser resumida numa pergunta ampla: "Qual é a responsabilidade de uma atividade comercial para com seus depositários — seus acionistas, funcionários, clientes, comunidade, sociedade e o planeta?"

Quando lutamos com essa questão, podemos começar a entender que o velho paradigma comercial baseado na competição e na sobrevivência do mais apto faz pouco sentido num mundo onde nossa interdependência expande-se diariamente. Nossas ações afetam todas as pessoas que vivem no planeta. E somos afetados pelas ações dessas pessoas. O mundo, como aldeia global, exige que se adote um novo paradigma. Diversos escritores (por exemplo, Harman, Hawkens, Maynard e Mehrtens) salientam o fato de que o comércio, sendo a mais poderosa instituição do planeta, tem a responsabilidade de mostrar o caminho. Maynard e Mehrtens explicam por quê:

> "As outras instituições da sociedade — políticas, educacionais, religiosas, sociais — têm uma capacidade decrescente para oferecer liderança efetiva: seus recursos limitados, seus adeptos fragmentados, sua legitimidade cada vez mais questionada; políticos, acadêmicos, sacerdotes e prosélitos não têm os recursos nem a flexibilidade necessários para elaborar uma resposta eficiente aos múltiplos desafios que estamos defrontando. Os negócios, à revelia, devem começar a assumir responsabilidade pelo todo" (1993, 7).

O chefe executivo da Canon Inc., Ryuzaburo Kaku, é um bem-conhecido proponente do novo papel de responsabilidade social nos negócios. Kaku usa grande parte do seu tempo falando para outros líderes internacionais dos negócios a respeito de *kyosei*. Literalmente, *kyosei* significa "trabalhar conjuntamente para o bem comum".

> "O *kyosei* de Kaku formou uma audiência com membros da Caux Round Table (CRT) (Mesa Redonda de Caux), um encontro realizado duas vezes por ano na Suíça com altos líderes dos negócios, vindos da Europa, do Japão e dos Estados Unidos, preocupados com a economia global. Exatamente no ano passado, o *kyosei* foi adotado pela CRT juntamente com a concepção ocidental de 'dignidade humana' como sendo os dois ideais éticos de fundamento para o seu documento oficial, 'Principles for Business' [Princípios para os Negócios]. Acredita-se que esta seja a primeira declaração ética internacional de aspirações, ou código de conduta, para os negócios" (Skelly 1995, 31).

Dentro da organização Canon, os exemplos de *kyosei* vão do uso da energia solar até a reciclagem de cartuchos de *toner*. A organização Canon também está profundamente comprometida com os direitos humanos. *Canon* é a palavra japonesa para a deusa budista da Misericórdia, e essa organização está comprometida em tratar compassivamente seus funcionários e seus clientes. Kaku acredita firmemente que esse não é apenas o caminho certo para realizar negócios; é também o caminho mais lucrativo.

O **princípio da não-separabilidade** quântica sustenta essa crença. Se tudo no universo está intrincadamente ligado entre si, o que fazemos tem de, finalmente, acabar afetando a nós, aqueles que fazem. Portanto, se queremos prosperidade em nossas organizações (ou em nossas vidas individuais), começamos por dar generosamente. Quanto mais dermos aos nossos depositários, mais receberemos de volta num universo correlato. Nossas assim chamadas escolhas socialmente responsáveis (por exemplo, pagar contas no tempo certo, tratar com respeito os funcionários, os fornecedores e os clientes, cuidar bem dos recursos ambientais) são, na realidade, apenas senso comum. Num universo sincronístico, essas ações são catalisadoras de reações positivas.

Muitas empresas estão descobrindo que é esse o caso. O American Savings Bank, em Irvine, na Califórnia, abriu novas filiais no leste e no centro-sul de Los Angeles, áreas pobres abandonadas por outros bancos. O banco desenvolveu novos padrões para estabelecer empréstimos de baixa renda e fez reparos no seu programa oficial de compensação de empréstimos a fim de encorajar o empréstimo a clientes de baixa renda. Esse não foi apenas um caso de idealismo moral. Os novos empréstimos a essas pessoas que os requisitam comprovaram estar entre os melhores da pasta do banco. Nesses empréstimos para baixa renda, a taxa de atraso nos pagamentos dos empréstimos foi de apenas um terço da dos pagamentos feitos pelos clientes abastados. Fazer o bem e fazer bem não são mutuamente exclusivos, como demonstra a história desse banco.

A Working Assets Long Distance, de San Francisco, é outro negócio socialmente responsável. Essa empresa doa 1% de todas as contas dos clientes a grupos que promovem a edificação da paz, os direitos humanos, a justiça econômica ou a ecologia. Em 1997, contribuições, totalizando mais de três milhões de dólares, foram oferecidas a 40 organizações sem fins lucrativos (mais um adicional de 60.000 dólares para organizações de plantio de árvores). Para cada tonelada de papel utilizado, a empresa planta 17 árvores. A Working Assets publica seus boletins mensais em papel reciclado utilizando tinta não-tóxica produzida a partir da soja. Boletins mensais também são utilizados para alertar os clientes para questões de preocupação corrente. Como resultado dessas comunicações mensais, os clientes da Working Assets passaram a dar milhões de telefonemas e a enviar cartas a pessoas de prestígio responsáveis pela elaboração de planos de ação política (os clientes podem dar quatro telefonemas gratuitos de três minutos por mês para autoridades públicas designadas). As vendas da Working Assets saltaram de 2 milhões de dólares em 1991 para mais de 100 milhões de dólares em 1997. O lucro é visto, basicamente, como um meio para um fim, e esse lucro está disparando para o alto, permitindo a essa organização realizar mais bens.

Pequenas organizações também estão fazendo coisas notáveis. O White Dog Cafe, na Filadélfia, patrocina um programa de aconselhamento para jovens das regiões urbanas. Sua meta é "ser um modelo de como pequenos negócios podem ajudar na transição da escola para o trabalho e possibilitar aos jovens sua participação na revitalização econômica de suas comunidades". Esse restaurante também patrocina uma reunião trimestral, "New Visions for Business Forum" [Novas Visões para o Fórum dos Negócios], e uma viagem anual chamada "Eating With the Enemy" [Comendo com o Inimigo]. Os destinos foram a Nicarágua, o Vietnã, Cuba e a ex-União Soviética. O objetivo é edificar a boa vontade no nível da organização popular, em torno de uma refeição. As ações socialmente responsáveis do White Dog Cafe evoluíram a partir da visão de uma única mulher, a proprietária Judy Wicks. Sua empresa tem apenas 85 funcionários (muitos deles trabalhando meio período), e os rendimentos de 1997 foram de apenas 4,4 milhões de dólares. Pequenas ações populares podem exercer um enorme impacto sobre o todo. Nenhuma organização é pequena demais, ou grande demais, para agir de maneira responsável.

Em Rolla, no Missouri, os funcionários do Phelps County Bank, proprietários desse estabelecimento, também descobriram a responsabilidade social. Pequenos grupos de funcionários, cada qual em um mês designado, realizam "Algum Ato de Bondade". Por exemplo, durante um inverno recente, o grupo de janeiro levou chocolate quente para locais de construção da rodovia, alegrando o dia para as equipes de remoção de neve, e o grupo de fevereiro fez e distribuiu bolinhos num hospital de veteranos da área, visitando os que lá estavam. De acordo com a Karen Dopher, de propriedade dos funcionários, esses grupos proporcionam uma maneira de o banco dar algum "retorno" à comunidade. Compare o Phelps County Bank com uma organização bancária multi-estatal muito maior, que responde aos telefonemas não na seqüência recebida, mas sim de acordo com o tamanho da conta bancária de quem faz o telefonema. Qual dos bancos é mais socialmente responsável? Em qual deles você preferiria colocar o seu dinheiro?

A Ação Quântica ocorre com uma pessoa e com uma escolha de cada vez. À medida que nós todos nos tornarmos pessoas que fazem escolhas conscientemente, influenciamos, por meio do princípio da não-separabilidade, os que nos cercam. Talvez o nosso maior obstáculo consista em dar a nós mesmos permissão para pôr os nossos eus, por inteiro, para funcionar, o que naturalmente inclui nossos valores mais profundos. Pôr os nossos valores para funcionar não significa que agiremos como **cruzados morais**, mas, em vez disso, que agiremos como **exemplos morais**. À medida que modelarmos claramente nossos valores mais altos, outros poderão ter a coragem de viver igualmente os seus. Finalmente, todos nós podemos nos sentir suficientemente seguros para discutir nossos valores e para refletir a respeito do que esses valores significam em sua relação com nossas equipes de trabalho e com nossas organizações.

Num sentido organizacional, quando as pessoas são apoiadas no processo de discutir e de esclarecer os valores, surgem os valores compartilhados. Estes criam um campo de energia que influencia as ações individuais e coletivas. Valores e visão, e não políticas e procedimentos, dirigem o comportamento. Os valores organizacionais são mais influentes quando provêm do coração das pessoas, e não da cabeça dos executivos. No entanto, os líderes podem influenciar o processo. Peter Block apresenta as seguintes sugestões.

> "Encorage toda unidade a iniciar um diálogo a respeito de quais valores são importantes para cada pessoa no presente estágio de sua vida e de como ela pode vivenciá-los mais profundamente em seu local de trabalho. O diálogo é a chave. Aqui, a marca de qualidade da gerência em ação consiste em pedir às pessoas para que falem a respeito do que é importante para elas, e não pedir às pessoas para que apóiem o que é importante para nós. Discutam valores comuns, se devem fazê-lo, mas não os institucionalizem. Uma vez que apareçam no quadro mural, tornam-se dogmas e perdem o seu significado. Se precisamos escrevê-los em todo lugar para nos lembrarmos deles, então, qual é a importância deles?" (1993, 205).

Isso não significa que os valores coletivos não sejam importantes. Significa que um pequeno grupo de pessoas não pode definir os valores para outras. Também significa que a posse de valores não provém da leitura de uma declaração de valores empresariais ou de um código de ética, mas, em vez disso, do processo de esclarecer individualmente o que é importante para mim e o que funciona melhor para nós. À medida que os valores partilhados vêm à luz, eles dão aos indivíduos claros pontos de referência para a tomada de decisões. Cada membro individual age então por vias coerentes com a identidade do todo.

Algumas equipes de trabalho consideram útil realizar **auditorias sobre valores**, reunindo-se periodicamente para refletir a respeito do êxito da equipe na "condução da conversa sobre valores". As histórias contadas são fortes. Os momentos de valores de que a equipe mais se orgulha podem ser celebrados, e as oportunidades perdidas para ações baseadas em valores podem ser revisadas, assegurando que as futuras ações serão mais congruentes em termos de valor. A autora Margaret Wheatley discute freqüentemente o uso militar de revisões após a ação (RAAs) — críticas da equipe a manobras recém-completadas. Auditorias periódicas a respeito de valores cumprem a mesma função. Proporcionam tempo para se refletir sobre o passado e repensar o futuro. Esses processos intensificam nossa percepção consciente de nossas ações. O psiquiatra e autor Scott Peck acredita que a percepção consciente é a pedra angular da civilidade. Peck define a civilidade "como comportamento organizacional motivado conscientemente ... Para se tornarem mais sociáveis, os seres humanos devem se tornar mais conscientes de si mesmos, dos outros e das organizações que os relacionam conjuntamente" (1993, 26).

Há um número cada vez maior de recursos organizacionais para nos apoiar em nossas tentativas de redescobrir a civilidade. Uma dessas organizações de apoio/recursos é a World Business Academy (WBA). A missão da WBA consiste em "educar e apoiar os líderes dos negócios para que assumam responsabilidade por um mundo melhor por meio dos negócios, e para que ajudem a criar esse mundo". A meta da WBA é que os seus membros possam contribuir, por meio dos negócios, para a criação de um futuro sustentável e positivo. Essa organização edita um jornal trimestral, *Perspectives*, e organiza diversas atividades educacionais. Atualmente a WBA está associada com a International Labour Organization (ILO) e com o International Institute for Labor Studies (IILS). Essas organizações estão à frente de uma ampla pesquisa com o objetivo de disseminar anamneses a respeito da responsabilidade social empresarial e do desenvolvimento do potencial humano nos locais de trabalho.

Outra organização de recursos é a Business for Social Responsibility (BSR). A BSR é uma aliança de negócios que se reuniram para abordar os muitos problemas complexos com que se defrontam as atividades comerciais e a sociedade. A BSR desenvolve, apóia, defende e dissemina planos de ação política e práticas em quatro áreas: o local de trabalho, o mercado, a comunidade e o desenvolvimento sustentável. A brochura de *marketing* da organização contém a seguinte observação.

> "Uma empresa não pode mais ser unidimensional. A fim de sobreviver no próximo século, as empresas devem se tornar mais socialmente responsáveis. A BSR está mostrando o caminho para educar a comunidade dos negócios com práticas empresariais responsáveis e bem-sucedidas, e está efetivamente atingindo a mídia, os elaboradores de planos de ação política e o público" (Alan Hassenfeld, Presidente e Diretor Executivo, Hasbro).

Desde a sua fundação, em 1992, a BSR aumentou de 54 empresas para mais de 800, enquanto desenvolvia uma série de redes de negócios locais/regionais de aprendizagem e apoio comprometidas com a responsabilidade social empresarial. Embora a organização não tome posição a respeito de legislação específica, a BSR esteve envolvida em oferecer *input* a elaboradores de planos de ação política em áreas que vão desde a vida em família até questões ambientais.

Ambas as organizações — a Word Business Academy e a Business for Social Responsibility — enfatizam a necessidade de se reformar nossas práticas tradicionais de atribuição de preços/contabilidade. Hawken e McDonough explicam por que isso é tão importante:

> "A economia é ambiental e comercialmente disfuncional porque o mercado não oferece aos consumidores informações adequadas. A economia do 'livre mercado' que amamos tanto é excelente para o estabelecimento de preços, mas é torpe quando se trata de reconhecer os custos. Para que uma sociedade sustentável passe a existir, cada compra deveria refletir o seu custo efetivo, ou pelo menos aproximar-se dele, não apenas o custo direto da produção, mas o custo para o ar, a água e o solo; o custo para as gerações futuras; o custo para a saúde do trabalhador; e o custo da água, da poluição e da toxicidade ... Estabelecido de maneira simples, o atual sistema de mercado está nos proporcionando a informação errada" (1993, 82).

Hazel Henderson, economista bastante conhecida, colunista em vários jornais internacionais e consultora em desenvolvimento sustentável, realizou trabalhos extensos, desenvolvendo novos e mais responsáveis modelos de contabilidade. Henderson (1996) acredita que enquanto as empresas continuarem a "externalizar" os custos sociais e ambientais a partir dos balancetes empresariais, e enquanto as regras de contabilidade permitirem tais práticas, os preços ao consumidor não refletirão os custos reais. Henderson utiliza o termo **economismo** para descrever a suposição tradicional segundo a qual as atividades econômicas ocorrem num vazio, separadas do restante do universo. Ela reconhece que muitas pessoas e organizações não estão realizando ações que nos levarão para além do economismo. Umas poucas empresas preparam balancetes sociais bem como financeiros. E muitas pessoas estão equilibrando sua preocupação com seu próprio bem-estar econômico com a preocupação com os outros e com o planeta. Alguns estão até mesmo deixando carreiras lucrativas para empregar mais tempo a fim de se concentrar em questões de interesse humano.

Na minha cidade natal, Kansas City, dois bem-sucedidos líderes dos negócios demitiram-se recentemente de suas posições empresariais para conseguir um maior impacto sobre o bem comum. Thomas Bloch, Presidente e Diretor Executivo da H&R Bloch, deixou a empresa de sua família para ensinar álgebra numa escola da parte central antiga da cidade, e George Powell III, o Presidente da Yellow Freight, uma das maiores operadoras de transporte de mercadorias por caminhão do país, demitiu-se para procurar mais equilíbrio em sua vida e para dedicar mais tempo a causas filantrópicas. Bloch tinha 41 anos e Powell 47 na época de suas demissões em suas empresas. Os dois homens são modelos de uma nova maneira de ser no local de trabalho e no mundo. À proporção que modelam a responsabilidade social, sua vida e o nosso mundo estão sendo transformados correspondentemente. Margaret Mead expressou isto com propriedade: "Nunca duvide de que um pequeno grupo de pessoas comprometidas e atentas possa mudar o mundo. Na verdade, elas são as únicas que conseguiram fazer isso."

INTEGRAÇÃO DE HABILIDADES

Reflita a respeito do que acabou de ler e do que mais cativou sua imaginação, e use as seguintes atividades para ajudar a reforçar a Habilidade Quântica deste capítulo.

✍ Faça uma representação gráfica do que essa habilidade significa para você e, então, escreva no diário a respeito do significado do seu símbolo.

✍ Anote as concepções-chave relacionadas com este capítulo utilizando um mapa mental não-linear de símbolos e de figuras, bem como de palavras-chave. Comece no centro da página e trabalhe dirigindo-se para fora.*

* Uma amostra de mapa mental e mais experiências e exercícios podem ser encontrados nos Apêndices.

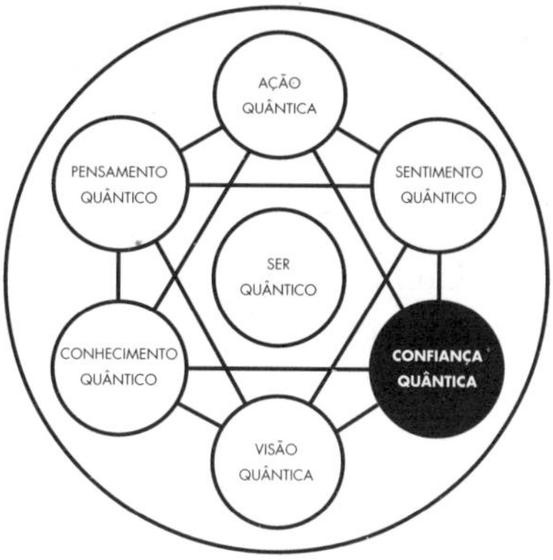

CONFIANÇA QUÂNTICA
A capacidade de confiar na vida.

7
A Ordem é Gratuita

"Portanto, não vos inquieteis com o dia de amanhã, pois o amanhã trará os seus cuidados."

Mateus 6:34

O DESAFIO

Há mais de 2.500 anos, o filósofo grego Heráclito observou que não podemos entrar duas vezes no mesmo rio porque os rios estão mudando constantemente. De fato, a mudança é o princípio operacional básico do universo. Tudo fora de nós, e tudo em nosso interior, está destinado à mudança. Não obstante, nós, em nossa maior parte, resistimos a isso. Se não estamos resistindo à mudança, estamos comumente tentando controlá-la e, a todo custo, evitar-lhe o caos inerente. Essas ações não apenas são fúteis, apenas estão em contradição direta com aquilo que as novas ciências nos contam a respeito do papel do caos no processo de transformação. A teoria do caos demonstra que a desordem é um pré-requisito para a evolução sistêmica. Sem o caos da mudança, a vida estagna e a entropia começa.

O que poderia acontecer se começássemos a ver o caos de maneira mais positiva? Deixaríamos de tentar tão arduamente controlar a mudança e começaríamos a confiar no fato de que a mudança é guiada por um processo ordenador natural — um processo que passa pelo caos no seu caminho e se dirige até níveis de organização cada vez mais elevados? Como optaríamos por viver se realmente acreditássemos que a **ordem é gratuita** — que é um princípio de planejamento básico embutido no próprio tecido do universo? Como nossos locais de trabalho mudariam se renunciássemos a algumas de nossas necessidades de controle, confiando no fato de que todos os sistemas da vida têm potencial para auto-organização?

A NOVA CIÊNCIA

O domínio quântico é um domínio de **perpétuo movimento**. Os fótons mudam de partículas em ondas. Os elétrons saltam de órbita em órbita. A energia se converte em matéria apenas para dissolver-se rapidamente de volta no campo do qual emergiu. Essas mudanças, embora imprevisíveis, não são necessariamente aleatórias. Wheatley explica por quê:

> "Nossa incapacidade para prever ocorrências individuais no nível quântico não é um resultado de desordem inerente. Em vez disso, os resultados que observamos falam de um nível de interconexidade quântica, de uma ordem profunda que estamos apenas começando a sentir. Há uma constante tessitura de relações, de energias que se fundem e mudam, de ondulações constantes que ocorrem no âmbito de um tecido sem costura. Há tanta ordem, que nossas tentativas para separar momentos isolados criam a aparência da desordem" (1992, 20).

Pesquisas realizadas em várias disciplinas científicas demonstram que o universo é, de fato, um sistema auto-organizador — um sistema que está evoluindo para níveis maiores de complexidade e de coerência — um sistema com inteligência codificada em sua própria estrutura —, um sistema onde cada parte está infundida com a ordem implicada do todo. Para onde quer que olhemos, do microcosmos ao cosmos, vemos sinais de auto-organização. No nível microscópico, as bactérias estão continuamente organizando-se em formas de vida sempre mais complexas. No nível cósmico, nosso universo progrediu desde o caos desordenado do Big Bang até uma estrutura complexa de galáxias e de planetas. Nosso próprio planeta, ao longo de um decurso de aproximadamente 4,6 bilhões de anos, evoluiu de uma paisagem estéril, hostil à vida, para um luxuriante e lindo hábitat que sustenta uma ampla variedade de formas de vida. Nós, enquanto seres humanos, somos um exemplo excelente da capacidade da vida para se auto-organizar.

A auto-organização está presente até mesmo em sistemas considerados não-vivos. O biólogo teórico Stuart Kauffman (1995) utilizou lâmpadas elétricas para demonstrar a capacidade auto-organizadora de toda a matéria. Em primeiro lugar, montou uma fiação conjunta para instalar uma rede de 200 lâmpadas elétricas. Cada lâmpada foi então programada para ligar ou desligar com base no comportamento de duas outras lâmpadas. Kauffman tinha como hipótese que essa rede de lâmpadas iria finalmente se estabelecer num padrão específico de lampejos. No entanto, uma vez que o número de estados possíveis de lâmpadas ligadas/desligadas era 10^{30}, Kauffman supôs que fosse demorar um tempo muito longo até que um padrão repetitivo emergisse. A expectativa de Kauffman revelou-se errada:

> "O padrão de organização apareceu instantaneamente. Depois de explorar só treze estados, o sistema de lâmpadas se fixou num padrão repetitivo, ligando e desligando num ciclo repetitivo de quatro configurações. Com um universo de possibilidades para explorar, as lâmpadas se organizaram imediatamente em quatro padrões. Mesmo quando as conexões foram mudadas, ligando-se lâmpadas com duas companheiras diferentes, emergiram padrões com desenhos novos, mas que ainda assim eram padrões. A organização sempre emergiu instantaneamente. Vivemos num universo, afirma Kauffman, onde obtemos uma 'ordem gratuita'" (Wheatley e Kellner-Rogers 1996, 31).

Isso não quer dizer que vivemos num universo rigidamente predeterminado. Em vez disso, vivemos num universo no qual a ordem quer ocorrer. Isso nos leva ao paradoxo da entropia e da evolução. A **segunda lei da termodinâmica** sugere que vivemos num universo desordenado. De acordo com essa lei, nosso universo, à semelhança de um relógio, está desacelerando sua marcha, a desorganização está aumentando e a quantidade de energia utilizável está diminuindo constantemente, dissipando-se em calor (entropia). Essa lei da física clássica do século XIX pinta um triste quadro de um mundo desordenado — um mundo que, literalmente, está se encaminhando para a desintegração total. É óbvio que a segunda lei da termodinâmica exerceu um grande impacto sobre a nossa visão coletiva da maneira como o mundo funciona. Ela pinta a imagem de um mundo incapaz de auto-organização — um mundo que precisa ser controlado.

No entanto, a segunda lei da termodinâmica não conta a história toda. Essa lei aplica-se apenas a sistemas fechados (estáticos), mecânicos. Muitos sistemas abertos (dinâmicos) estão evoluindo espontaneamente para níveis superiores de complexidade e de diversidade. Esses sistemas são **auto-organizadores**. Ilya Prigogine, que recebeu o Prêmio Nobel de Química de 1977, foi o primeiro a diferenciar entre a desordem de sistemas abertos e fechados. Prigogine qualificou a entropia de *caos passivo* e a evolução de *caos ativo*. O caos passivo ocorre quando um sistema fechado atinge o equilíbrio e os seus elementos se movem de um lado para o outro aleatoriamente. O caos ativo ocorre num sistema aberto que se acha num estado de desequilíbrio. Num tal sistema, o caos leva à auto-organização.

Um exemplo freqüentemente utilizado de caos ativo é um processo denominado relógio químico. Para observar esse processo, dois diferentes tipos de moléculas são misturados num recipiente de laboratório. Se, hipoteticamente, atribuirmos cores a essas moléculas, rotulando um dos tipos como vermelho e o outro como azul, esperaremos que elas se distribuam aleatoriamente criando um efeito global violeta (caos passivo). De fato, é isso o que acontece se o sistema permanecer fechado (estático). No entanto, as coisas mudam dramaticamente se o sistema é aberto (por exemplo, se lhe for aplicado calor). Em vez de manter seu estado violeta, a mistura começa a pulsar, aparecendo toda vermelha e em seguida toda azul, à medida que se alterna ritmicamente entre os estados (caos ativo). As moléculas mudam sua identidade química *simultaneamente*, em intervalos de tempo regulares, demonstrando uma notável capacidade para se auto-organizar (Prigogine e Stengers 1984, 13). No entanto, assim que a fonte externa de energia (calor) é retirada, o sistema se fecha e a aleatoriedade retorna. O violeta reaparece. A entropia se estabelece. A ordem só aparece quando o desequilíbrio é introduzido no sistema. O desequilíbrio muda o sistema numa estrutura dissipativa, absorvendo continuamente nova energia e dissipando a energia usada de volta no ambiente.

Sistemas fechados ao *feedback* ambiental não podem se auto-organizar. O *feedback* ambiental é o catalisador que rompe o equilíbrio de um sistema por meio do processo da **iteração**. Esta converte flutuações microscópicas em impactos macroscópicos, "dobrando" repetidamente as informações ambientais de volta sobre o sistema (processo análogo a uma amassadeira de padeiro). O *feedback* e a iteração movem um sistema para pontos de **bifurcação** (ramificação/forquilha) — pontos de mudanças ou alteração significativas.

"Uma bifurcação num sistema é um instante vital em que algo tão pequeno como um único fóton de energia, uma ligeira flutuação na temperatura exterior, uma mudança na densidade, ou o bater de asas de uma borboleta em Hong Kong é avolumado por iteração até um tamanho tão grande, que uma bifurcação é criada e o sistema parte para uma nova direção" (Briggs e Peat 1989, 143).

Pontos de bifurcação são pontos críticos — pontos onde uma pequena flutuação em qualquer parte do sistema pode causar uma mudança radical na direção do sistema. A nova direção do sistema parece o resultado do acaso e da incerteza. No entanto, um número cada vez maior de cientistas acredita que um princípio ordenador invisível está em ação, guiando um sistema através de suas bifurcações. A concepção de David Bohm de partículas subatômicas com **potencial quântico** (Capítulo 5) sugere que o comportamento de um elétron num ponto de bifurcação é influenciado por direções recebidas de uma ordem fundamental (implicada), o campo quântico. Bohm reconhece que esse potencial tem "uma complexidade e uma sutileza infinitas tais que qualquer tentativa de previsão está fora de questão" (Briggs e Peat 1989, 183). No entanto, nossa incapacidade para fazer previsões não significa que as bifurcações de um sistema são totalmente aleatórias. Significa, simplesmente, que não podem ser explicadas.

A concepção de Bohm relativa a um princípio ordenador fundamental, invisível, aplica-se ao mundo microscópico dos fenômenos quânticos. A teoria do caos, baseada na física clássica e aplicável ao mundo macroscópico, contém uma concepção semelhante, a de **atrator estranho**. Este é um termo da linguagem dos computadores utilizado para rastrear a evolução de um sistema caótico. Como prediria a teoria do caos, um sistema computadorizado no caos se comporta de maneira totalmente imprevisível. No entanto, ao longo do tempo, até mesmo os sistemas mais caóticos nunca vão além das fronteiras de certo espaço de fase, a fronteira do atrator estranho (Figura 7.1).

Os atratores estranhos oferecem exemplos visuais de um mundo no qual a estrutura emerge do caos. O caos estruturado é um notável paradoxo. Sugere que vivemos num universo que é, ao mesmo tempo, ordenado e caótico, um mundo que exibe estrutura sem a regularidade do mecanismo de relojoaria — potencialidade sem previsibilidade. A concepção de caos estruturado fornece-nos uma nova visão do mundo, uma visão simultaneamente determinista e probabilística — a escolha criativa operando dentro das fronteiras de um atrator estranho.

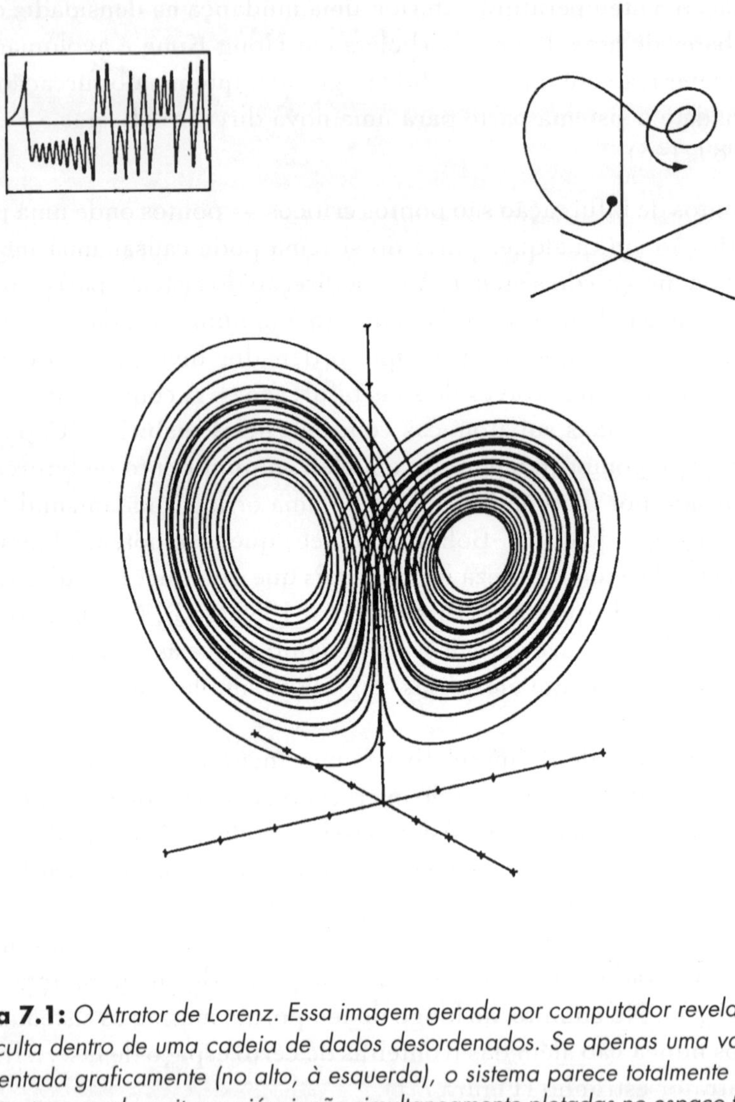

Figura 7.1: *O Atrator de Lorenz. Essa imagem gerada por computador revela a estrutura oculta dentro de uma cadeia de dados desordenados. Se apenas uma variável é representada graficamente (no alto, à esquerda), o sistema parece totalmente caótico. No entanto, quando muitas variáveis são simultaneamente plotadas no espaço tridimensional, começam a emergir padrões. O sistema nunca se repete exatamente e, não obstante, nunca excede certas fronteiras — as fronteiras do atrator estranho. (Extraído de* Chaos: Making a New Science, *por James Gleick, copyright 1987. Reproduzido com a permissão do autor.)*

UMA NOVA PERSPECTIVA

A segunda lei da termodinâmica tem exercido um efeito profundo sobre a nossa visão de mundo coletiva. Devido a essa lei, muitas pessoas acreditam que o mundo está desmoronando; e que cabe a elas tentar parar a espiral descendente da entropia. Naturalmente, essa crença é uma dedução newtoniana lógica. No final das contas, se o mundo é uma grande máquina, alguém tem de operá-la. Conseqüentemente, muitos de nós se sentem como operadores de máquinas — responsáveis pela vida em vez de ser participantes dela. Essa esmagadora sensação de responsabilidade de fixar as coisas (pôr ordem no caos) provoca uma profunda sensação de inadequação. E a inadequação alimenta o medo.

Nossos medos coletivos nos fazem percorrer grandes distâncias numa tentativa de nos proteger. Compramos elaborados sistemas de segurança para nossos lares e nossos automóveis. Investimos pesadamente em saúde e em seguros de vida para os nossos corpos. Selecionamos patrões com base em seus pacotes de benefícios, enquanto estudamos cuidadosamente suas histórias de dispensa temporária e suas políticas de prazo contratual. No trabalho, estabelecemos metas, desenvolvemos planos detalhados e planejamos elaborados sistemas para rastrear e medir os resultados. Queremos nos assegurar de que tudo em nossa vida permanece ordenado e previsível. Queremos evitar a confusão do caos a todo custo. Queremos permanecer no **controle**.

No entanto, a vida é essencialmente incontrolável, e enquanto tentarmos controlar a vida em vez de experimentá-la, estaremos fadados a falhar. A vida sempre tem a última palavra. Nunca podemos controlar o seu desdobramento. No entanto, podemos aprender a apreciar e a trabalhar harmoniosamente com o fluxo natural da vida. À medida que aprendemos a fazer isso, começamos a ver que o caos e a ordem são simplesmente dois lados complementares do mesmo fenômeno miraculoso.

> "Então, qualquer experiência do caos é uma experiência incompleta de um sistema muito maior e mais ordenado, embora, no momento, possamos não ter a perspectiva ou a quietude para reconhecê-lo. Justamente por isso, devemos aceitar o outro lado da moeda, o de que a ordem e a calma de um dado dia é simplesmente um nível de um esquema de eventos desordenados, muito maior e mais indômito. Ao abranger esses dois lados da experiência, deixamos de tentar criar ordem permanente ou de nos erguer sobressaltados diante do caos que, na aparência, é permanente; em vez disso, começamos a prestar atenção nos

padrões turbilhonantes que ascendem e desaparecem diante dos nossos olhos" (Whyte 1994, 247).

À medida que começamos a ver a vida dessa perspectiva mais ampla, relaxamos dentro do seu fluxo e deixamos de oferecer resistência às suas mudanças inevitáveis. O antigo livro chinês de filosofia, o *I Ching* (Livro das Mutações), professa que toda frustração humana origina-se da resistência à mudança. O sofrimento só acontece quando há uma tentativa de se agarrar às velhas formas e impedir que as coisas sigam seus processos naturais de mudança. Agarramo-nos ao passado porque tememos o futuro, e porque nos desagrada a desordem das transições. A ciência do caos nos fornece uma nova perspectiva. Quanto mais entendemos o caos nos sistemas naturais, mais podemos começar a apreciá-lo. Finalmente, poderemos reconhecer no caos o que ele realmente é, o progenitor de níveis novos e superiores de ordem e de coerência.

A palavra chinesa para crise é *wei-ju* (perigo e oportunidade). Na linguagem da teoria do caos, uma crise é um ponto de bifurcação, um ponto de escolha, uma época em que podemos nos reorganizar num nível mais efetivo de funcionamento (evolução) ou sucumbir aos nossos medos, recusando-nos a mexer os calcanhares e tentando manter o *status quo* (entropia). Pontos de bifurcação podem levar à transformação do sistema, mas só ocorrem quando um sistema está experimentando uma desordem. Sem desequilíbrio (caos), permanecemos congelados em velhas estruturas e maneiras de ser. Quando há suficiente desordem vindo à tona, antigas estruturas são liberadas (dissipadas). Novas estruturas são criadas. Ocorre a auto-organização.

Vivemos num mundo em que a ordem quer ocorrer. Wheatley e Kellner-Rogers, em seu livro instigante, *a simpler way*, refletem a respeito do que isso pode significar para nós enquanto participantes humanos.

> "Se a ordem é gratuita, não temos de ser os organizadores. Não temos de planejar o mundo. Tampouco temos de estruturar a existência ... A organização quer acontecer. Poderíamos desistir da nossa crença segundo a qual o mundo está desmoronando, segundo a qual todas as formas de organização são responsabilidade nossa, segundo a qual é uma tarefa difícil e árdua criar algo, ou tornar algo manifesto. Poderíamos desistir da crença segundo a qual nada acontece sem nós" (1996, 35).

Para alguns de nós, essas idéias são profundamente atraentes. Estamos exauridos por nossas tentativas de prever e de controlar.

Suspeitamos de que há *um caminho mais simples*. Olhamos ao nosso redor e vemos que a vida realmente sabe como se organizar. Ela tem feito isso durante milhões de anos. Até mesmo durante épocas de caos, o potencial quântico está em ação, fornecendo direções sutis, sempre mantendo o caos encerrado dentro de limites — os limites do atrator estranho.

A HABILIDADE DA CONFIANÇA QUÂNTICA

A Confiança Quântica é a capacidade para confiar no processo da vida. Essa habilidade nos permite cavalgar as torrentes impetuosas da mudança, participando plenamente da aventura sem tentar controlar o fluxo; profundamente cientes de que é mais fácil dirigir uma balsa na direção em que ela está indo. À medida que utilizamos essa habilidade, começamos a nos concentrar no **mistério** [*mystery*] da vida e não no **domínio** [*mastery*] exercido sobre ela. Tornamo-nos menos propensos a manipular o mundo e mais propensos a apreciá-lo. Deixamos a vida acontecer.

A fim de utilizar essa habilidade, devemos decidir que, de fato, vivemos num universo amistoso. Alguns de nós ainda estão inseguros. Não obstante, na realidade, exibimos continuamente uma grande dose de fé nos processos naturais do universo. Confiamos na gravidade, jamais colocando em questão o fato de que nosso planeta continuará a girar, suspenso no espaço. Confiamos no fato de que nosso coração continuará batendo enquanto dormimos. Não duvidamos de que os bulbos que plantamos no outono florescerão na primavera, ou de que uma glande crescerá num carvalho. Porém, de alguma maneira, malogramos em transferir essa fé nos processos da natureza ao desdobramento de nossas próprias vidas. Quando o conseguimos, milagres semelhantes podem ocorrer.

Às vezes, fico sem fôlego diante dos milagres de minha vida ao longo dos últimos anos. Minha experiência tem sido a de que, quando seguimos em frente com fé, o universo conspira para nos apoiar. Para mim, esse apoio tem ocorrido de maneira bastante concreta, em dinheiro — dinheiro vindo de fontes inusitadas e aparentemente propiciadoras de eventos afortunados. Tudo começou com um reconhecimento de que meus valores centrais (liberdade, criatividade, graça e realização espiritual) eram incongruentes com os valores do meu patrão empresarial. Reflexões posteriores a respeito de missão pessoal, visão e valores levaram-me a esse projeto de escrita.

A decisão de agir com base em meus valores, de construir minha vida diária em torno deles, proporcionou-me muitas experiências notáveis.

No primeiro ano depois do meu êxodo da América empresarial, minha renda caiu em dois terços, porém minha qualidade de vida disparou para o alto. Fui levada ao Brasil sem arcar com despesa alguma. Recebi bolsas de estudos para o Institute for Socially Responsible Business, do Goddard College, e para o C. S. Lewis Institute on Science and Religion, da Universidade de Cambridge, na Inglaterra. Recebi um substancial e inesperado reembolso do imposto. À minha filha de dezoito anos foi concedida uma bolsa para instrução universitária completa numa faculdade particular de sua escolha, e diariamente eu dispunha de tempo para brincar e rezar, para ser criativa, para aprender e para crescer.

A autora/filósofa Jean Houston acredita que esses milagres ocorrem quando nossos eus individuais se fundem com a ordem fundamental (implicada). Adquirimos "limites frágeis" e entramos em ressonância com o sistema maior, passando, desse modo, a contribuir com a criação do todo. Ela escreve:

> "Quando consideramos o fluxo de cooperação entre o universo e nós mesmos, que ocorre em tempos de intensa ressonância (amor, criatividade, experiência unitiva), vemos como é natural e conveniente a transferência de informações de uma dimensão para a seguinte. Subitamente, o livro cai aberto justamente na página exata. O telefone toca e, vinda de "lugar algum", a pessoa com quem você precisava entrar em contato está do outro lado da linha. O 'holoverso' dança para o seu benefício por vias ordinárias e extraordinárias" (1982, 194-95).

Nesse estado de alta conexidade, sabemos o que fazer, quando fazer e como ter acesso aos recursos necessários. Tornamo-nos fazedores de milagres e finalmente descobrimos que a vida é uma linda "instalação" destinada a sustentar perfeitamente nosso crescimento e nosso desenvolvimento. Todas as nossas experiências começam a fazer sentido, embora às vezes apenas retrospectivamente. Joseph Campbell refere-se a um ensaio do filósofo alemão Arthur Schopenhauer, que defende essa perspectiva:

> "Em seu esplêndido ensaio denominado 'Sobre uma Intenção Aparente no Destino do Indivíduo', Schopenhauer assinala que, quando você atinge uma idade avançada e olha para trás, para a sua vida, pode parecer-lhe que ela teve uma ordem e um plano coerentes, como se fosse composta por algum romancista. Fatos que, quando ocorreram, lhe pareceram acidentais e de pequena

importância revelaram-se fatores indispensáveis na composição de uma trama coerente. Portanto, quem compôs essa trama? Schopenhauer sugere que, assim como seus sonhos são compostos por um aspecto de você mesmo do qual sua consciência não está ciente, da mesma maneira toda a sua vida é composta pela vontade que existe dentro de você. E assim como as pessoas que você encontrou, aparentemente por mero acaso, tornaram-se agentes fundamentais na estruturação da sua vida, da mesma maneira você serviu, inconscientemente, como agente, dando significado à vida de outras pessoas. A coisa toda se engrena conjuntamente como uma grande sinfonia, onde tudo estrutura inconscientemente tudo o mais. E Schopenhauer conclui que é como se nossa vida fosse as características de um grande sonho de um único sonhador, sonho no qual todas as personagens também sonham; de modo que tudo se liga a tudo o mais, movido pela vontade única da vida que é a vontade universal na natureza" (1988, 229).

No final desse filme comovente que é *Forrest Gump*, Forrest, de pé junto ao túmulo de sua mulher Jenny, comenta: "Realmente, não sei se nossa vida está baseada no destino ou se se parece mais com uma pena levada pelo vento, mas creio que é um pouco de cada." Livre-arbítrio e determinismo: de algum modo, temos ambos os caminhos. Sua interação cria um universo dinâmico, um universo no qual estamos constantemente criando conjuntamente nossa realidade no âmbito das fronteiras do "grande sonho de um único sonhador" — seja este quem for.

O DESENVOLVIMENTO DA HABILIDADE

Tem sido muito difícil para mim aprender a confiar no processo de minha vida, deixá-la desdobrar-se sem tentar estar sempre no controle. Como muitos de vocês, cresci num lar onde a tensão, com freqüência, estava presente. Minha ansiedade, amiúde, era alta. Eu a controlava por meio da ordem. O domínio do meu mundo exterior distraiu-me da ansiedade do meu mundo interior. Desse modo, tornei-me a aluna perfeita, a filha obediente, a típica criança adulta. Eu era a primeira da classe e voltava para casa como rainha. Tinha grandes planos para a minha vida. Queria um casamento satisfatório e uma carreira emocionante. Queria dois filhos, um menino e uma menina (nesta ordem), e queria fazer meu doutorado e viajar pela Europa antes de completar 30 anos. Na maior parte, consegui o que queria por meio da simples determinação e de muito trabalho duro. Então, como muitas pessoas impelidas pela vontade, eu me "espatifei" ao chegar à meia-idade. Simplesmente, perdi o pique. Literalmente falando, dei um basta em tudo (exceto nas crianças). Terminei com um casamento de 20 anos e desisti de uma carreira empresarial bem-remunerada. Comecei a deixar de lado o planejamento e a orquestração e me pus a trabalhar com a habilidade da Confiança Quântica. Foi realmente uma época muito interessante. Às vezes, o medo era pavoroso; às vezes, a liberdade era gloriosa.

Quando resolvi escrever este livro, sabia que ele tinha de ser feito de uma maneira diferente de qualquer projeto que eu já fizera antes — sem um plano. Desse modo, comecei sem proposta de um livro, sem datas-alvo, sem horários estabelecidos para escrever, sem estratégia clara a respeito da maneira de proceder. Em vez disso, simplesmente deixei o livro desdobrar-se de acordo com sua própria ordem implicada. Oh, houve ocasiões em que tropecei e estabeleci um propósito, tal como este: "Completarei dois capítulos em setembro." Bem, setembro chegou e com ele a gripe. Então, minha preciosa avó de 97 anos caiu, quebrando a bacia, e, subseqüentemente, transferindo-se do seu lar, onde vivera durante meio século, para uma clínica de repouso. Pelo fato de a ligação do corpo e da mente ser como é, apanhei a gripe uma segunda vez, então muito mais forte. Outubro chegou, e nem um capítulo tinha sido escrito, quanto mais dois. Para mim, o progresso estava na minha reação. Havia pouca frustração e nenhuma recriminação. Estou aprendendo a confiar no processo da vida, pelo menos durante parte do tempo.

Creio profundamente que vivemos num universo ordenado. Meu desafio consiste em pôr o meu ego e os seus medos fora do caminho do processo auto-organizador da vida. Sei também que a ordem nem sempre permanece ordenada. O pêndulo da ordem perfeita balança através do caos à medida que oscila para a frente e para trás. Agora, eu valorizo o caos. Reconheço que é um pré-requisito para o crescimento. Ele fornece o movimento, a energia para romper velhos padrões. O caos da doença e da incapacitação de minha avó é o prelúdio para sua graduação em qualquer nova dimensão que a espere depois da vida na Terra. O caos e a incapacitação de minha luta com a gripe proporcionou-me muito tempo de reflexão necessária. Embora eu não tivesse escrito uma só página nesse setembro, recebi muitas idéias ótimas com críticas construtivas para o meu próprio desenvolvimento.

O caos introduz o desequilíbrio necessário para a mudança. O caos nos leva a **pontos de bifurcação** — encruzilhadas no caminho da vida, lugares onde podemos fazer uma nova escolha. Podemos tomar o caminho seguro, pavimentado com cautela e controle, ou podemos escolher o caminho da fé. Um caminho leva à **entropia**, outro à **evolução**. Como podemos aprender a escolher o caminho da fé? Em primeiro lugar, ficamos amigos do medo. Abrimos as portas dos nossos corações e o deixamos entrar, olhando para o nosso medo diretamente nos olhos e, se possível, rindo para ele. No final das contas, em sua maior parte, os nossos medos são tão reais quanto o bicho-papão.

Richard Bach nos conta uma história em *Illusions: The Adventures of a Reluctant Messiah* (1977) que demonstra justamente como são desnecessários muitos dos nossos medos. Nessa história, pequenas criaturas agarram-se ao que podem no fundo de um rio, amedrontadas, constantemente puxadas pela corrente, usando toda a sua energia para resistir ao fluxo, temendo que, se se deixarem arrastar, serão arremessadas contra as pedras e morrerão. Finalmente, exaurida, uma das criaturas se solta, e com surpresa descobre que era sustentada sem esforço por aquilo que antes a aterrorizava.

Essa é uma metáfora importante para a minha vida. Grande parte da energia que despendi baseava-se no medo e era, em retrospecto, totalmente desnecessária. Por exemplo, meu maior receio a respeito de deixar que este livro fosse sendo escrito sem um plano detalhado foi o de que ele nunca se completasse. Numa tentativa de travar amizade com esse medo, fiz a mim mesma estas perguntas:

1. Escrever um livro ajuda nos objetivos de minha vida como comumente eu os entendo? (Sim)
2. Quero realmente escrever este livro? (Sim)
3. Tenho uma história na qual não consegui levar a efeito minhas intenções? (Não)
4. Quero um produto de qualidade? (Sim)
5. Quero uma escrita com qualidade de sabedoria, que provavelmente seria o melhor, uma escrita estruturada ou uma escrita espontânea? (ESPONTÂNEA!)

Refletir sobre essas perguntas me fez encarar diretamente os meus medos e liberá-los. Operacionalmente, o que isso significava era que cada vez em que eu estava me sentindo frustrada, confusa ou estressada, permitia a mim mesma parar de escrever. Também significava que eu não me propunha prazos nem metas para o término. Às vezes, eu planejava reservar um dia ou dois para escrever, mas se a energia para isso não estivesse presente, fazia outra coisa.

Não tem sido fácil para mim interromper meus hábitos orientados para uma meta. Com freqüência, meu ego, com seus medos, quis que eu continuasse trabalhando, mesmo quando eu não me dirigia para lugar nenhum. Nessas ocasiões, eu me voltava para o meu interior, ligava-me com uma inteligência superior, ganhava perspectiva e libertava-me de minhas necessidades urgentes de controlar o processo. **Catastrofizar** também ajuda. Quando trabalhava neste livro, freqüentemente indagava a mim mesma: "Qual é a pior coisa que poderia acontecer se eu deixasse de ter controle sobre este projeto e, portanto, deixasse de completar o livro?" A única resposta verdadeira era: "Nada." Oh, meu ego gritava: perda de auto-estima, embaraço, impacto negativo sobre a carreira, mas o meu Eu superior sabia que mesmo que o livro não fosse completado não seria tudo em vão. O processo de escrita ainda teria sido uma experiência transformadora da vida.

O processo de catastrofizar ajuda-me a ver que não há realmente catástrofes. Richard Bach sugere que a marca da nossa ignorância é a profundidade da nossa crença na injustiça e na tragédia. Ele utiliza a lagarta como exemplo, lembrando-nos de que aquilo que a lagarta chama de fim do mundo, a borboleta chama de princípio (1977, 177). Infelizmente, até que possamos ver hoje o amanhã, permaneceremos cegos àquilo que está realmente acontecendo no momento. No entanto, podemos confiar no fato de que as nossas vidas se acham tão plenas de potencial como a da lagarta.

Quando nossa capacidade para confiar na vida aumenta, nossas intenções começam a mudar. Tornamo-nos muito menos preocupados com o planejamento da nossa vida individual e muito mais preocupados com harmonizar essa vida com o todo mais amplo. Carol Osborn escreve: "Ao confiar no fato de que forças muito maiores do que você estão em ação na sua vida, você desistirá da exigência pelo resultado que você pensa que quer e aprenderá a apreciar qualquer coisa de que lance mão. Isso é liberdade verdadeira" (1992, 139). Isso não significa que desistimos da intenção. Em vez disso, significa que desistimos de nosso apego a certos resultados. Permanecemos apaixonados a respeito da viagem, mas desprendidos do destino dessa viagem. Elevamos nossas intenções até um nível mais elevado, e dizemos para qualquer que seja o poder ou princípio que está organizando o universo: "Seja feita a vossa vontade." Peter Block comenta:

> "*Capitular* nunca foi verbo do meu agrado. Sempre pensei que tivesse apenas um significado, o de perder e ser derrotado. Há também um significado espiritual para a palavra. Capitular é aceitar que há um ritmo de aumento e diminuição para os acontecimentos e confiar em que boas coisas podem acontecer sem que tenhamos necessidade de controlá-las" (1993, 76).

De fato, temos de estar dispostos a desistir do controle se queremos crescer. Temos de estar dispostos a ingressar no caos da incerteza. Temos de aprender a tolerar a **confusão** sem ficar atolados na **falta de significado**. Temos de aprender a viver perguntando, sabendo que tão logo encontremos respostas, estas provavelmente mudarão. Isso não significa que simplesmente entregamos o controle de nossa vida ao destino, mas de preferência que deixamos de intervir constantemente no processo da vida. Em vez disso, ouvimos o que está aflorando, confiamos no fato de que a vida sabe como evoluir. Isso nos leva a outro paradoxo. Podemos "capitular", podemos deixar que a vida aconteça só até o ponto em que desenvolvemos um forte sentido do eu. Se estamos incertos quanto a nossa identidade, nos apegaremos tenazmente ao conhecido. Se temos confiança em quem somos, estamos mais dispostos a ingressar no abismo da mudança, confiando em que sairemos do outro lado com nosso sentido de eu ainda intacto.

Quando usamos a habilidade da Confiança Quântica, começamos a aceitar o fluxo natural da vida. Deixamos de nos concentrar em demasia no futuro e mergulhamos mais plenamente no agora. Ao fazê-lo, vivenciamos a dádiva da serenidade. Nossos medos se dissipam e nossa energia "voa alto". Isso não significa que não haja desafios (caos) em nossa vida. Vivemos num universo cíclico. O pêndulo da mudança está sempre balançando, mas nos desprendemos do drama da corrida. Os picos e vales tornam-se menos perceptíveis. Confiamos no processo da vida.

PRÁTICAS PARA O LOCAL DE TRABALHO

Num artigo recente no *Business Week* intitulado "Letting Go Is Hard to Do" [Desapegar-se é Difícil] havia uma ilustração com a seguinte legenda: "Olá, sou Bob. Sou viciado em poder." Tive várias reações — era engraçado, era triste, era verdadeiro. Muitos de nós são viciados em poder e em controle. Não apenas o controle de outras pessoas, mas também de cada aspecto da nossa vida. Temos telefones celulares no automóvel e *pagers* no bolso. Ficamos atentos aos nossos planejadores diários com vigilância compulsória, planejando nossa vida a cada quinze minutos. Temos planos semanais, planos mensais, planos trimestrais, planos de projetos, planos anuais e planos estratégicos. Malogramos em levar em consideração o caos. Quando ele chega, nós, simbolicamente, tentamos apanhar uma arma e atirar, em vez de bater palmas em ávida antecipação das oportunidades de transformação que o caos pode proporcionar.

Se as organizações fossem máquinas, todo esse planejamento e esse controle poderiam fazer sentido (Tabela 7.1). No entanto, as organizações são sistemas vivos. Procurar impor controle não é só algo fútil, mas também suicida. Sistemas vivos prosperam na desordem. Requerem desequilíbrio. Evoluem através do caos. Não obstante, à medida que nos aproximamos do século XXI, muitas das nossas organizações ainda lutam para manter o equilíbrio. Quando a mudança é necessária, ela é cuidadosamente gerenciada, numa tentativa de minimizar as perturbações e as flutuações. Essa abordagem malogra em reconhecer que o caos é a fonte da criatividade e que o crescimento provém do desequilíbrio e não da ordem.

Além disso, toda a idéia de controlar a mudança se baseia no princípio mecanicista segundo o qual a mudança é acionada externamente, algo feito a uma organização em vez de algo criado por ela. O subproduto de mudanças externamente motivadas (por consultoria ou gerenciamento) é a **resistência**. Líderes vão até muito longe a fim de minimizar ou de eliminar as reações que dificultam as mudanças, presentes nos que eles próprios estão tentando mudar, e ignorando o óbvio — as pessoas não resistem àquilo que criam.

Num sistema auto-organizador, a mudança emerge a partir de dentro do sistema. Não é algo **planejado**. É **descoberto**. Em vez de ser uma instalação de novos processos ou estruturas acionada a partir de fora, a mudança organizacional espontânea evolui a partir de interações dentro do sistema e entre o sistema e seu ambiente. De fato, a auto-organização depende dessas interações. A evolução ocorre apenas em sistemas abertos — sistemas que estão continuamente trocando energia (informação) com seus ambientes. Conversas a portas fechadas, dados financeiros mantidos secretos, processos de planejamento estratégicos exclusivos ou qualquer outro bloqueio de fluxo de informações interrompem a capacidade que um sistema tem para organizar a si mesmo.

Não obstante, de acordo com um levantamento realizado em 1997 entre 9.100 funcionários pela Marlin Company, uma empresa de desenvolvimento de produtos de comunicação para os locais de trabalho, apenas 38% dos participantes do levantamento disseram que tinham acesso a todas as informações necessárias para realizar bem o seu trabalho. "Além disso, apenas 35% dos trabalhadores descreviam como favorável o nível de confiança entre a administração sênior e os funcionários, e apenas 36% disseram que suas empresas solicitam ativamente as opiniões dos funcionários" (Jackson 1997, B-6).

Tabela 7.1: *Duas visões organizacionais*

Visão mecanicista *Organizações são:*	*Visão sistêmica* *Organizações são:*
1. Muito semelhantes a uma máquina; máquinas são construídas com partes padronizadas; portanto, são orientadas com base na estrutura.	1. Organismos vivos, nos quais não há duas partes idênticas; portanto, são orientadas com base no processo.
2. Estáticas, estáveis, passivas, inertes.	2. Dinâmicas, em contínua mudança.
3. Previsíveis; funcionam de acordo com uma cadeia linear de causa e efeito; rupturas são facilmente identificáveis.	3. Imprevisíveis; funcionam de acordo com padrões cíclicos de informações (laços de *feedback*); rupturas são causadas pela interação de múltiplos fatores.
4. Externamente controladas; é exigida estreita observação.	4. Auto-organizadoras; a ordem é criada internamente; é exigida autonomia.
5. São mais bem-entendidas se forem reduzidas às suas partes mais simples; as partes determinam o todo.	5. São mais bem-entendidas observando-se o todo; o todo determina as partes.
6. Sistemas fechados; procedem em direção à entropia; obedecem à segunda lei da termodinâmica.	6. Sistemas abertos; interagem continuamente com o ambiente; evoluem em direção a níveis cada vez mais elevados de ordem e de complexidade; renovam-se e transcendem a si mesmos.

Uma história no meu passado exemplifica a maneira como essas estatísticas exercem impacto sobre o sucesso de iniciativas de mudança organizacional bem-intencionada. Mais ou menos na ocasião em que essa história ocorreu, eu trabalhava para uma organização que passava por verdadeiras "dores de parto" no que tange a mudanças culturais importantes. A equipe de administração sênior estava firmemente comprometida a mudar de uma estrutura tradicional, de gerenciamento hierarquizado, para o que nós chamamos de "gerenciamento estilo relaxamento". Eu estava "vibrando" por me encontrar finalmente trabalhando para uma empresa cujos valores organizacionais combinavam tão bem com meus próprios valores.

No entanto, logo descobri que o processo de mudança cultural não estava funcionando adequadamente. A decisão de se passar de uma estrutura centralizada para uma descentralizada vinha do topo. Embora a intenção tivesse qualidade genuinamente alta — atribuir poder às unidades comerciais locais —, o processo era defeituoso. Havia pouca compra de estoques no nível local. Os sistemas de comunicação simplesmente não estavam em ordem, tanto para a venda como para o sustento da autonomia recém-*outorgada*. Poucas pessoas fora do gerenciamento sênior entendiam o plano do jogo. Os que o entendiam desconfiavam dele. Não havia necessidade sentida, não havia visão amplamente partilhada. O plano finalmente falhou.

Esse processo muito doloroso me ensinou bastante a respeito de mudança organizacional. Convenceu-me de que o poder não pode ser conferido; só pode ser reivindicado. A aquisição de poder emerge do interior de um sistema, e não o faz até que os membros do sistema estabeleçam um alto nível de confiança mútua, como é evidenciado pelo acesso às informações e pelo envolvimento amplamente difundido nos processos de tomada de decisões. Em tal organização, surge uma identidade partilhada. Esta fornece um ponto de referência para a tomada de decisões, permitindo a todas as partes da organização agirem de maneira coerente. Visão e valores, e não políticas e procedimentos, estabelecem os parâmetros em cujo âmbito a mudança ocorre.

O desafio, para os membros da organização, consiste em definir um objetivo partilhado e, em seguida, se organizar por vias que façam sentido para cada grupo depositário. Isso requer uma enorme confiança. Exige uma fé profunda no princípio da ordem emergente, e, na análise final, requer de nós que desistamos de nossa mentalidade do tipo **único caminho correto**. Se a auto-organização deve ocorrer, é necessária a tolerância ao erro. É por meio da experimentação que os sistemas são capazes de dar o salto quântico do caos para a ordem.

Infelizmente, muitas das nossas organizações ainda têm uma tolerância muito baixa para os erros. Iniciativas de reengenharia e processos de controle de qualidade estatística são planejados para eliminar erros. Têm por premissa fazer as coisas *certas* e fazê-las de maneira *certa*. Seu enfoque está na simplificação e na padronização. Seu propósito é controlar as partes a fim de assegurar mais o funcionamento do todo. Isso faz sentido a partir de uma perspectiva lógica, linear, racional. É como as coisas funcionam num mundo mecanicista. No entanto, as organizações não são máquinas e não há nada lógico ou linear a respeito da maneira como operam. Zohar e Marshall discutem o **Teorema de von Foerster**, que foi formulado para descrever o comportamento de sistemas que têm um livre intercâmbio de informações entre as partes. Eles comentam:

> "Para nossa imaginação mecanicisticamente condicionada, o teorema parece ir contra o senso comum. Ele argumenta que, se um elemento de um sistema é rigidamente determinado, rigidamente fixado no lugar, esse elemento perde sua relação com o todo. Ele se torna isolado, ou 'alienado'. Inversamente, diz o teorema, quanto menos fixo ou quanto mais incerto for o comportamento de qualquer elemento de um sistema, maior será sua influência sobre o sistema como um todo. Nossas intuições mecanicistas vão no sentido contrário. Nosso impulso é o de que a totalidade de um sistema será mais bem-determinada se 'pregarmos' suas partes no lugar" (1994, 117).

Tornamo-nos mestres em "pregar as partes no lugar". Aperfeiçoamos a ciência da medição. Alguns de nós até mesmo acreditam que se algo não pode ser medido não tem valor (ou não existe). Wheatley e Kellner-Rogers discutem as limitações inerentes a essa crença. Eles escrevem:

> "Coletamos informações a partir de medições que nos dizem como estamos fazendo — se estamos correspondendo às exigências, se estamos satisfazendo nossos objetivos. Porém, essas medidas nos aprisionam na aprendizagem a respeito de apenas um mundo predeterminado. Elas mantêm desviada nossa atenção para que não questionemos nossa experiência de uma maneira que poderia criar maiores possibilidades. Elas não nos pedem para questionar por que estamos fazendo o que estamos fazendo. Não nos pedem para notar que aprendizado está disponível a partir de todas essas coisas que decidimos não medir. Há uma importante humildade associada com a tentativa de dirigir nossas atividades estabelecendo metas ou medidas. Todo ato de observação perde mais informações do que ganha. Qualquer coisa que decidimos notar nos cega para outras possibilidades. Ao dirigir nossa atenção para certas coisas, perdemos a percepção de tudo o mais. Fazemos o mundo das possibilidades entrar em colapso numa estreita faixa de observação" (1996, 26).

Não obstante, a maior parte dentre nós, na maioria das nossas organizações, continua a se concentrar na medição do que *existe*, em vez de tentar descobrir o que *poderia existir*. Preferimos a ilusão do controle à dança da criatividade. Em conseqüência disso, continuamos a desenvolver planos detalhados para posicionar nossos produtos e dominar nossos mercados; e tentamos executar esses planos por meio de comandos concisos. Mantemos estreito controle do processo, determinados a evitar a confusão do caos. No entanto, tal controle é exaustivo. Ele nos mantém sempre vigilantes. E, finalmente, nos esgota.

Alguns de nós estão preparados para confrontar nossas necessidades de previsibilidade e de controle. Ansiamos por um caminho mais simples. Eu, por minha parte, quero desistir de minha necessidade de **fazer** com que as coisas aconteçam e aprender a **deixar** que a vida se desdobre. Quero fazer o meu trabalho (de consultoria e de ensinamento) não como uma especialista mas como uma parceira, dando apoio aos meus clientes e alunos em suas danças particulares com a vida. Margaret Wheatley expressa esse anseio de maneira muito mais poética. Ela escreve:

> "Quero me mover num universo no qual tenho tanta confiança, que desisto de fazer o papel de Deus. Quero parar de manter as coisas juntas. Quero vivenciar uma segurança tal que a concepção de 'permitir' — confiar no fato de que as formas apropriadas podem vir à luz — deixa de ser assustadora. Quero abandonar minha preocupação pelo universo e me tornar um membro participante, com todos com quem trabalho, numa organização que se move graciosamente com o seu ambiente, confiando na dança da ordem em desdobramento" (1992, 23).

No entanto, estabelecer essa intenção não significa que novos comportamentos seguir-se-ão de maneira automática. Isso ficou especialmente evidente para mim quando participei de um processo de grande grupo no qual os membros tentaram deslocar uma organização profissional desde suas raízes hierárquicas até uma estrutura de governo mais democrática. O anseio por mudança estava claramente presente. Pretendia-se a auto-organização. No entanto, os comportamentos dos membros não correspondiam às intenções. Os egos subiram à tona. Desencadearam-se lutas pelo poder. Irrompeu o caos e, como acontece freqüentemente, esse grupo retirou-se para a ordem, criando prematuramente uma estrutura, em vez de deixar o caos operar sua magia transformadora mais profunda. Nenhuma mudança significativa ocorreu. Subseqüentemente, no encontro anual do ano seguinte, as mesmas questões vieram de novo à baila. O medo do caos manteve o *status quo*.

Meus alunos de Mestrado em Administração Comercial são freqüentes lembretes da profundidade do nosso mal-estar coletivo com o caos. Eles quase sempre preferem uma estrutura conduzida pelo professor em vez da tensão produzida pela tomada de decisões grupal. As piores avaliações de curso que já recebi resultaram de minha solicitação para um grupo de estudos de Comportamento Organizacional que deveria decidir em conjunto a natureza do trabalho para a primeira metade do curso e o exame final. Irrompeu o caos, e a maioria dos estudantes nessa classe achou que eu estava abdicando de minha responsabilidade profissional. Peter Block, escrevendo a respeito do patriarcado, descreve o dilema.

> "No entanto, o que é intrigante é o fato de que, embora vejamos os custos do patriarcado, e gastemos metade da vida criticando as pessoas que estão acima de nós na hierarquia, ainda assim pensamos que a liderança é necessária para se organizar os esforços e fazer o trabalho. Nossas queixas geralmente não são a respeito das fraquezas do patriarcado como sistema de governo, mas sim a respeito do fato de acreditarmos que precisamos de um patriarcado melhor" (1993, 26).

Nossa aversão pelo caos está profundamente arraigada em nossas psiques individuais e organizacionais. Isso faz com que troquemos liberdade por segurança e aventura por previsibilidade. Se devemos criar o que Dee Hock, o fundador do VISA internacional, chama de organizações **caórdicas** [*chaordic*], organizações que valorizam tanto o caos como a ordem, precisamos exorcizar nossos demônios internos do medo e da dependência e aprender a apreciar os aspectos criativos do caos. Conferências em espaço aberto constituem um excelente exemplo de uma prática organizacional caórdica. Em tal reunião, as pessoas com um propósito partilhado reúnem-se para explorar novas idéias. Não há nenhuma agenda de conferências. Nenhum orador ou apresentador está contratado. Tudo se desdobra de acordo com os princípios básicos da auto-organização. E funciona!

Harrison Owen, criador da Open Space Technology, comenta:

> "A Open Space Technology é, no mínimo, uma nova maneira de sustentar reuniões melhores. A experiência normativa é a de que grupos, grandes e pequenos (de cinco a mil membros), auto-organizam-se para lidar efetivamente com questões imensamente complexas num tempo muito curto. A facilitação evidente é mínima ou inexistente, e o pré-planejamento, até onde isso diz respeito à agenda, nunca acontece" (1997, 1).

Owen esteve utilizando essa metodologia durante mais de dez anos. Utilizou a Open Space Technology não apenas para planejar conferências, mas também para planejar muitas outras iniciativas de desenvolvimento organizacional (por exemplo, planejamento estratégico, resolução de conflitos e desenvolvimento de produtos). Em reuniões da Open Space, os participantes são convidados a enumerar em papel quadriculado os tópicos da sessão (relacionados com o tema da reunião) que eles estariam inclinados a facilitar. A paixão pelo tópico e a boa-vontade em se responsabilizar por uma discussão são as únicas exigências. Participantes que voluntariamente facilitam uma sessão afixam seu tópico na parede, atribuindo a ele um tempo e um espaço, selecionando uma ranhura de espaço/tempo a partir de um grande painel matricial. Cada participante da conferência, então, "vota com os pés". Em outras palavras, cada participante decide informalmente a que grupos se juntar e, em seguida, se apresenta na sala designada e no momento afixado.

Tudo funciona sem nenhum planejamento antecipado nem especialistas identificados previamente, utilizando-se apenas uma assim chamada *lei* e quatro princípios básicos. Essa lei, "A Lei dos Dois Pés", desafia os participantes a assumir plena responsabilidade pelas suas experiências. "*Se, em qualquer tempo, você não está nem contribuindo nem aprendendo, use os dois pés*. Você é um prisioneiro do tédio se você mesmo escolher isso. Ninguém é responsável por você exceto você mesmo" (Owen 1997, 32). Os quatro princípios operacionais básicos (suposições básicas) do Open Space são listados abaixo:

1. Quem quer que chegue é a pessoa certa.
2. O que quer que aconteça é a única coisa que poderia ter acontecido.
3. Quando quer que comece é o tempo certo.
4. Quando tiver acabado, acabou.

Se você acha que esse processo parece muito desorganizado, talvez até mesmo caótico, você está certo. Mas os resultados são impressionantes. Os participantes não só gostam muito mais do planejamento do que das reuniões/conferências mais tradicionalmente estruturadas, como também daí emergem mais inovações, mais paixão e maior responsabilidade. Owen, em *Expanding Our Now: The Story of Open Space Technology,* relata muitas histórias de sucesso da Open Space, que vão do projeto do pavilhão da AT&T Global Village para as Olimpíadas de 96 até o replanejamento da tecnologia de fabricação de portas para a Boeing.

A Open Space Technology é apenas um exemplo de uma prática organizacional caórdica. Quando nós, individual e coletivamente, começarmos a utilizar a habilidade da Confiança Quântica, um número muito maior de exemplos de práticas auto-organizadoras emergirá. A fim de nos preparar para esses novos ambientes de trabalho caórdico, poderemos nos desafiar para contemplar como o local de trabalho poderia mudar se pudéssemos fazer o seguinte:

1. Livrar-nos de nossa necessidade de padronização, e aprender a apreciar a diversidade.
2. Livrar-nos de nossa necessidade de perfeição, e criar ambientes de trabalho tolerantes ao erro.
3. Livrar-nos de nossa necessidade de estabilidade, e criar unidades de trabalho de estrutura aberta nos quais a participação como membros e como líderes está constantemente mudando a fim de satisfazer a tarefa que temos à mão.
4. Livrar-nos de nossa necessidade de controles estruturais, e utilizar a visão e os valores para criar consistência organizacional.
5. Livrar-nos de nossa necessidade de ordem, e permitir que o caos opere sua magia transformadora.
6. Livrar-nos de nossa necessidade de poder e de controle, e aprender a partilhar amplamente das informações.

Essas mudanças não são apenas diametralmente opostas àquilo que a maioria das organizações pretende — padronização, estabilidade, poder, previsão e controle — mas são também diametralmente opostas a muitos dos nossos hábitos e crenças individuais. Seguir pela estrada menos trafegada exige intenção clara, compromisso vigoroso e prática diária. Devemos estar dispostos a ingressar no abismo caótico. Estou trabalhando com uma empresa-cliente cujo presidente quer mudar de uma organização tradicional acionada pela estrutura para uma empresa acionada por valores. Ele quer se livrar de parte do controle que exerce. Quer que as unidades locais sejam dotadas de mais poder, mas quer um plano detalhado para a maneira como isso deve ser realizado. Sugeri que promovêssemos um forte sentido de identidade (criar visões e valores claros) e deixássemos que o processo de mudança cultural se desdobrasse. Freqüentemente, ele me dá um "você perdeu o olhar de sua mente". Isso desencadeia minhas próprias questões sobre controle. Faz-me querer dar a ele uma mudança de plano, a fim de que ele "goste" do meu trabalho e, o que é mais importante, a fim de que pense que está valorizando o seu dinheiro. Foi preciso que eu me entregasse a muitas conversas comigo mesma para não ser puxada de volta para os antigos padrões de consultoria e de controle. Exige tempo de reflexão diária, tempo gasto para me religar com aquela parte de mim mesma que sabe a ordem gratuita. Exige uma enorme confiança por parte do presidente. Há uma tensão contínua entre seu anseio de liberar e sua necessidade de controlar.

Falamos bastante a respeito dessa incongruência e viajamos, dando pequenos passos em direção a um novo caminho.

Esse presidente, há pouco tempo, encarregou uma equipe de funcionários para reformular o projeto do sistema de desempenho de gerenciamento/compensação da empresa. A equipe está se empenhando em fazer isso sem recorrer a um plano de jogo detalhado. Nenhum mapa rodoviário existe para eles. Ninguém na equipe já participou de um tal empreendimento. Eles não são especializados em planejamento de compensação, tampouco em teoria motivacional. Esse é um verdadeiro ato de fé por parte do presidente, porém não é, necessariamente, um imenso empreendimento de risco — não se a organização satisfaz as condições mínimas de auto-organização: informação aberta, um vigoroso sentido de identidade e tolerância para com a experimentação e os erros. Quando essas condições estão no lugar, a transformação pode ocorrer sem um plano de mudança detalhada ou até mesmo sem um "campeão" designado.

Outro presidente de empresa-cliente acha relativamente fácil confiar na auto-organização. Essa empresa recentemente implementou sua própria versão única de um processo de *feedback* em 360 graus. Tipicamente, quando essa espécie de processo de *feedback* é utilizada, são designados, para os funcionários, colaboradores específicos aos quais se espera que seja oferecido *feedback* anônimo sobre um questionário estruturado. Nessa empresa, eles fazem isso de maneira diferente. Duas vezes por ano, cada funcionário recebe um formulário de auto-avaliação mais seis cópias de um formulário idêntico de avaliação de um colaborador. Pede-se aos funcionários para avaliar a si mesmos e, em seguida, identificar pelo menos seis colaboradores (por exemplo, colegas, supervisor imediato, subordinados, presidente da empresa) aos quais eles gostariam de oferecer *feedback*. São encorajados a fotocopiar o formulário do colaborador e proporcionar *feedback* a mais de seis pessoas, se assim o quiserem.

A suposição por trás desse sistema singular de 360 graus é a de que todos receberão o *feedback* de que necessitam vindo justamente das pessoas de quem eles precisam ouvir a avaliação. Há somente uma condição — você não receberá seu relatório de *feedback* a não ser que tenha tido tempo para submeter o *feedback* a pelo menos seis outras pessoas. Terei de admitir que me era um verdadeiro esforço facilitar o planejamento desse sistema de *feedback* não-estruturado. Ele violava tudo o que me fora ensinado a respeito da maneira correta de se realizar um *feedback* de 360 graus (por exemplo, gerenciar o processo de *feedback* pré-identificando os avaliadores **corretos** para cada pessoa/posição). Porém, depois de um pouquinho de reflexão, resolvi introduzir a habilidade da Confiança

Quântica no teste e oferecer ao cliente o que ele queria e não o que eu, a assim chamada especialista, pensava que ele precisava.

Foi uma boa decisão de minha parte. Não só me possibilitou "fazer o que falava", como também todas as pessoas envolvidas concordaram com o fato de que esse sistema é um sucesso. As taxas de participação são elevadas (e aumentam cada vez que o processo de seis meses entra em ação). Além disso, as avaliações tanto do "eu" como do "colaborador" estão melhorando, aumentando a capacidade coletiva dessa organização. Talvez **a ordem realmente seja gratuita** — até mesmo no local de trabalho.

INTEGRAÇÃO DE HABILIDADES

Reflita a respeito do que acabou de ler e que mais cativou a sua imaginação, e use as seguintes atividades para ajudar a reforçar a Habilidade Quântica deste capítulo:

- ✍ Faça uma representação gráfica do que essa habilidade significa para você e, então, escreva no diário a respeito do significado do seu símbolo.
- ✍ Anote concepções-chave relacionadas com este capítulo utilizando um mapa mental não-linear de símbolos e de figuras, bem como de palavras-chave. Comece no centro da página e trabalhe dirigindo-se para fora.*

* Uma amostra de mapa mental e mais experiências e exercícios podem ser encontrados nos Apêndices.

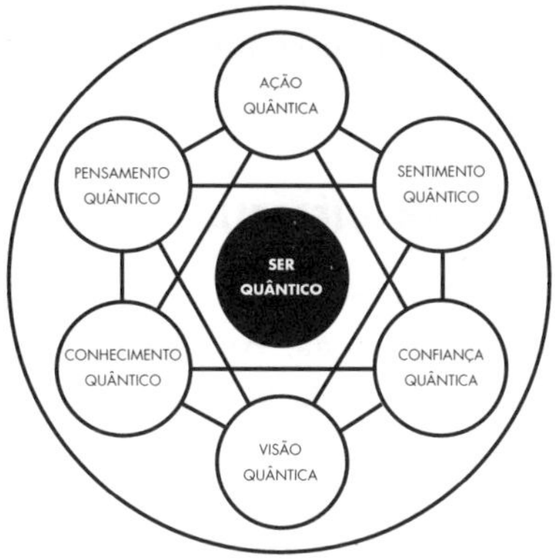

SER QUÂNTICO
A capacidade de ser nos relacionamentos.

8

Ser ou Não Ser

"Se você conhece o seu inimigo, você ganhará a maior parte do tempo. Se você conhece a si mesmo, não existem inimigos."

Sun Ysu, 500 a.C.

O DESAFIO

Queremos relações harmoniosas — relações baseadas na aceitação e no respeito. Porém, em sua maior parte, essas relações continuam a se esquivar de nós. Conhecemos os princípios da comunicação efetiva. Participamos dos cursos e lemos os livros. Tentamos "procurar, antes de mais nada, entender"; não obstante, nosso ego continua a julgar e a defender. Por que é tão difícil aceitar as outras pessoas incondicionalmente? Por que esse desafio é apenas ser e deixar ser?

A teoria quântica fornece algumas idéias interessantes a respeito da natureza das relações. No nível subatômico, as relações constituem o fundamento de tudo o que existe. A matéria passa a existir somente por meio de relações. Talvez as relações também pretendam ser o veículo por cujo intermédio criamos a nós mesmos. Nossas relações provocam nossas questões não-resolvidas e reabrem nossas chagas psicológicas mais profundas; desse modo, nos dão a oportunidade de aprender e de curar, ou de negar e de projetar. Como nossa vida seria diferente se víssemos cada relação como nosso professor perfeito? Você pode imaginar um local de trabalho e um mundo onde cada relação é vista como uma oportunidade para que você escolha *ser* alguém que perdoa?

A NOVA CIÊNCIA

Um universo físico requer **diversidade.** A matéria não pode se formar sem diferenças. As três cargas (positiva, negativa e neutra), as quatro forças (gravidade, eletromagnetismo, interação nuclear forte e fraca) e as centenas de variedades de partículas (juntamente com suas antipartículas) são todas necessárias para a criação de uma realidade física. Um universo material também requer **relações**. Como escreve Niels Bohr: "As partículas materiais isoladas são abstrações, e as suas propriedades só são definíveis e observáveis por intermédio de suas interações com outros sistemas" (in Capra 1983, 80). As probabilidades associadas com as partículas não são probabilidades de coisas, mas probabilidades de relações. As partículas subatômicas não têm significado como entidades isoladas. Elas passam a existir por meio de relações.

No entanto, a física não tem sido concebida como uma ciência de relações. A física clássica é uma física de separação. Newton via as partículas como entidades distintas, com fronteiras rígidas, bolas de bilhar deslocadas de um lugar para outro por meio de forças externas a elas. Objetos newtonianos só se relacionam por meio de contato externo. Elas podem influenciar o comportamento umas das outras, porém não mudam as características internas umas das outras. Não é isso o que acontece numa **relação quântica**, em que as fronteiras e as identidades são efetivamente partilhadas. Zohar explica:

> "Devido ao fato de os elétrons serem tanto ondas como partículas (ambas ao mesmo tempo), seus aspectos ondulatórios interferirão uns com os outros; eles se sobrepõem e se fundem, atraindo os elétrons para uma relação existencial em que suas qualidades internas efetivas — suas massas, cargas, *spins*, bem como suas posições e seus *momenta* — tornam-se indistinguíveis da relação entre eles. Todos eles são afetados pela relação; eles deixam de ser coisas separadas e se tornam partes de um todo. O todo, como tal, possuirá uma massa definida, uma carga definida, um *spin* definido, e assim por diante; mas quais elétrons constituintes estão contribuindo para isso, e com o que, é algo completamente indeterminado. De fato, não é mais significativo falar sobre as propriedades individuais dos elétrons constituin-

tes, pois esses mudam continuamente para satisfazer as exigências do todo" (1990, 99).

Na terminologia quântica, isso é denominado **holismo relacional**. Significa, muito simplesmente, que quando o elétron A encontra o elétron B, ambos os elétrons, literalmente, *entram dentro* um do outro. Eles se fundem num novo sistema quântico, maior que a soma das duas partes individuais.

No entanto, nem todas as partículas subatômicas são igualmente atraídas para a relação. Há dois tipos básicos de partículas — férmions, as partículas que se unem para formar a matéria, e bósons, as partículas das quatro forças (eletromagnética, gravidade, interação nuclear forte e fraca). Essas duas categorias de partículas comportam-se de maneira muito diferente. Os férmions (elétrons, prótons e nêutrons) são um tanto anti-sociais. Elas repelem ligeiramente umas às outras e permanecem sempre separadas. São governadas pelo **Princípio da Exclusão de Pauli**, o qual exige que partículas com posições (localizações) semelhantes devem ter velocidades diferentes. Isso significa que dois férmions não podem ocupar o mesmo lugar ao mesmo tempo. Se não houvesse o princípio da exclusão, as partículas não poderiam formar prótons e nêutrons separados e bem definidos. Nem poderiam, juntamente com os elétrons, formar átomos separados e bem definidos. Em vez disso, todas elas entrariam em colapso numa *sopa energética* mais ou menos uniforme e densa (Hawking 1988, 68). Sem o princípio da exclusão, não haveria matéria sólida. Nada de visível existiria.

Os bósons (fótons, gravítons), por outro lado, são partículas de relação. Elas, literalmente, partilham suas identidades, tornando-se uma partícula agregada, o que explica a coerência obtida num feixe de laser. Isso é graficamente ilustrado numa experiência na qual fótons são disparados, um por vez, sobre uma tela de detecção (Figura 8.1). Em vez de incidir sobre a tela de uma maneira seqüencial, ordenada, eles chegam em aglomerados. Os físicos dão a esse fenômeno o nome de **efeito de amontoamento de fótons** (Zohar e Marshall 1994, 234). Ele demonstra o impulso rumo à relação nesse nível, o mais baixo da existência física.

Férmions e bósons fornecem apenas um minúsculo lampejo da diversidade subatômica. Representam duas amplas categorias de partículas; existem, porém, literalmente falando, centenas de tipos de partículas. Não só existem elétrons, prótons, nêutrons e glúons, mas também múons, píons e káons, para citar apenas algumas. Esse enorme zôo de partículas também é povoado por unidades subatômicas ainda menores,

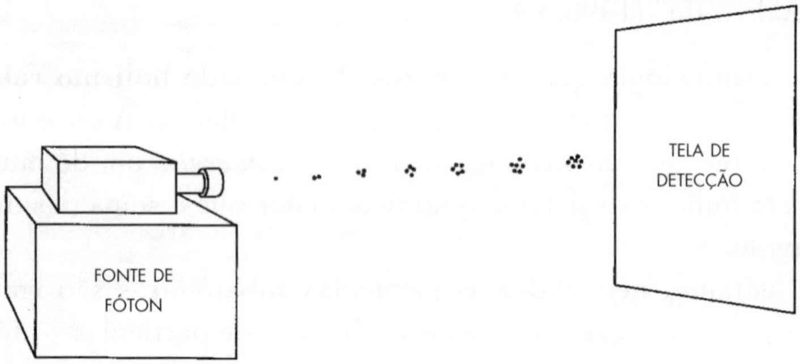

Figura 8.1: *O Efeito do Amontoamento de Fótons. Fótons são partículas de relação. São inerentemente atraídas umas para as outras. Isso é ilustrado graficamente em experiências nas quais fótons disparados um de cada vez tendem a se aglomerar antes de chegar a uma tela de detecção.*

denominadas **quarks**, que ocorrem em três "cores" e em seis "sabores" diferentes. Para aumentar ainda mais a complexidade, toda partícula e todo quark têm uma antipartícula (seu oposto), e partículas virtuais podem surgir espontaneamente do nada, formando aparições fugidias no tempo e no espaço.

Uma vez que esse grande número de partículas e de forças resultou da quebra de simetria no nascimento do universo, muitos cientistas acreditam que haja um princípio unificador que liga todas essas formas de energia aparentemente disparatadas novamente num pacote único — uma **Teoria de Tudo** (TDT). "Numa TDT bem-sucedida, não apenas todas as forças, mas também todas as partículas seriam unidas — todas seriam uma e uma seria todas... Desse modo, uma TDT fundiria força e matéria numa lei suprema" (Wertheim 1995, 213).

Os principais candidatos para essa grande descrição matemática da realidade são as teorias das supercordas. Essas teorias pretendem que "cada ponto no espaço regular é uma minúscula hiperesfera hexadimensional, e são as propriedades dessa hiperesfera que geram as várias forças quânticas e partículas subatômicas" (Wertheim 1995, 214). Desse modo, de acordo com a teoria das supercordas, vivemos num universo de dez dimensões, que consistem em três dimensões de espaço e uma de tempo e seis outras dimensões "compactadas". As quatro dimensões conhecidas de tempo e espaço formam o cosmos visível, e as outras seis dimensões compactadas compõem o domínio subatômico.

Realmente, ninguém até agora detectou nada mais do que quatro dimensões. Demonstrar a existência dessas seis dimensões suplementares é um desafio hercúleo, já que elas só seriam evidentes em temperaturas extremamente elevadas — temperaturas que existiam apenas na ocasião do Big-Bang. Os teóricos das supercordas esperam, eventualmente, encontrar meios de contornar o problema da temperatura, demonstrando, assim, "que a imensa multiplicidade do universo atual não é uma verdadeira multiplicidade, mas, sim, os fragmentos de uma unidade original 'perfeita'" (Wertheim 1995, 216). Esses unificadores acreditam que, por baixo da aparente diversidade do universo, há uma simplicidade básica — uma simplicidade que será finalmente explicada por uma **teoria do campo unificado**, que reduz toda a natureza a um conjunto finito de equações.

Outros físicos duvidam que isso venha a acontecer. Esse segundo grupo, os diversificadores, vêem a história do universo como uma história de complexidade e de diversidade cada vez maiores, e concebem o projeto original, a matemática subjacente, como uma coisa distanciada da simplicidade. Acreditam que a natureza é demasiadamente complexa, infinitamente complexa, para ser reduzida a uma fórmula simples, e que o processo evolutivo pode, efetivamente, criar novas leis, juntamente com novas formas de complexidade. Wertheim explica essa perspectiva. Ela comenta:

> "Uma das descobertas importantes que surgiram da teoria da complexidade [um rebento da teoria do caos] é a de que, em cada nível, a natureza exibe um comportamento que não parece previsível a partir do comportamento das partes constituintes. Por exemplo, os seres vivos são feitos de átomos, mas exibem um comportamento que não está escrito nos próprios átomos. Alguns advogados da complexidade, tais como o físico Paul Davies, argumentam hoje que em todo nível da natureza há fenômenos e leis que devem parecer realmente fundamentais" (1995, 241-42).

Os diversificadores comparam freqüentemente a realidade física a uma *cebola cósmica* com níveis de complexidade que se assentam uns sobre os outros. Em vez de procurar o nível mais baixo, o princípio fundamental, esses físicos contentam-se com explorar a natureza relacional do universo. Pensam que nenhuma das propriedades relacionais do universo é fundamental. Em vez disso, vêem o universo como uma teia dinâmica de interações; uma teia complexa na qual cada ocorrência subatômica afeta os processos do todo.

A **teoria da matriz de espalhamento** (ou matriz S) é uma alternativa viável à procura da equação suprema (uma teoria de tudo). Já que as partículas sempre se espalham quando colidem, uma matriz S é simplesmente uma tabela que descreve a probabilidade de diferentes interações de partículas. Esses diagramas demonstram que cada interação de partículas leva a outras reações, numa rede infinitamente complexa de processos subatômicos. As linhas num diagrama de matriz S (Figura 8.2) são linhas de energia, trilhos de impacto, pontos onde as coisas colidem, e dessa colisão surge uma nova identidade, um novo nível de ser.

A importância da teoria da matriz S é a de que ela muda a ênfase da partícula para a relação — do objeto para o acontecimento. Essa teoria, em vez de tentar reduzir o universo aos seus componentes fundamentais, focaliza a descrição de um mundo dinâmico de contínuas interações e transformações. Os diagramas de matriz S são representações visuais da energia, a qual inicialmente toma uma forma e, em seguida, outra, dançando ao longo do tempo e do espaço, sempre evoluindo rumo a uma complexidade cada vez maior. Esses diagramas demonstram que nada no mundo quântico se acha num estado fixo de "ser". Tudo se acha em vários estágios de vir a ser — transformando-se por meio de relações.

UMA NOVA PERSPECTIVA

Wheatley e Kellner-Rogers lembram-nos de que vivemos num universo onde as relações querem acontecer. Em *a simpler way*, fazem estas observações:

> "Há uma luta inata em todas as formas de matéria para se organizar em relações. Há uma grande procura de ligações, um anseio para se organizar em sistemas mais complexos, que incluem mais relações, mais variedades. Esse anseio é evidente em todo o cosmos, em todos os níveis de escala. Partículas são atraídas para outras partículas e, dessa maneira, criam átomos. Micróbios combinam-se com outros micróbios para ter a capacidade de criar organismos maiores. Estrelas, galáxias e sistemas solares surgem de nuvens gasosas que rodopiam coerentemente, criando novas formas de energia e de matéria. Os seres humanos unem-se uns aos outros e criam famílias, tribos e organizações de trabalho. A atração é uma força organizadora do universo... Ela criou o universo que conhecemos" (1996, 30).

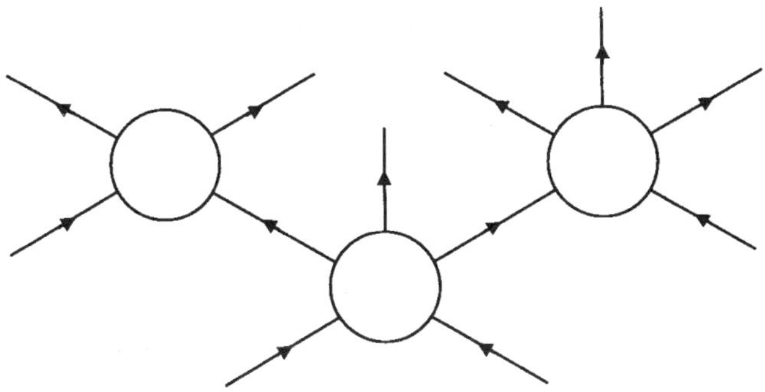

Figura 8.2: *Diagrama da Matriz de Espalhamento. A rede de interações da matriz S ilustra o contínuo intercâmbio de energia que se manifesta temporariamente sob a forma de diferentes partículas. Partículas existem como padrões de relações; elas podem ser definidas apenas em função umas das outras. É impossível descrever qualquer partícula como primeira ou como última; o que importa é a direção e o sentido de seu movimento e a quantidade de energia disponível em qualquer interação. (Reproduzido com permissão do editor. Extraído de* Leadership and the New Science, *copyright 1992 por Margaret Wheatley, Berrett-Koehler Publishers, Inc., San Francisco, CA. Todos os direitos reservados.)*

No entanto, a **atração** não é a única força em ação no universo. Uma força contrária, voltada para a **diferenciação**, também está em jogo. Também ela é um pré-requisito para um universo físico. No nível subatômico, o princípio da exclusão proíbe que duas partículas entrem em colapso. Sem esse princípio, os átomos não se formariam, e não existiria um mundo material. A diferenciação também está constantemente em ação no mundo macroscópico. As células se diferenciam para criar formas de vida novas e diversificadas, e as pessoas tentam continuamente se diferenciar umas das outras estabelecendo um sentido firme de eu, uma assim chamada "identidade separada".

Portanto, o universo é caracterizado por dois processos paradoxais — atração e diferenciação. De fato, cada um de nós vivencia, momento a momento, a tensão contínua entre essas duas forças opostas. Assim como uma partícula subatômica tem dois aspectos, partícula e onda, cada um de nós tem necessidades simultâneas de estar em relação e de estabelecer nossa separatividade. "Com nosso aspecto partícula, permanecemos isolados e vivemos a vida a partir do nosso ponto de vista; com nosso aspecto ondulatório, somos literalmente arrebatados pelos seres de outras pessoas e de todos os que nos cercam, e somos entrelaçados com eles"

(Zohar e Marshall 1994, 111). Nossos aspectos de partícula e de onda podem ser comparados com os aspectos masculino e feminino em cada um de nós. O aspecto masculino (partícula) luta para estabelecer uma identidade separada; o aspecto feminino (onda) luta para estabelecer relações. Ambos são essenciais. Não precisamos escolher; precisamos integrar, e não apenas nossos aspectos masculino e feminino, mas todos os outros aspectos aparentemente paradoxais de nossa psique. Quando integramos essas diversas partes de nosso eu num Eu integrado, progredimos rumo à totalidade espiritual e psicológica. Ou, para usar as palavras de Abraham Maslow, tornamo-nos **auto-realizados**.

> "Nesses estados de ser, a pessoa torna-se unificada; ... as divisões, polaridades e dissociações dentro dela tendem a ser resolvidas; a "guerra civil" interior não é ganha nem perdida, mas transcendida. Nesse estado, a pessoa torna-se muito mais aberta para ter novas experiências e muito mais espontânea e em plena atividade... ela se torna ela mesma de maneira mais completa, idiossincrática, única... Então, todos os seus poderes se reúnem em sua integração e em sua coordenação mais eficientes... Simplificando, ela se torna mais total e mais unificada" (Maslow 1987, 155-156).

O processo interno de auto-realização, ou individuação, muda igualmente nossas relações interiores. Quando aprendemos a aceitar e a integrar nossos diversos "sub-eus", tornamo-nos mais capazes de aceitar os outros. Olhamos para o mundo quadridimensional do tempo e do espaço através de uma nova lente, mais holística. Começamos a reconhecer que estamos todos inextricavelmente ligados. Não só temos nossa origem no mesmo reservatório de energia, o campo quântico, como também estamos constantemente trocando energia quando os átomos do nosso corpo substituem os átomos dos das outras pessoas. A partir de uma perspectiva quântica, simplesmente não existe separação. Somos todos um sistema quântico único, participando da contínua dança de relações da vida.

Quando começamos a reconhecer nossa interconexidade profunda, sofremos uma mudança na consciência. Compreendemos que somos mais, muito mais, do que meramente *mantenedores de nosso irmão ou irmã*. Somos nosso irmão/irmã; somos **um**. Assim como não há separação entre dois feixes de laser (seus padrões ondulatórios interferem através do tempo e do espaço), não há, também, separação *real* entre eus individuais. Somos todos manifestações de uma ordem implicada, de um campo de energia quântico. Requeremos uns aos outros. É por intermédio de nossas interações que nosso potencial é evocado.

A HABILIDADE DO SER QUÂNTICO

Ser Quântico é a capacidade para estar em relação — uma relação baseada numa consideração positiva não-condicionada. Quando aprendemos essa habilidade, aumentamos nossa capacidade para aceitar incondicionalmente todas as pessoas com quem atuamos. Ou, em palavras mais espirituais, aprendemos a expressar amor. Essa habilidade nos permite criar harmonia dentro de um mundo de diferenças. As diferenças não desaparecem, mas começamos a vê-las a partir de uma nova perspectiva. Ao fazer isso, passamos do incômodo com relação aos que são diferentes de nós para uma apreciação profunda das nossas diferenças. Começamos a compreender que as diferenças são pré-requisitos para a própria vida. Assim como a reunião do macho e da fêmea é necessária para a procriação humana, a reunião de nossos eus individuais é necessária para nossa evolução coletiva. É por meio de nossas relações que realizamos tanto o nosso potencial como o potencial de outras pessoas.

No entanto, nosso condicionamento newtoniano nos predispõe para ver as relações de maneira diferente. A partir de uma perspectiva mecanicista, as pessoas são muito parecidas com bolas de bilhar. Podemos nos reunir em relações, mas relacionamo-nos apenas de maneira externa, e, até certo ponto, superficial. Não alteramos as qualidades internas uns dos outros porque o mundo mecanicista é um mundo de partes isoladas, e não um mundo de relações que se entrelaçam. As forças exteriores podem fazer com que sejamos atraídos para outros ou repelidos por eles, ou podem, acidentalmente, nos fazer ir de encontro uns contra os outros; porém, mesmo que essas "colisões" possam mudar temporariamente nossa posição ou nosso *momentum*, nós, enquanto *partes* (peças) independentes, permanecemos essencialmente imutáveis.

A teoria quântica pinta uma figura relacional muito diferente. Numa relação quântica, dois bósons podem, literalmente falando, entrar um no outro, mudando, dessa maneira, a identidade de ambas as partículas. De modo semelhante, em nossas relações humanas, ambas as partes podem se influenciar profundamente. Quando abordamos as relações de maneira aberta e vulnerável, é criada uma nova entidade, que é maior que a soma das partes individuais. Esses encontros quânticos mudam profundamente cada participante, pois "provocam" nossas suposições e nossas crenças fundamentais, convidando-nos, assim, a observar a vida por meio de uma nova lente.

Quando passamos pelas transformações perceptivas inerentes às relações quânticas, descobrimos que nossa realidade exterior é só uma projeção de nossas crenças interiores. Portanto, as relações quânticas são espelhos psicológicos. Nelas, podemos ver a nós mesmos refletidos. Por exemplo, quando vemos defeitos em outras pessoas, nossas observações estão espelhando nossos próprios problemas, proporcionando-nos *feedback* a respeito de áreas de nossa própria psique que não foram curadas. O romancista alemão Jean Paul Richter reconheceu isso quando escreveu: "Um homem nunca revela com tanta clareza seu próprio caráter como quando descreve o de outro." Os psicólogos chamam isso de **projeção**. Todos nós entendemos conceitualmente a dinâmica dessa relação. O problema está no fato de que muitos de nós não estão cientes das próprias projeções, como é demonstrado pela seguinte história a respeito de minha filha.

Laura me telefonou de Dallas, tarde da noite, bastante transtornada a respeito de seu emprego (ela era co-editora de fotografia no jornal diário de sua universidade). De acordo com Laura, outras pessoas não estavam trabalhando como deviam. Pessoas não estavam cumprindo os prazos finais. Laura sentiu-se abandonada. Contou com detalhes que sua co-editora tinha muitas outras atividades. Ela não estava cumprindo o seu papel no emprego. Os problemas se avolumaram tanto, que o consultor da faculdade marcara uma reunião para a manhã seguinte. Laura temia que seria acusada e humilhada diante de toda a equipe por causa da "negligência de outra pessoa". Enquanto ouvia Laura descrever as "negligências" de sua co-editora — muito atarefada, excessivamente comprometida, estressada, etc. — isso estava parecendo uma descrição dela mesma. Porém, com a idade de dezenove anos, ela ainda não tinha descoberto que tudo aquilo que nos aborrece em outra pessoa é um reflexo de nossos próprios problemas. Laura, como a maioria de nós, prefere projetar suas frustrações, em vez de refletir sobre o seu significado. Ela queria alguém mais para mudar em vez de explorar seus próprios problemas. É claro que outras pessoas raramente concordam com nossa vontade de mudá-las. Em conseqüência disso, nós, no final, confrontamo-nos todos com a necessidade de mudar a nós mesmos.

Começamos com nossas projeções, aprendendo com nossos próprios sentimentos em vez de jogar a culpa sobre outra pessoa. Libertarmo-nos de acusar e de julgar nos permite, efetivamente, ver as outras pessoas de maneira diferente. Começamos a notar outras qualidades e comportamentos. Não foram as pessoas que mudaram; o que mudou foi apenas o nosso enfoque perceptivo. Quando começamos com nossos próprios sentimentos, também começamos a reconhecer que os nossos relacionamentos são extraordinárias oportunidades de aprendizagem. E começamos a suspeitar que nada é acidental. Descobrimos que os que mais têm a nos ensinar nem sempre são as pessoas que preferimos, porém são os contribuintes mais valiosos para a nossa cura psicológica e espiritual. Essa compreensão nos permite praticar o **perdão**.

Perdoar não é o mesmo que desculpar. O verdadeiro perdão ocorre quando compreendemos que não há nada para perdoar — que cada experiência é uma parte necessária do currículo da vida. O perdão é uma mudança na consciência. Ocorre quando compreendemos que o ressentimento provoca mais danos no vaso onde é armazenado do que no objeto sobre o qual é despejado. O perdão não significa que permitimos a nós mesmos que abusem de nós. Em vez disso, significa aprender a evitar nossos "atacantes". É a "arte marcial" da consciência.

O perdão, embora reconhecido como virtude em todas as tradições espirituais, vem conquistando a atenção também no campo da psicologia. Robert Enright, da Universidade de Wisconsin-Madison, é um entre um número cada vez maior de psicólogos que adotaram o perdão como um importante construto. Durante os últimos dez anos, Enright esteve realizando pesquisas a respeito da natureza do perdão, que ele define como a capacidade "de tirar da mente o ressentimento, a raiva e o rancor, e de sentir compaixão pela pessoa que nos fere" (Azar 1997, 14). Enright enfatiza o fato de que o perdão não é a mesma coisa que se compadecer ou desculpar; também não é a mesma coisa que a reconciliação. "O perdão envolve apenas a pessoa que foi ferida. A reconciliação envolve ambas as pessoas e requer uma mudança na pessoa que feriu" (Azar 1997, 14).

A pesquisa de Enright demonstra de maneira consistente "que as pessoas que são capazes de perdoar beneficiam-se por meio de uma diminuição de ansiedade, de depressão e de hostilidade, e um aumento de esperança, de auto-estima e de bem-estar existencial" (Azar 1997, 14). O perdão não produz só benefícios significativos à saúde mental, mas também melhora o bem-estar físico, já que a hostilidade e a agressividade estão ligadas a numerosas doenças (por exemplo, doença cardíaca e hipertensão).

Michael McCullough, diretor de pesquisas no National Institute for Healthcare Research, em Rockville, Maryland, também coordena pesquisas em andamento a respeito da natureza do perdão. Suas pesquisas sugerem que a **empatia** desempenha um papel de importância-chave na capacidade de perdoar. Num estudo, participantes que queriam perdoar alguém que os magoava foram aleatoriamente designados para um dentre dois seminários ou para uma lista de espera do grupo de controle. Um dos seminários focalizou o papel que a empatia desempenha no perdão. O outro seminário promoveu o perdão, mas não discutiu a empatia. Os participantes de ambos os seminários reuniram-se durante oito horas ao longo de dois dias. Os participantes do seminário de empatia relataram mais empatia pelos seus ofensores do que os participantes do seminário que não discutiu a empatia ou dos que estavam na lista de espera. Também estavam mais dispostos a conceder perdão aos seus ofensores após o fim de semana do que os participantes dos outros dois grupos (Azar 1997, 14).

As pesquisas de McCullough sugerem que a empatia pode ser ensinada e que a capacidade para perdoar é uma habilidade que pode ser aprendida. Aprender a perdoar não significa que nossos relacionamentos ficam subitamente livres de conflitos, mas, em vez disso, que nossa experiência do conflito muda. Começamos a assumir responsabilidade pelos nossos sentimentos em vez de projetá-los em outras pessoas, e começamos a reconhecer o conflito como necessário e valioso. Sem conflito, permanecemos mergulhados em velhas crenças e em comportamentos obsoletos. O conflito põe um espelho diante de nossos problemas não-resolvidos. Fornece uma oportunidade para praticarmos a habilidade do Ser Quântico e para vivenciarmos o poder transformador do amor incondicional.

O DESENVOLVIMENTO DA HABILIDADE

Para criar relacionamentos quânticos, devemos, em primeiro lugar, ter um sentido claro do eu. Não podemos aceitar incondicionalmente as outras pessoas até que estejamos seguros da nossa própria identidade. No entanto, o processo de integração do eu (individuação ou auto-realização) não é uma tarefa fácil. Nossos egos querem que neguemos nossas partes obscuras ou sombrias. "Nossa vergonha de que elas estejam lá ou nosso medo de que elas possam nos corromper ou nos dominar levam-nos a rechaçá-las" (Zohar e Marshall 1994, 210). No entanto, a negação não resolve o problema. Pelo contrário, ela apenas intensifica o drama. Quando anulamos partes de nós mesmos, elas "inflamam", fazendo com que projetemos essas partes doloridas nas outras pessoas. Paradoxalmente, curamos nossos "sub-eus" sombrios dando-lhes uma voz — reconhecendo-os e dialogando com eles. Desses diálogos interiores, nasce um Eu integrado.

De maneira semelhante, relacionamentos quânticos surgem do nosso **diálogo** com os outros. A palavra diálogo provém de duas raízes gregas, *dia* e *logos*. A interpretação literal dessas duas palavras é "significado fluindo através". Ocorre um diálogo quando duas ou mais pessoas estão querendo *suspender* suas suposições, crenças e julgamentos, e escutar profundamente. Novos significados fluem através desse encontro — significados que excedem a soma das contribuições individuais. Cada pessoa descobre que contribui para melhorar por sua participação. A capacidade individual é expandida; surgem novas opções.

Um diálogo é muito diferente da maior parte das conversas, especialmente das que envolvem uma discussão de diferenças. Essas conversas levam quase sempre a debates. As posições tornam-se polarizadas; cada visão é firmemente defendida. O enfoque do diálogo está na escuta. A posição do indivíduo é temporariamente **suspensa** e não **defendida**. A meta consiste em explorar as suposições subjacentes a todos os pontos de vista. Essa exploração não defensiva deixa as pessoas livres para perceberem de maneira diferente.

O objetivo do processo dialógico não é o consenso, mas a descoberta — a descoberta do solo comum. Consenso freqüentemente implica compromisso — encontrar uma solução "suficientemente boa", com a qual cada participante possa viver. Esse processo diminui diferenças e sufoca a criatividade radical. A inteligência se perde. No processo dialógico, as diferenças são profundamente honradas. Pontos de vista que aparentemente são paradoxais reconciliam-se quando a coerência é obtida. Finalmente, surgem soluções que podem ser incluídas em **todos** os pontos de vista. A decisão final é sempre maior que a soma das perspectivas individuais.

Os princípios básicos do diálogo — a capacidade de ouvir intensamente, o compromisso de suspender o julgamento e a boa vontade de que as crenças e suposições próprias sejam transformadas — têm sido utilizados para promover comunicação bem-sucedida ao longo de toda a história humana. Os conselhos tribais, as reuniões dos quacres e os relacionamentos psicoterapêuticos contam intensamente com princípios dialógicos. De fato, a capacidade para ouvir atentamente é a capacidade de relacionamento conhecida mais intensa. O simples reconhecimento dos sentimentos ou dos pontos de vista de outra pessoa acaba com os limites entre nós. Ele permite que eu penetre nos outros, tornando-me parte deles e eles de mim. Traz-nos coerência e cria idéias revolucionárias a respeito do que é possível.

Ouvir gera relacionamentos quânticos — relacionamentos nos quais o estado de ser de cada participante é intensificado. No entanto, é um desafio aprender a ouvir opiniões que são muito diferentes das nossas sem julgar. Nossos egos reagem com medo. A meta do ego é preservar a própria identidade — proteger seus pontos de vista, por mais estreitos que eles possam ser. No entanto, nosso desenvolvimento psicológico e espiritual requer que nos exponhamos a idéias diferentes. A evolução requer desequilíbrio. Zohar e Marshall comentam:

> "Uma mente que deixa de assimilar novas informações envelhece, fica menos alerta e menos consciente. O hábito e o estereótipo não constituem uma ameaça só à minha atitude para com os outros. Constituem uma ameaça para *mim*, para a vitalidade de minha própria mente... É tentador viver no âmbito da imagem de mundo, ou da narrativa de mundo, do nosso próprio grupo, da nossa própria espécie, e é difícil ampliar essa narrativa. Porém, a nossa vitalidade e o nosso futuro evolutivo enquanto indivíduos, bem como a vitalidade e o futuro dos grupos aos quais pertencemos, depende de fazermos um esforço" (1994, 199).

Se devemos evoluir, individual e coletivamente, temos de estar dispostos a caminhar para fora da nossa zona de comodidade ideológica e ter relacionamentos quânticos com aqueles que são muito diferentes de nós. Isso exige enorme coragem e profundo compromisso. Requer estarmos prontos para transcender os temores do ego. Descobri a disciplina diária de me ligar a um poder superior por meio da prece e da meditação, de fundamental importância para manter minha coragem e meu compromisso. Porém, por ser humana, freqüentemente tropeço e caio. Apenas algumas semanas antes de este manuscrito ser enviado à editora, vi-me diante de um grande desafio de relacionamento. Ele foi desencadeado pelo meu alto nível de *stress*, assim como acontece com muitos conflitos.

A situação começou quando uma amiga pediu para ficar na minha casa enquanto estava realizando um negócio em Kansas City. A formação, a personalidade e os valores dessa pessoa são significativamente diferentes dos meus, mas ela sempre foi, enquanto eu escrevia este livro, uma querida amiga para mim; pensei que hospedá-la fosse uma maneira de mostrar meu apreço e meu compromisso de me relacionar com pessoas que vêem o mundo de maneira diferente da minha. No entanto, como sempre acontece comigo, eu superestimei minhas reservas físicas e emocionais. Em resumo, falhei em levar em consideração meus atuais compromissos de ensino e de consultoria juntamente com a tensão de um prazo final de entrega do manuscrito, prazo que se aproximava rapidamente.

Mais tarde, optei por me sentir como vítima devido ao horário e à necessidade de transporte da minha hóspede. Isso era, óbvio, problema meu. Fui a única que falhou em estabelecer limites claros, mas, não obstante, minha frustração continuava a aumentar. O "incidente" mesmo ocorreu lá pelo final do segundo dia. A pedido de minha hóspede, convidamos meu companheiro, Jim, para jantar conosco. Mais uma vez, falhei em estabelecer um limite. Jim e eu temos um acordo tácito segundo o qual as noites da semana são nossas; e eu sei o quanto ele valoriza e protege o tempo que passa sozinho depois de longos dias mantendo "no ar" uma estação de televisão. Ao pensar que estava me fazendo um favor, Jim concordou em se juntar a nós num dos meus lugares prediletos.

Quando chegamos ao restaurante, eu estava me sentindo culpada com relação a Jim, estressada com relação aos meus prazos finais iminentes e não pouco esgotada pelas atividades do meu dia. Bem no comecinho da noite, minha hóspede fez uma observação a respeito de um comentário impróprio que eu fizera sobre ela no dia anterior. Isso foi "a gota que faltava", e eu passei do estado de cansaço para o de raiva — raiva pelo fato de ela acabar com um jantar adorável (no meu restaurante favorito) trazendo à tona um problema velho de um dia, e que ela poderia ter discutido comigo antes, em particular. Jim, certamente, não estava envolvido nem interessado nessa troca.

Eu não lidei direito com a situação. Se pudesse fazê-lo novamente, teria optado por escutar sem me defender — procurando, antes de mais nada, entender. Em vez disso, não só defendi meu comentário anterior como também fiz mais alguns. E, naturalmente, a partir daí, a noite baixou de vez sobre a colina. Voltei para casa ainda mais cansada. Estou certa de que para a minha hóspede os seus sentimentos não foram reconhecidos, e sei que Jim se sentiu frustrado. Mais tarde, ele me lembrou de que tinha coisas melhores para fazer em suas noites do que ficar observando dois adultos em conflito devido a um incidente aparentemente trivial.

Pela manhã, passei da raiva ao embaraço — embaraço por ter falhado em "fazer o que digo" — em utilizar as habilidades a respeito das quais eu ensino e escrevo. Mas, para mim, o aprendizado tem sido valioso. Essa experiência me lembrou de que, por tanto tempo quanto estiver nesta forma humana, terei um ego. E quando estou cansada ou estressada, minha capacidade para transcender o caráter defensivo do meu ego diminui de modo correspondente. Também fui lembrada de que não consigo perdoar outra pessoa enquanto não conseguir perdoar a mim mesma, e, paradoxalmente, quando eu perdoar a mim mesma, não haverá necessidade de perdoar a outra pessoa.

Esse incidente também ajudou-me a lembrar que não pode haver desenvolvimento sem conflito. A teoria quântica fornece uma boa metáfora do motivo pelo qual as coisas se passam assim. Quando duas partículas subatômicas interagem, cada partícula individual é aniquilada. Essas partículas deixam de existir como entidades separadas, distintas, mas, dessa interação, nova matéria é gerada. Cada partícula, em certo sentido, renasce — transformada numa nova entidade que é maior que a soma das partes. De maneira semelhante, é por meio dos nossos encontros mais difíceis que renascemos — transformados em novos níveis de ser.

Com freqüência, começo meu dia com a seguinte visualização. Vejo a mim mesma soprando suavemente uma bexiga imaginária, enchendo-a com meu ego. Quando a bexiga está cheia e o meu ego vazio, pego um barbante, amarro uma das extremidades ao balão e a outra ao meu pulso. Então, fico livre para passar o dia com certo desprendimento do controle do meu ego. No entanto, ele está sempre pairando pelas proximidades — pronto para ser reabsorvido no caso de uma "emergência egóica". Essa visualização ajuda-me a transcender a perspectiva limitada do meu ego. Ajuda-me a subjugar minhas expectativas e meus julgamentos a respeito de outras pessoas e libera minhas próprias suposições e crenças errôneas. Essa visualização me permite praticar a habilidade do Ser Quântico — transformando minha vida por meio dos meus relacionamentos.

A HABILIDADE EM AÇÃO

O trabalho, como tudo na vida, é contingente nos relacionamentos — relacionamentos com colegas de trabalho, com clientes, com investidores, com fornecedores, com reguladores e com a comunidade. Embora estejamos atualmente apoiando esses relacionamentos muito em palavras e não com ações, ainda nos debatemos, em grande parte, para fazê-los dar certo. Formamos parcerias com nossos fornecedores e alianças com nossos competidores. Planejamos equipes de funcionários e desenvolvemos programas de *marketing* de relacionamentos. Todas essas novas iniciativas aumentam muito a nossa responsabilidade de relacionamento e também, e de maneira significativa, a tensão em nossos relacionamentos. Descobrimos que quanto maior for o número de nossas interações diárias, maiores serão as chances de equívoco e de desacordo. Ansiamos por cooperação, colaboração, consenso e comunidade. Mas vivemos em competição, conflito, caos e controle. Tentamos implementar parcerias sem mudar a consciência dos parceiros. E isso não está dando certo!

Nosso anseio por mudarmos o local de trabalho de um lugar onde há o predomínio do poder e da política para um lugar onde haja parceria requer uma nova visão de mundo — uma nova compreensão da maneira como o universo funciona. Também requer um compromisso pessoal com novas maneiras, bem diferentes, de conviver no trabalho. A verdadeira parceria acontece quando nós:

1. Vivemos nossa vida com uma intenção clara, sabendo que tipo de local de trabalho pretendemos criar (Visão Quântica).
2. Abandonamos nossa crença num mundo do tipo ou isto ou aquilo e começamos a pensar num mundo do tipo isto e aquilo (Pensamento Quântico).
3. Responsabilizamo-nos pela criação de locais de trabalho com muita vitalidade e praticamos os princípios da excitação da energia (Sentimento Quântico).
4. Obtemos acesso à inteligência de níveis superiores de consciência por meio de processos intuitivos (Conhecimento Quântico).
5. Esclarecemos nossos valores mais profundos e fazemos escolhas conscientes que sejam congruentes com elas (Ação Quântica).
6. Aceitamos o caos e confiamos na capacidade do universo de se organizar (Confiança Quântica).
7. Criamos organizações nas quais as diferenças são honradas e os relacionamentos são incentivados (Ser Quântico).

Quando começarmos a utilizar essas Habilidades Quânticas no trabalho, surgirão parcerias autênticas. Começaremos a apreciar pontos de vista extremamente divergentes, confiando no fato de que poderemos, por fim, chegar à solução do tipo isto e aquilo. Estaremos mais à vontade com discussões livres de agenda, acreditando que a ordem surgirá. Aprenderemos até mesmo a valorizar o caos inerente a processos de grupo, vendo nele o que ele de fato é — o progenitor de novos níveis de ser para nós e para nossas organizações. Porém, por ora, poucas pessoas usam essas habilidades de maneira coerente. Em conseqüência disso, muitos dentre nós se sentem um tanto esquizofrênicos. Estamos sendo instados a criar estruturas organizacionais do século XXI dentro de um conjunto de habilidades do século XVII. Temos posto a proverbial carroça adiante dos bois. Estamos visando resultados sem que os relacionamentos estejam no lugar requisitado de antemão para obtê-los. O poema de James Autry, *Threads* [*Fios*] (1991, 32), é uma pungente expressão dessa perspectiva. Ele termina da seguinte maneira:

"Ouça.
Em cada escritório
você ouve os fios
do amor e da alegria e do medo e da culpa,
os gritos de celebração e de certeza restabelecida,
e, de algum modo, você sabe que ligar esses fios
é o que se espera que você faça
para que o negócio cuide de si mesmo."

Naturalmente, essa crença é muito diferente de nossa filosofia tradicional dos negócios. No entanto, há poucos indícios de que as vias tradicionais estejam funcionando. Nossas equipes estão vacilando e nossa frustração é muito grande. Ansiamos por mais significado em nosso emprego e por mais paixão e propósitos em nossa vida. Temos nostalgia de uma ligação profunda com algo que é maior que nossos eus isolados. É provável que não encontremos aquilo por que ansiamos se não nos comprometermos com relacionamentos mais profundos e autênticos. E não podemos criar esses relacionamentos de acordo com uma visão de mundo mecanicista, independentemente de quantas forem as equipes, as alianças ou as parcerias de que viermos a fazer parte.

Alguns de nós estão prontos para tentar um novo caminho. Estamos propensos a mudar o nosso enfoque de **resultados** para **relacionamentos**. Fazer isso requer enorme fé e coragem. Nós, literalmente falando, temos de virar nosso local de trabalho de cabeça para baixo, arranjando tempo e espaço para os diálogos — conversas que não sejam programadas por agendas e que explorem propósitos e significados. Dessas conversas surgirá uma nova visão coletiva para o que é possível e, espontaneamente, se seguirá uma ação apaixonada.

Muitas pessoas poderão questionar o poder do processo dialógico. Isso talvez soe como algo muito simplista. Nossa experiência com o processo de grupo pode não ter sido compensadora, e, com certeza, não foi transformadora. Nossos dias já podem estar lotados de reuniões. Resistimos a mais oportunidades para falar (e ressentimo-nos disso). Alguns de nós estão cansados por gastar horas intermináveis procurando por consenso. Outros estão desiludidos com nossas equipes. Alguns de nós até mesmo nutrem fantasias secretas (ou não tão secretas) de se tornar, mais uma vez, "contribuintes individuais".

Grande parte de nossa resistência provém de falta de experiência. Alguns de nós podem nunca ter feito parte de um grupo que realmente *funcionou*. Muitos de nós nunca tiveram um diálogo autêntico. Simplesmente, não conseguimos entender o seu poder se só o observamos através da lente das nossas experiências passadas limitadas. É apenas quando mudamos para uma perspectiva quântica que o diálogo começa a fazer sentido. O físico David Bohm comparou pessoas empenhadas num diálogo a elétrons num estado de supercondutividade. Os elétrons, quando resfriados até uma temperatura muito baixa, comportam-se mais como um todo coerente do que como partes separadas. Eles fluem suavemente, sem criar resistência. No entanto, em temperaturas mais elevadas, esses elétrons perdem sua coerência e seu *momentum*. De maneira semelhante, durante o diálogo, são obtidos altos níveis de coerência à medida que os participantes começam a assumir responsabilidade por seus sentimentos e por seu comportamento. A culpa, a negação, a projeção e a condição de defesa diminuem, e grande parte do que antes era inconsciente torna-se consciente e pode ser reexaminado. O conflito negligente é transformado em cooperação cuidadosa, e saltos quânticos ocorrem no funcionamento da organização.

A GS Technologies, com sede em Kansas City, uma das principais fabricantes de aço, foi uma das primeiras participantes do The Dialogue Project, patrocinado pelo Massachusetts Institute of Technology. Trabalhando com Peter Senge e Bill Isaacs, a GS Technologies realizou milagres. Essa organização utilizou sessões de diálogo informais sobre trabalho-administração para transformar um relacionamento de oposição, que já durava quarenta anos, entre o sindicato e a administração num relacionamento de confiança, de respeito e de cooperação. Durante aproximadamente dois anos, trinta e cinco representantes sindicais e de gerências encontraram-se a cada duas semanas, sentando-se num círculo enquanto empenhavam-se em sessões de diálogo que duravam meio dia, em seu Labor Management Participation Center, situado fora do local da empresa.

Embora muitas horas do tempo de trabalho fossem redirecionadas para se falar em vez de fazer, os resultados obtidos foram impressionantes. Durante um período de dois anos, os custos de compensação dos funcionários caíram de 1,3 milhão de dólares para 500 mil dólares, as queixas caíram de 485 para zero, e surgiram idéias que propiciaram a economia na ordem de 5 milhões de dólares. De acordo com o presidente Rob Cushman, o diálogo contribuiu muito para esses resultados notáveis (Senge et al. 1994, 373). Durante esse mesmo período de tempo, a GS Technologies replanejou sua instalação física para que pudesse apoiar mais os relacionamentos. Os gerentes removeram suas escrivaninhas e converteram seus escritórios em centros para conversas. Eles até mesmo cogitaram de comprar uma casa nas vizinhanças para nela instalar os escritórios da empresa — um *lar-general* [*homequarters*] em vez de um *quartel-general* [*headquarters*]. Então, ocorreu uma mudança na propriedade e uma grande reestruturação. O nível da educação rapidamente retrocedeu para outra, de hostilidade e de culpa, e em alguns anos os mesmos líderes sindicais que tinham participado entusiasticamente duas vezes por semana das sessões de diálogo com a gerência lideraram uma penosa greve de dez semanas. Essa história nos lembra de que os relacionamentos no trabalho, assim como os relacionamentos pessoais, exigem cuidado e atenção contínuos. Quando uma organização não proporciona mais tempo e espaço para a conexão, a entropia começa rapidamente. No entanto, durante um breve momento, essa organização escolheu mudar seu enfoque de **processos de reengenharia** para **relacionamentos de recriação**, e muitas vidas foram profundamente afetadas.

A transformação individual e social é, de fato, um importante subproduto de locais de trabalho que estão comprometidos com o relacionamento. Alguns anos atrás, sentei-me junto a uma mesa de conferências na Semco, em São Paulo, no Brasil, ouvindo duros sindicalistas do sexo masculino contarem, com lágrimas nos olhos, como seus relacionamentos com suas mulheres e filhos foram transformados devido à confiança e à compaixão que tiveram na Semco. As mulheres que trabalhavam no andar térreo da fábrica contaram histórias semelhantes. Elas falaram a respeito de como *A Mulher da Semco*, uma sessão de diálogo semanal para mulheres, as ajudou a mudar uma vida doméstica de repressão e de abuso. O retiro anual de dois dias de *A Mulher da Semco* foi a primeira oportunidade que muitas dessas mulheres tiveram de passar a noite fora dos seus lares. Essa experiência fez aumentar muito sua autoconfiança e seu senso de aquisição de poder. Nada jamais seria o mesmo em suas vidas novamente.

A decisão de Ricardo Semler de transformar a estrutura tradicional, hierárquica e competitiva da Semco num ambiente participativo, baseado na confiança e na cooperação, provocou ondas de choque que se propagaram através de muitas famílias de São Paulo; talvez através de toda a sociedade brasileira. A hierarquia e o patriarcado foram seriamente corroídos devido ao compromisso de um homem para com os relacionamentos. Semler descreve o nível de educação da Semco como um **senso comum extremo**. As práticas das pessoas incluem horários de entrada e de saída escolhidos pelos próprios funcionários do andar térreo da fábrica, salários estabelecidos pelos próprios funcionários e rotatividade dos diretores executivos. Essas mudanças resultaram em profunda lealdade, excelente qualidade e aumento nas vendas e nos lucros. A coisa mais surpreendente que aprendi durante minha visita à Semco foi a resposta que recebi a esta pergunta: "Por que vocês ainda estão sindicalizados?" A resposta de João Vendramim me deixou sem fala. João, então um dos seis diretores executivos (eles são chamados de Conselheiros), contou-me que a Semco tinha um sindicato, pois a administração os convidara a fazer parte da organização para proporcionar uma diversidade de perspectivas — para atuar como um sistema de controle mútuo, desafiando continuamente as práticas existentes. Esse é só um exemplo do senso comum extremo da Semco.

Os homens e as mulheres da Semco estão fazendo o que muitas empresas anseiam por fazer. Estão criando relacionamentos significativos enquanto também produzem resultados financeiros positivos. A Semco é uma companhia no sentido mais verdadeiro da palavra. "Companhia" deriva das palavras latinas *cum panis*, que significa, literalmente, "comer pão juntos". Muitos de nós olham para a frente, para uma época na qual poderemos, simbolicamente, e até mesmo efetivamente, "comer pão juntos" em nosso local de trabalho — uma época em que iremos ao trabalho não só para fazer as coisas, mas também para viver em comunidade.

Um dos nossos principais desafios para o século XXI consiste na recriação de nossos locais de trabalho, transformando-os em comunidades co-criativas de amor — lugares aonde trazemos nossos eus individuais e os juntamos com outros eus para criar muito mais do que poderíamos realizar sozinhos — comunidades onde a unidade é encontrada na diversidade, e onde de nossas diferenças surgem novos níveis de ser. Maynard e Mehrtens, no livro *The Fourth Wave: Business in the 21st Century* (1993), fornecem um modelo visual de tal organização (Figura 8.3). A estrutura circular desse modelo não tem hierarquia. Numa organização assim, aprenderemos a mudar do líder para o seguidor, com base na tarefa à mão. Usaremos a habilidade do Ser Quântico para entrar em amorosa parceria uns com os outros, numa contínua dança de transformação, mudando a nós mesmos e ao nosso local de trabalho de dentro para fora.

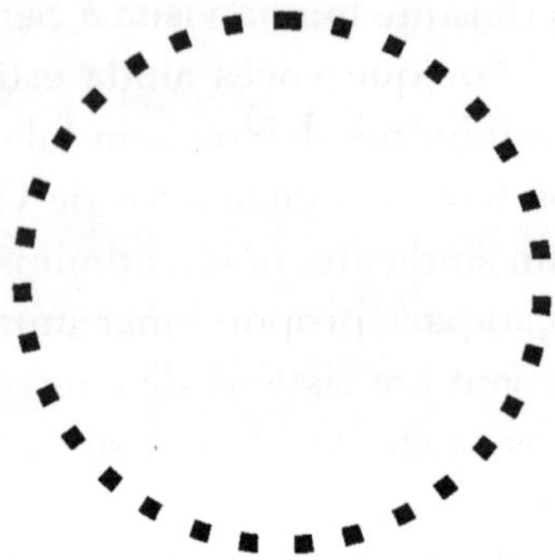

Figura 8.3: *A Organização Circular. À medida que evoluirmos psicológica e espiritualmente, criaremos estruturas organizacionais extremamente flexíveis. A organização circular simboliza uma organização sem hierarquia — uma organização na qual a liderança está constantemente mudando para responder à altura das tarefas por fazer. Numa organização assim, a comunicação é fácil e o diálogo é uma parte integrante das operações do dia-a-dia da organização. (Reproduzido com permissão da editora. Extraído de* The Fourth Wave: Business in the 21st Century, *copyright 1993 por Maynard e Mehrtens, Berrett-Koehler Publishers, Inc., San Francisco, CA. Todos os direitos reservados.)*

INTEGRAÇÃO DE HABILIDADES

Reflita a respeito do que acabou de ler e do que mais cativou sua imaginação, e use as seguintes atividades para ajudar a reforçar a Habilidade Quântica deste capítulo:

- ✍ Faça uma representação gráfica do que essa habilidade significa para você e, então, escreva no diário a respeito do significado do seu símbolo.
- ✍ Anote as concepções-chave relacionadas com este capítulo, utilizando um mapa mental não-linear de símbolos e de figuras, bem como de palavras-chave. Comece no centro da página e trabalhe dirigindo-se para fora.*

* Uma amostra de mapa mental e mais experiências e exercícios podem ser encontrados nos Apêndices.

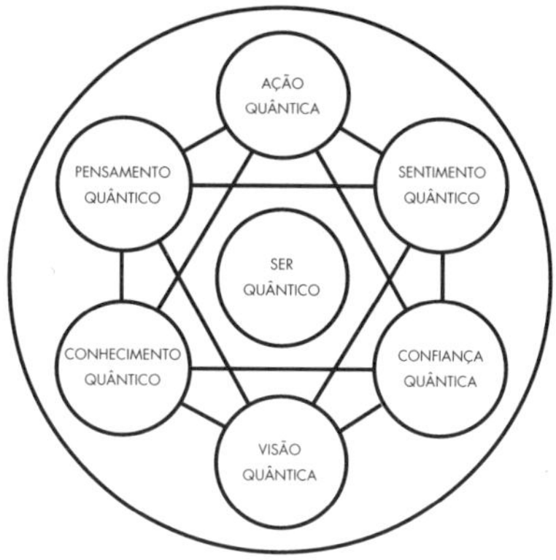

9

O Todo é Maior que a Soma das Partes

"Deus geometriza eternamente."

Platão

O MODELO REVISITADO

Quando praticar as sete Habilidades Quânticas, você logo descobrirá que todas as habilidades estão intrincadamente relacionadas entre si. Mesmo que o planejamento deste livro precisasse da discussão dessas habilidades como capacidades separadas, elas não são aprendidas ou utilizadas de uma maneira isolada e seqüencial. Em vez disso, essas Habilidades Quânticas representam um conjunto complexo de comportamentos interativos que, praticados simultaneamente, podem produzir saltos quânticos na consciência. Nesse modelo, como em toda a vida, o todo é muito maior do que a soma das partes.

Há várias maneiras de usar o modelo gráfico (Figura 9.1) para ter novas idéias a respeito das relações específicas entre as habilidades. O Capítulo 1 introduziu os aspectos psicoespirituais do modelo e diferenciou as três habilidades psicológicas (Ser Quântico, Pensamento Quântico e Sentimento Quântico) das quatro habilidades espirituais (Conhecimento Quântico, Ação Quântica, Confiança Quântica e Ser Quântico).

Há várias outras relações importantes. As três habilidades situadas na metade inferior do modelo, Conhecimento Quântico, Visão Quântica e Confiança Quântica, podem ser vistas como **habilidades primárias**. Tipicamente, constituem um pré-requisito para se utilizar plenamente as três **habilidades secundárias** — o Pensamento Quântico, a Ação Quântica e o Sentimento Quântico — mostradas na parte superior do modelo (Figura 9.2). Por exemplo, há uma forte ligação entre a criativi-

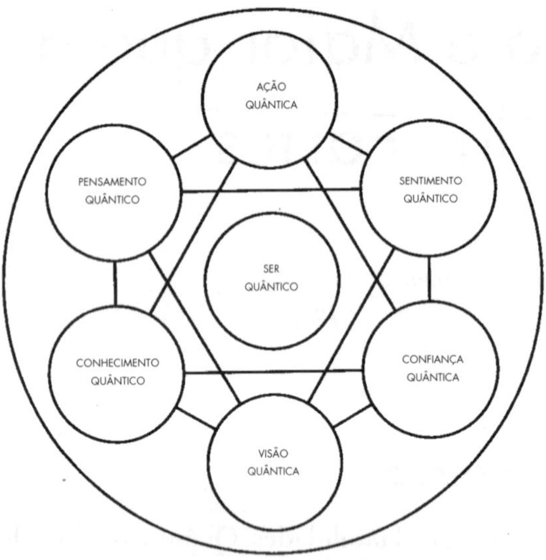

Figura 9.1: *O Modelo de Habilidades Quânticas Revisitado. O modelo das Habilidades Quânticas demonstra as relações entre as sete habilidades. As três habilidades representadas no triângulo invertido — Visão Quântica, Pensamento Quântico e Sentimento Quântico — são de natureza basicamente psicológica. As habilidades representadas pelo triângulo com o vértice para cima — Conhecimento Quântico, Ação Quântica e Confiança Quântica — são habilidades espirituais. A habilidade central, o Ser Quântico, está intrincadamente ligada com cada uma das outras Habilidades Quânticas.*

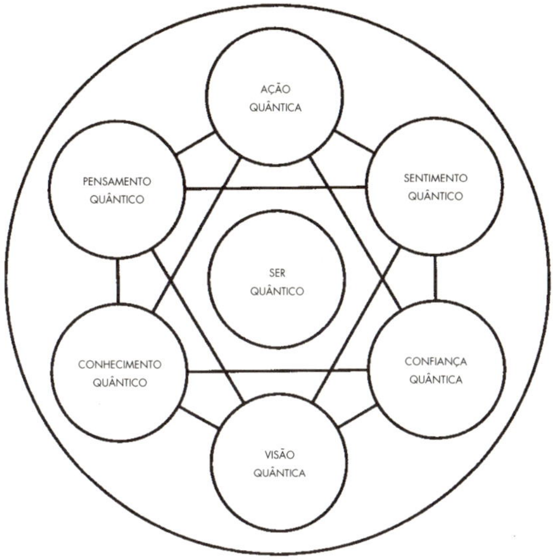

Figura 9.2: *Inter-relações de Habilidades Quânticas. Todas as Habilidades Quânticas estão intrincadamente relacionadas entre si e a posição das habilidades no modelo mapeia essas relações interiores. Por exemplo, as três habilidades posicionadas na metade inferior do modelo são* habilidades primárias. *Elas são fundamentais para a utilização efetiva das três* habilidades secundárias *da parte superior. Há também relações horizontais e diagonais. Em essência, cada habilidade é interdependente com todas as outras. Nesse modelo, como em toda a vida, o todo é maior que a soma das partes.*

dade e a intuição. À medida que aprendemos a fortalecer nossa ligação com o campo quântico de informações (Conhecimento Quântico), nossa criatividade, espontaneamente, dispara para o alto (Pensamento Quântico), permitindo-nos transcender os limites do pensamento lógico e linear. Há uma relação semelhante entre a Visão Quântica e a Ação Quântica. É difícil agir de maneira responsável (Ação Quântica) sem ter uma clara intenção de fazê-lo (Visão Quântica). De maneira semelhante, é mais fácil vivenciar a vitalidade (Sentimento Quântico) quando nos livramos de nossas necessidades de predizer e de controlar as pessoas e os resultados (Confiança Quântica).

As habilidades horizontalmente opostas umas às outras também estão intrincadamente relacionadas. Nossa capacidade para **pensar** criativamente depende de nossa capacidade para nos **sentir** intensamente vivos, e plenamente energizados; inversamente, nossa capacidade para nos **sentir** energizados depende de nossa capacidade para **pensar** paradoxalmente a respeito dos desafios da nossa vida. Nossa capacidade para **conhecer** intuitivamente depende da nossa boa vontade para **confiar** em nossas "sacadas", e nossa capacidade para **confiar** é influenciada por aquilo que intuitivamente **conhecemos** a respeito do significado de nossas experiências.

Há também relações diagonais. A tensão reduz a receptividade intuitiva. E, inversamente, a prática diária de ter acesso a um estado superior de consciência (Conhecimento Quântico) pode permitir que nos desprendamos de nossos agentes externos de tensão (Sentimento Quântico). De maneira semelhante, uma confiança excessiva no pensamento racional com freqüência reforça nossas necessidades newtonianas de previsão e de controle. E, inversamente, aprender a confiar nos processos da vida (Confiança Quântica) nos dá coragem para pensar criativamente fora do âmbito das limitações impostas à mente (Pensamento Quântico).

O MODELO COMO METÁFORA

Os símbolos gráficos utilizados no modelo dessas habilidades quânticas foram selecionados porque têm associações tanto antigas como contemporâneas. Os círculos no modelo são símbolos universais de totalidade ou de unicidade. Os dois triângulos entrelaçados na disposição de uma estrela de seis pontas (hexagrama) são símbolos freqüentemente encontrados na mitologia antiga e nas religiões contemporâneas. Para os antigos egípcios, simbolizavam que "o que está em cima é como o que está embaixo", significando que os pensamentos mantidos na consciência (em cima) determinam a realidade material (embaixo). Nas filosofias orientais, os dois triângulos entrelaçados representam a relação harmoniosa entre o Yin e o Yang, as forças feminina e masculina do universo. No judaísmo, esses mesmos dois triângulos formam a Estrela de Davi, e no cristianismo a Estrela de Belém é parte integrante da bem conhecida história de Natal. Representa um novo nascimento na consciência.

Figuras geométricas semelhantes estão sendo utilizadas para modelar as interações subatômicas. O físico Murray Gell-Mann, o primeiro a identificar e batizar o *quark*, utiliza triângulos e hexágonos para mostrar como esses quarks podem se juntar para formar partículas tais como os bárions (Figura 9.3). É interessante notar que o decupleto de bárion é representado por triângulos dentro de triângulos, e o octeto de bárion

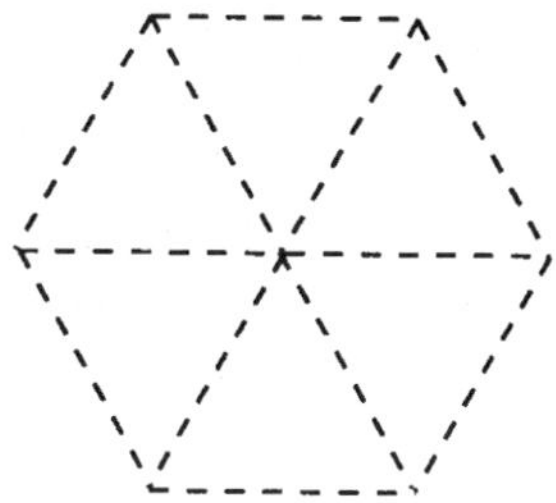

O OCTETO DE BÁRION

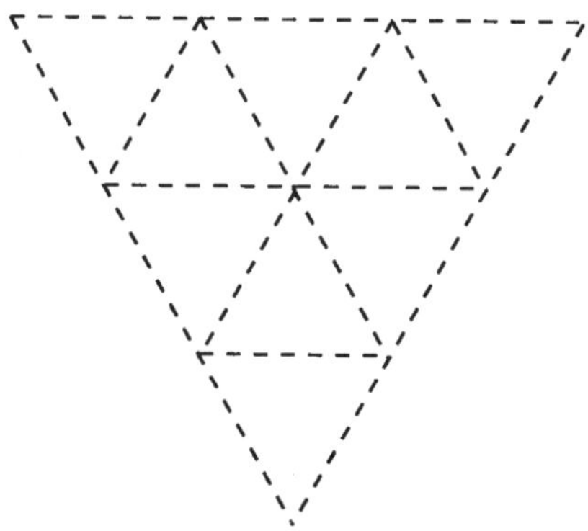

O DECUPLETO DE BÁRION

Figura 9.3: *O Octeto e o Decupleto de Bárion. Os físicos, utilizando sistemas de arranjos por números quânticos, distribuem as partículas em famílias que formam padrões geométricos simétricos. Esses padrões gráficos especificam a disposição das partículas individuais e classificam as várias interações de partículas de acordo com as leis específicas de conservação que elas exibem. (Extraído de* The Tao of Physics, *de Fritjof Capra, copyright 1975, 1983, 1991. Reimpresso com permissão de Shambhala Publications, Inc., Boston.)*

forma um hexágono, que é a forma geométrica encontrada no centro de dois triângulos entrelaçados. Triângulos e hexágonos são símbolos significativos tanto espiritualmente como cientificamente. Eles nos lembram da intrincada geometria do universo — um universo no qual as formas básicas reaparecem em todos os níveis do cosmos, numa dança de criatividade semelhante a um fractal.

RELAÇÕES INTERDISCIPLINARES

Do Capítulo 2 ao Capítulo 8, discutiu-se a relação dessas Habilidades Quânticas com a física, com a metafísica e com a psicologia. A Tabela 9.1 resume essas relações. Para muitos de nós, é surpreendente descobrir concepções comuns em tais assuntos diversos. No entanto, essas disciplinas aparentemente disparatadas evoluem a partir de origens comuns.

Há 2.500 anos, a ciência começou com as filosofias místicas dos antigos gregos. Esses filósofos tentaram "descobrir a natureza essencial, ou a constituição real das coisas, que eles chamavam de *physis*. A palavra 'física' deriva dessa palavra grega e, portanto, significava, originalmente, o empreendimento de ver a natureza essencial de todas as coisas" (Capra 1983, 20). À medida que nos aproximamos do século XXI, os físicos es-

Tabela 9.1: *Relação das Habilidades Quânticas com a física, com a psicologia e com práticas espirituais*

Habilidade quântica	*Princípio científico*	*Concepção psicológica*	*Prática espiritual*
Visão Quântica	Experimentos da Dupla Fenda Ondas de Probabilidade Sobreposição	Percepção	Afirmações
Pensamento Quântico	Princípio da Complementaridade Princípio da Incerteza Tunelamento Quântico	Criatividade	Imagens visuais
Sentimento Quântico	Teoria Eletromagnética Constante de Planck Condensados de Bose-Einstein	Atribuição	Desprendimento
Conhecimento Quântico	Teoria do Campo Fenômeno da Escolha Retardada Potencial Quântico	Intuição	Meditação
Ação Quântica	Hologramas Princípio da Não-separabilidade Efeito E-P-R/Teorema de Bell	Sincronicidade	Atenção
Confiança Quântica	Teoria do Caos Princípio Auto-organizador Atratores Estranhos	Flexibilidade	Fé
Ser Quântico	Princípio da Exclusão Teoria de Tudo Teoria da Matriz de Espalhamento	Perdão	Compaixão

tão, mais uma vez, retornando às suas raízes filosóficas. De fato, muitos físicos contemporâneos mais parecem filósofos do que cientistas quando exploram questões metafísicas a respeito da natureza essencial da realidade. Questões tais como estas:

- O universo teve um princípio?
- Se teve, houve um *antes*?
- Poderia haver um universo material se não houvesse observadores?
- Existem buracos de minhoca invisíveis que ligam nosso universo com outros universos invisíveis ou com outras dimensões de tempo (teoria dos muitos mundos)?
- Existem dimensões suplementares de espaço que são compactadas até dimensões tão minúsculas que nunca podem ser observadas (teoria das supercordas)?

Muitas dessas questões não se prestam à experimentação científica. De fato, alguns dos melhores físicos teóricos da atualidade estão dedicando o seu tempo exclusivamente à teoria das supercordas, "que nunca resultou numa única teoria que pudesse ser testada, e que não parece capaz de vir a sê-lo em qualquer ocasião no futuro previsível" (Morris 1990, 221). A **coerência** (consistência interior) e não a **correspondência** (fatos comprovados) é o novo teste de tornassol para a integridade teórica na física. De fato, à medida que os cientistas reconhecem cada vez mais a capacidade do observador para exercer impacto sobre o que é observado, o valor do próprio método científico está sendo questionado, e a física e a filosofia estão, mais uma vez, descobrindo um terreno comum.

Muitos escritores têm comparado a nova física com as filosofias orientais do hinduísmo e do budismo; mas a mecânica quântica também é compatível com as tradições místicas das religiões ocidentais. Os textos místicos judeus da Kabbalah, o movimento sufi dentro da religião islâmica e o gnosticismo cristão se baseiam, todos eles, em princípios congruentes com a mecânica quântica. Essas mesmas idéias místicas são também representadas nos rituais e nos mitos de muitas tribos antigas e no folclore de povos indígenas de todas as regiões do mundo. As concepções são tão difundidas, que o autor Aldous Huxley refere-se a elas como a *Filosofia Perene* (1945).

O fio condutor básico que percorre as muitas diferentes versões culturais dessa filosofia perene é a idéia de que a vida contém mais coisas do que aquilo que satisfaz o olho — o que é mais *real* não é o que percebemos com nossos sentidos. Os estudantes dessa sabedoria perene têm, durante séculos, praticado habilidades semelhantes a essas sete Habilidades Quânticas numa tentativa de chegar à *iluminação*, que Harman e Rheingold definem como "o processo de descobrir que o mundo percebido é parcial e ilusório, e que há 'outra realidade por trás dele'" (1984, 153).

Mesmo que a teoria quântica seja congruente com a concepção de uma realidade não-material, essa assim-chamada *filosofia perene* está em oposição direta com as teorias e as técnicas da psicologia tradicional, cujo propósito básico tem sido o de explicar e predizer o comportamento humano num mundo fixo e material que opera de acordo com princípios newtonianos imutáveis. A teoria de Piaget do desenvolvimento cognitivo é um bom exemplo. No modelo de Piaget, o auge do desenvolvimento psicológico é o estágio das Operações Formais, caracterizado pela capacidade de pensar de maneira lógica e de responder ao ambiente externo com respostas racionais.

Na sociedade ocidental, essa capacidade para perceber com precisão a realidade exterior não é apenas uma medida de desenvolvimento cognitivo, é também o principal determinador da adaptação psicológica. Saúde mental é igualada a "estar em contato com a realidade", e as pessoas que reagem de modo inadequado a sua realidade exterior recebem "rótulos" a modo de diagnósticos (por exemplo, esquizofrenia). Talvez, esses "rótulos" possam nos encorajar a todos a negar, a distorcer ou a racionalizar qualquer experiência que não podemos explicar por meio de processos de pensamento racionais, reforçando assim nossa crença newtoniana coletiva numa realidade exterior fixa e objetiva.

O primeiro processo de tratamento psicológico bem-desenvolvido estava, de fato, firmemente arraigado na física clássica. Freud concebia o organismo humano como uma complexa máquina biológica que opera de acordo com leis mecânicas, e tentou "utilizar as concepções básicas da física clássica em sua descrição dos fenômenos psicológicos e, desse modo, estabelecer uma relação conceitual entre a psicanálise e a mecânica newtoniana" (Capra 1983, 180). De acordo com a teoria psicanalítica, o comportamento humano é *determinado* pela dinâmica entre impulsos instintivos e forças exteriores. Portanto, os seres humanos são meras bolas de bilhar no jogo da vida, movidos para lá e para cá por forças que, basicamente, estão além da percepção ou do controle consciente.

B. F. Skinner também promoveu uma visão altamente mecanicista do comportamento humano. Sua teoria da psicologia behaviorista baseia-se na premissa segundo a qual os seres humanos estão constantemente respondendo a estímulos externos (e sendo modelados por eles). Esse modelo de estímulo-resposta reflete a vigorosa crença newtoniana de Skinner numa realidade exterior objetiva e mensurável, dotada de grande poder para influenciar (e até mesmo para controlar) cada uma das nossas ações. A psicologia behaviorista influenciou em grande medida as organizações, especialmente em áreas de administração de desempenho (motivação, disciplina e compensação). Muitas pessoas ainda estão debatendo acerca de um modo de persuadir as pessoas a fazer alguma coisa usando um método que mistura promessas com ameaças, e a maioria das organizações tem organizado seus planos de compensação, bem como suas práticas administrativas diárias em torno da física e da psicologia behaviorista, mecanicista.

No entanto, a teoria psicanalítica de Freud e o modelo behaviorista de Skinner não contam toda a história. Desde os seus primórdios, no começo da primeira década deste século, o campo da psicologia tem apresentado duas áreas filosóficas diferentes, que correspondem às duas visões de mundo ou paradigmas da realidade — o clássico (mecanicista) e o quântico (místico). Wade explica:

> "Teorias com suposições notadamente místicas, tais como as introduzidas por James, Janet, Jung e Assagioli, remontam às origens da psicologia enquanto 'ciência'. Porém, particularmente nos Estados Unidos, essas teorias foram, desde o começo, esmagadas pelas escolas analítica e comportamental. Foi apenas nos últimos vinte anos que um ramo identificável, denominado psicologia transpessoal, tentou reconciliar as teorias psicológicas ocidentais tradicionais e místicas estendendo o âmbito da consciência de maneira a incluir realidades previamente não-reconhecidas ou descartadas" (1996, 3).

A psicologia transpessoal difere da psicologia tradicional pelo fato de que a saúde psicológica não está baseada na adaptação da visão de mundo predominante; em vez disso, baseia-se na capacidade de vivenciar a **iluminação** — a liberdade emocional associada à capacidade de ter acesso a estados superiores de consciência. As intervenções terapêuticas utilizadas pelos psicólogos transpessoais são processos que têm sido adotados por místicos em todas as culturas ao longo de toda a história. Essas técnicas possibilitam ao praticante transcender o eu egóico e se ligar com um Eu superior, vivenciando desse modo um estado ampliado de percepção ou, para empregar o termo de Maslow, tornar-se auto-realizado. Na bem conhecida hierarquia de necessidades de Maslow (Figura 9.4), a pessoa auto-realizada funciona no nível mais elevado de desenvolvimento psicológico humano.

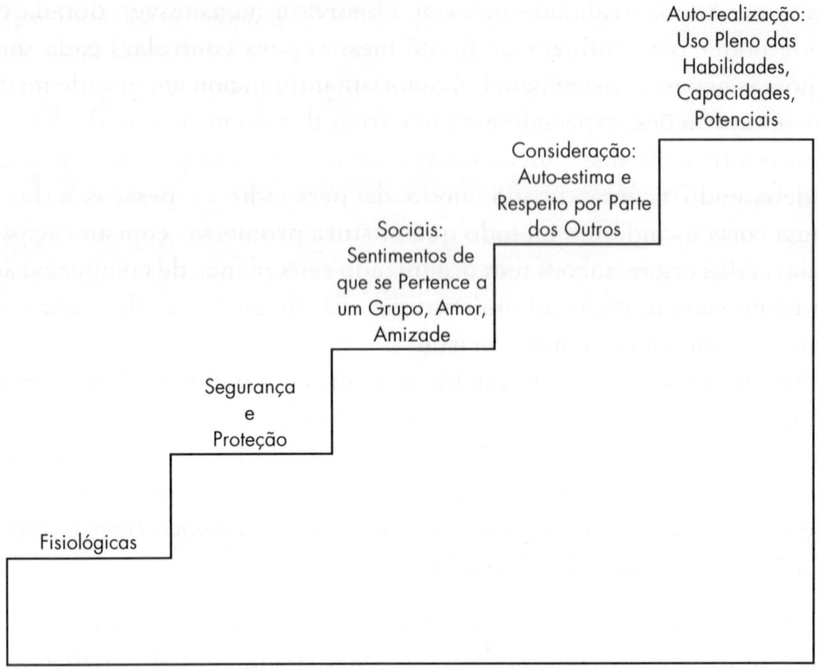

Figura 9.4: *Hierarquia de Necessidades de Maslow. O famoso modelo de Maslow é freqüentemente considerado um modelo de satisfação-progressão — um nível de necessidades deve ser satisfeito antes de se progredir para o nível seguinte. A auto-realização precisa estar no topo da hierarquia. Maslow descreveu a pessoa auto-realizada como alguém que é motivado pelo anseio de realizar seu pleno potencial.*

As teorias psicológicas de base newtoniana têm por escopo o que o físico David Bohm chamava de **ordem explicada** (o mundo material). As teorias transpessoais reconhecem o poder de um domínio invisível, a **ordem implicada** (o domínio espiritual ou quântico). Essas teorias proporcionam uma maneira de se levar em consideração a consciência, que as teorias newtonianas não conseguem explicar. As teorias psicológicas de base newtoniana nunca foram capazes de provar sequer que a consciência existe, embora ela seja a essência do ser humano. A psicologia transpessoal afirma que a consciência não pode ser explicada no âmbito do modelo mecanicista porque não é exclusivamente uma função de processos fisiológicos. De fato, há um volume cada vez maior de pesquisas em física quântica que dá apoio a essa premissa. O cérebro humano, em vez de ser a fonte básica da consciência, pode, em vez disso, atuar como um transdutor (ou conversor) de informações originadas num campo quântico fora do tempo e do espaço. Em outras palavras, a consciência pode emergir de campos de energia que se situam fora da realidade material; portanto, talvez a consciência nunca venha a ser descoberta ou mesmo explicada pela psicologia mecanicista.

No entanto, a teoria quântica fornece um arcabouço conceitual para a consciência — um arcabouço do qual tanto a física como a psicologia podem partilhar. A física Danah Zohar escreve que "por meio de um casamento da física com a psicologia, podemos viver num universo reconciliado, um universo no qual somos plena e significativamente parte do esquema das coisas" (1990, 23), um universo no qual não separamos mais a mente da matéria. Mais de cinqüenta anos atrás, o psiquiatra Carl Jung previu tal reconciliação. Ele escreveu:

> "Mais cedo ou mais tarde, a física nuclear e a psicologia do inconsciente se aproximarão uma da outra, uma independentemente da outra, a partir de sentidos opostos, abrindo caminho em território transcendental ... A psique não pode ser totalmente diferente da matéria, pois, de outra maneira, como ela poderia mover a matéria? E a matéria não pode ser alheia à psique, pois como poderia a matéria produzir a psique? A psique e a matéria existem no mesmo mundo, e cada uma delas participa da outra, caso contrário qualquer ação recíproca seria impossível. Portanto, se as pesquisas pudessem apenas avançar o suficiente, chegaríamos a um acordo mútuo entre concepções físicas e psicológicas. Nossas tentativas atuais podem ser arrojadas, mas creio que estão no caminho certo" (1969, 261).

À medida que nos aproximamos do século XXI, a previsão de Jung está sendo concretizada. Chegamos a uma época de integração. Descobrimos os fios comuns que percorrem a filosofia, a psicologia e a física. No entanto, não transferimos ao local de trabalho esse conhecimento velho/novo, científico/místico. É hora de fazê-lo. Esse modelo nos proporciona habilidades com as quais podemos começar o processo. Tira a teoria quântica fora do domínio das fórmulas matemáticas (física) e a psicologia transpessoal fora do domínio da abstração mística (metafísica) e traduz esses princípios complexos em habilidades práticas. À medida que praticamos essas Habilidades Quânticas, começamos a recriar nossa vida individual e nosso lugar de trabalho coletivo. Descobrimos que a mudança exterior sempre começa interiormente e nos tornamos autênticos mestres da mudança, mudando a nós mesmos e a nossas organizações de dentro para fora.

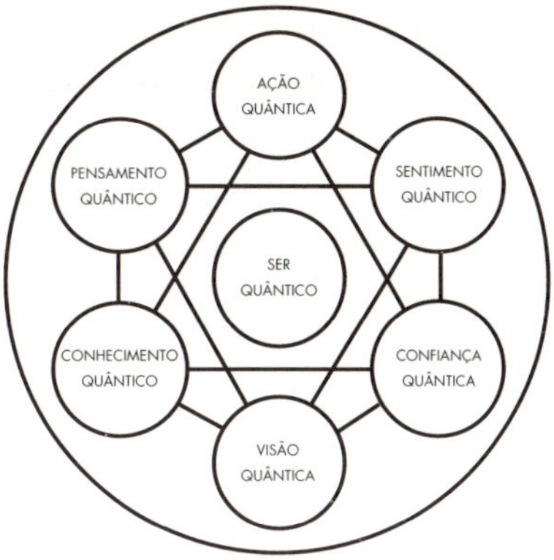

10
Mudança Quântica

"A evolução é uma ascensão rumo à consciência."

Teilhard de Chardin

A NOVA FRONTEIRA

A essa altura de nossa jornada evolutiva, é nos possível criar um eu livre das restrições de nossas programações genética e cultural, um eu que escolha conscientemente o que ver e o que pensar, e como sentir e agir. No entanto, a tarefa diante de nós não é pequena. A vida consciente ainda não é a norma, nem mesmo o objetivo, devido aos milhões de pessoas que estão operando nos níveis inferiores da hierarquia de necessidades de Maslow. Talvez, como sociedade, precisemos de um espaço interior equivalente ao do Projeto Apollo. Pense no que poderia acontecer se este país fizesse um esforço concentrado para distribuir amplamente informações moderníssimas a respeito da capacidade da mente humana, juntamente com treinamento de habilidades práticas para aprender como viver a vida com um novo paradigma.

Não vejo indicações de que a sociedade como um todo esteja preparada para patrocinar uma iniciativa de espaço interior. Porém, vejo indivíduos de todo o mundo se reunindo para dialogar a respeito da mudança de visão do mundo, desafiando suas próprias crenças e explorando seu próprio espaço interior. Talvez isso seja suficiente. Harman e Rheingold lembram-nos de que "as mudanças realmente fundamentais na história das sociedades ... não ocorreram devido às decisões arbitrárias de alguns líderes, mas porque grandes números de pessoas mudaram um pouquinho sua mente" (1984, 213). De fato, muitas de nossas mudanças sociais mais significativas começaram como pequenos movimentos populares. Quando um número suficiente de indivíduos muda suas idéias a respeito do que é possível, é certo que se seguirão saltos quânticos na consciência coletiva.

O CENTÉSIMO MACACO

Em 1982, Ken Keyes publicou *The Hundredth Monkey* [*O Centésimo Macaco**], documentando um fenômeno notável, o poder da **massa crítica**. O livro de Keyes narra a história da maneira pela qual macacos adultos, que viviam em várias ilhas japonesas, mudaram subitamente seus hábitos alimentares depois que uma massa crítica de jovens macacos começou a comer batata-doce. Quando macacos adultos numa das ilhas mudaram seu comportamento, quase que instantaneamente macacos nas ilhas vizinhas também mudaram seus hábitos alimentares. Pelo que parece, uma vez atingida a massa crítica (simbolicamente, o centésimo macaco), todo o sistema mudou espontaneamente.

A teoria quântica sugeriria que tais mudanças súbitas e dramáticas no comportamento não são resultado da massa crítica, mas sim, da intrincada **interconexidade** da vida. O universo é um sistema quântico interativo no qual as mudanças em uma parte influenciam invariavelmente outras partes do sistema, até mesmo ao longo de grandes distâncias. Portanto, quando mudo minha consciência, influencio o campo quântico ao qual estamos todos ligados, aumentando assim a probabilidade de que você possa mudar igualmente a sua.

O fenômeno do centésimo macaco desafia cada um de nós a, nas palavras de Gandhi, "**ser** a mudança que queremos ver". Isso nos lembra de que a mudança organizacional começa no nível da consciência individual. Sugere que, quando um número suficiente de indivíduos mudaram

---

* Publicado pela Editora Pensamento, São Paulo, 1990.

a si mesmos (suas velhas maneiras de pensar, de sentir e de agir), grandes mudanças que abrangem todo o sistema se seguirão espontaneamente — sem revolução penosa, sem alteração detalhada dos planos, sem sequer apoio vindo do topo da estrutura de poder. Se uma borboleta em Hong Kong pode afetar o tempo meteorológico no Central Park, certamente cada um de nós pode exercer impacto nos nossos locais de trabalho (e nos nossos mundos) de maneiras bastante significativas.

PIONEIROS DO PARADIGMA

Desse modo, a mudança cabe a cada um de nós. Somos os pioneiros do paradigma do novo milênio. Somos as pessoas do avanço revolucionário — pessoas desafiadas a mudar uma visão de mundo de 400 anos. E o estamos mudando — uma pessoa e uma escolha por vez. O velho paradigma é enfraquecido cada vez que escolhemos ver, pensar, sentir ou agir de maneira diferente. O novo paradigma é fortalecido cada vez que escolhemos intuir em vez de analisar, ou confiar em vez de controlar. No entanto, abrir um novo caminho exige uma enorme coragem. Poucos podem nos apoiar. Alguns podem até mesmo tentar nos desviar de nosso caminho. No entanto, os maiores desafios são internos.

À medida que integramos essas Habilidades Quânticas em nossas vidas diárias, com freqüência desencadeamos profundas reações inconscientes. Fortes sentimentos de inadequação, medo, culpa, egoísmo, dúvida, frustração e reprovação podem vir à tona. Esses sentimentos constituem a reação do ego à ameaça de maneiras de ser novas e não-familiares. À medida que passamos por essas reações negativas, nossa vida com freqüência parece em crise, e é essa a sensação que ela nos transmite. Na realidade, estamos simplesmente vivenciando uma **desintoxicação de paradigma**. É uma época, na linguagem da teoria do caos, em que a energia de novas práticas agita a energia de velhas suposições e crenças, de modo que essa energia obsoleta possa ser dissipada — transformada em novos níveis de ser. Compreender esse processo nos ajuda a ser mais tolerantes com o caos que, invariavelmente, acompanha a transformação. A Figura 10.1 mapeia os sentimentos que, com freqüência, são desencadeados quando tentamos integrar essas habilidades em nossa vida diária.

Nosso papel durante o processo de desintoxicação assemelha-se mais ao de um alquimista que ao de um exterminador. Deixamos que os sentimentos negativos venham à tona, confiando no fato de que essa energia negativa, dadas as condições corretas, transformará a si mes-

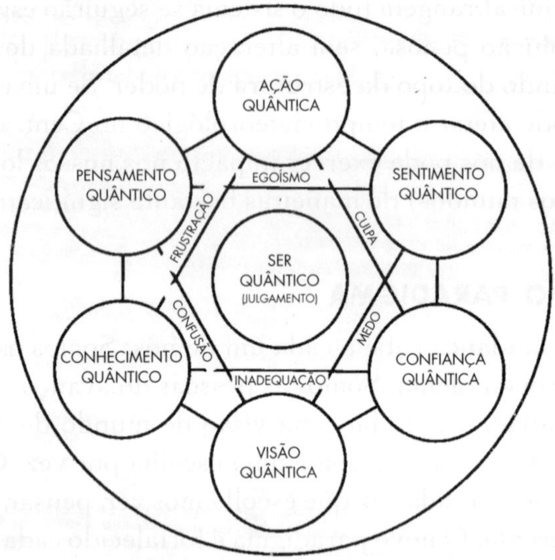

Figura 10.1: *Reações Típicas de Desintoxicação. Quando tentamos integrar essas Habilidades Quânticas em nossa vida, sentimentos profundamente inconscientes afloram com freqüência. A Figura 10.1 mostra as típicas reações de desintoxicação associadas com cada uma das Habilidades Quânticas.*

ma. As condições necessárias são o reconhecimento e a aceitação. Não podemos transformar emoções dolorosas enquanto não as sentimos plenamente. Se tentamos negar uma emoção negativa, essa emoção "vai para o subsolo" e começa a exercer uma grande dose de influência inconsciente sobre nós. A negação nos faz perder a escolha consciente. Vivenciar a emoção liberta-nos de suas garras. Isso não significa que temos de passar uma grande parte do tempo atolados na culpa, ou na condenação, ou no medo. Podemos utilizar as muitas práticas discutidas nos capítulos sobre as habilidades para continuar a nos mover para a frente por meio do processo. A Tabela 10.1 fornece uma breve recapitulação de práticas úteis.

A INUNDAÇÃO

Como você pode adivinhar, escrever a respeito dessas Habilidades Quânticas precipitou inúmeras oportunidades para que eu vivenciasse meu próprio processo de desintoxicação. Um episódio foi particularmen-

Tabela 10.1: *Desintoxicação de paradigma — reações e remédios*

Habilidade quântica	*Reação*	*Remédio*
Visão Quântica	Inadequação	Afirmações
Pensamento Quântico	Frustração	Imagens Visuais
Sentimento Quântico	Culpa	Manter um Diário
Conhecimento Quântico	Confusão	Meditação
Ação Quântica	Egoísmo	Esclarecimento dos Valores
Confiança Quântica	Medo	"Catastrofizar"
Ser Quântico	Julgamento	Diálogo

te desafiador. Passei a me referir a ele simplesmente como A Inundação. O cenário começou no verão de 1995. Queria passar o meu verão escrevendo, mas o meu medo relativo às finanças fez com que eu preenchesse os meus dias com outro trabalho. Comprometi-me com um importante trabalho de consultoria durante o dia e lecionei cursos para mestrado em Administração Comercial em quatro noites por semana. Em agosto, eu estava exausta. Resolvi esboçar planos para setembro até dezembro e me concentrar na tarefa de completar este livro. Uma vez que eu não tinha escrito durante vários meses, senti que precisava de um catalisador — algo para provocar um salto inicial na minha criatividade e reabastecer minha paixão. Procurei um seminário e escolhi um na Universidade de Cambridge, na Inglaterra. Eu estava sobreexcitada. Passaria quatro dias escutando a respeito das teorias mais recentes sobre a consciência e então dedicaria outros dez dias de folga com meu companheiro na Inglaterra e na Escócia, antes de voltar para casa descansada e inspirada para acabar este livro por volta do Natal.

No segundo dia da conferência, recebi **a chamada** — uma chamada telefônica do meu filho Matthew. Começava com uma pergunta: "Você está sentada?" Eu sabia que a minha vida estava em vias de mudar. Matt prosseguiu dizendo-me que minha casa fora inundada, danificando ou destruindo a maior parte do que continha, inclusive minha posse mais estimada, um grande piano Steinway. Em alguns segundos, todos os meus planos para o futuro imediato foram ameaçados. O que eu pensava que queria fazer, terminar este projeto de escrita, foi substituído por aquilo que eu, obviamente, precisava fazer, recriar uma casa.

Esse telefonema desencadeou sentimentos de raiva, perda e autopiedade. Meu compromisso com as Habilidades Quânticas foi profundamente posto em cheque. Eu realmente queria me "chafurdar" na autopiedade, mas fiz a escolha consciente, embora fosse difícil fazê-la — aplicar essas habilidades. Certamente, não as utilizei numa ordem seqüencial isolada. No entanto, discutirei as Habilidades individualmente, a fim de demonstrar mais apropriadamente a relevância particular de cada Habilidade para a situação. Coletivamente, elas serviram como um conjunto integrado de Habilidades, um estojo de primeiros socorros, por assim dizer, para intervir numa crise.

A habilidade do Sentimento Quântico lembrou-me de que eu tinha responsabilidades. Eu podia **culpar** o universo, meu construtor, o fabricante dos encanamentos, ou a mim mesma, por não ter fechado as torneiras antes de sair de casa. Ou então, poderia aceitar o que ocorrera e ficar agradecida pelo fato de se tratar apenas de uma casa danificada, e não de uma vida danificada. A escolha foi minha. Percebi claramente que qualquer coisa em que me concentrasse, eu acabava por vivenciar. Se me concentrasse na perda, na desordem e nas rupturas em minha vida, caía vítima da autopiedade. Se me voltasse aos aspectos positivos da situação, — uma casa redecorada com mobílias novas —, meus sentimentos mudavam de maneira correspondente. No entanto, era-me importante sentir profundamente a perda e a ruína antes de deixá-las partir. A habilidade do Sentimento Quântico deu-me uma escolha a respeito de quanto tempo eu queria permanecer com a dor. Ajudou-me a me mover com bastante rapidez, vivenciando uma noite escura da alma, mas escolhendo não permanecer lá indefinidamente.

Eu me sentia esmagada pelo desafio que se levantava diante de mim. Nunca fui inclinada à vida doméstica (alguns diriam que a vida doméstica me impõe um desafio) e estava fora de minha zona de comodidade quando lidava com agentes de seguros. Sentia-me uma incompetente. Tive sérias dúvidas a respeito da minha capacidade para manipular um projeto para o qual não tinha treinamento nem experiência. Eu simplesmente não tinha um sistema de referência a partir do qual pudesse tomar a grande quantidade de decisões diárias com as quais me defrontava. Para complicar a questão, eu não tinha idéia da aparência que eu queria que a minha casa recém-remodelada tivesse. Eu não apenas carecia de habilidades técnicas, porém, o que era ainda mais importante, carecia de visão. Finalmente, reservei algum tempo para reimaginar minha casa, indagando a mim mesma: "Com o que se pareceria minha casa ideal?" À medida que realizava minha visualização, comecei a reconhecer quão pouco de mim estava refletido na minha velha decoração. Era o "mim mesma" de doze anos atrás. Não refletia meu gosto atual. Essa assim chamada crise proporcionou-me uma oportunidade para tornar o mundo exterior mais congruente com os anseios do meu coração, e descobri que, à proporção que se tornava mais claro aquilo com que um espaço ideal se pareceria, os sentimentos de **inadequação** diminuíam. Minha confiança aumentou muito quando dediquei tempo para esclarecer minhas intenções (Visão Quântica).

Quando vivi esse período, tive inúmeras oportunidades para praticar o Pensamento Quântico — fui desafiada a substituir minha mentalidade "isso ou aquilo" pelo pensamento "isso e aquilo". Por exemplo, minha visão de minha casa recém-remodelada mostrava assoalhos de madeira de lei. A *realidade* era que a minha "velha casa" tinha tapetes. E, naturalmente, o seguro cobria apenas os custos de reposição dos carpetes. Quando avaliei no mercado minhas opções de compra, constatei que os custos para a instalação de madeira de lei eram muito maiores do que a reposição dos carpetes. Senti-me frustrada. Pareceu-me que eu não tinha muita escolha. Ou repunha o carpete ou pagava a diferença; e, de vez que eu não estava numa situação financeira que me permitisse comprar pisos de madeira de lei, senti minha casa dos sonhos prestes a desmoronar. Quase sucumbi à perspectiva limitada do pensamento dualista. No entanto, fiz a escolha consciente de manter a visão de assoalhos de madeira de lei. Era uma excelente decisão. De maneira bastante oportuna e afortunada, alguém me falou a respeito de um fornecedor que estava tentando se desfazer de alguma madeira de lei usada que ele acabara de remover de um estúdio de dança. Bem, você pode adivinhar o final da história. Consegui meus assoalhos de madeira de lei, e a companhia de seguros pagou por eles. O Pensamento Quântico pagou tudo.

Durante os três meses de reconstrução da casa fui, com freqüência, *forçada* (perdoe-me a linguagem newtoniana) a contar com minha intuição (Conhecimento Quântico). Como mencionei antes, eu simplesmente não tinha habilidades nem experiência na arena dos consertos domésticos. Estava, como se costuma dizer, agindo por instinto. Minha falta de perícia em remodelar minha casa desencadeou minha insegurança, que, por sua vez, desencadeou minha necessidade de analisar e de tomar decisões racionais. No entanto, eu não tinha tempo para fazer muitas pesquisas. Com freqüência, os trabalhadores apareciam sem avisar antecipadamente, e eu tinha de tomar uma decisão no próprio local a respeito de substituir ou remendar a parte inferior dos assoalhos ou substituir ou consertar a mobília danificada. Quando conseguia tempo para consultar os assim chamados especialistas, em geral recebia informações discrepantes. Uma pessoa recomendava uma coisa, outra recomendava alguma coisa mais. Aos poucos, retomei meu tempo para reflexão matinal e aprendi a meditar em meio a caixas de cordas e lixadeiras elétricas do pessoal da construção. Quando o consegui, minha **confusão** se desfez, e comecei a tomar decisões de uma maneira muito mais espontânea e sem esforço. Quando me livrei de minha determinação de encontrar a resposta certa, descobri que eu já a tinha dentro de mim.

Minhas discussões quase diárias com a companhia de seguros me proporcionaram muitas oportunidades para refletir sobre meus valores e agir de acordo com eles. Ao negociar a respeito de um assoalho danificado ou avaliar um inventário de perdas, meu compromisso com a integridade foi testado. Constantemente, eu tinha de equilibrar minhas necessidades com uma preocupação pelo todo (Ação Quântica). Minha tensão e minha confusão desencadearam o **egoísmo**. Meu ego instava-me a cuidar bem dos meus interesses pessoais. Com freqüência, pensei em solicitar à companhia de seguros para que me fornecesse alojamento temporário, mas optei por acampar junto da minha casa, reconhecendo que meus custos declarados afetavam os tipos de experiência de todos os proprietários de casas em minha área e sabendo que quaisquer concessões que eu pudesse razoavelmente fazer me beneficiariam mais tarde num universo sincronístico.

É óbvio que essa experiência proporcionava muitas oportunidades para que eu vivesse no caos (Confiança Quântica). Sentia minha vida totalmente fora de controle. Tinha planos importantes para o outono — terminar um livro. Esses planos tiveram de ser descartados. Eu trabalhava fora de casa, mas a minha casa estava fervilhando com os trabalhadores da construção. De fato, o processo de reconstrução com freqüência dava um passo para a frente apenas para dar em seguida dois passos para trás. A sala de estar estava quase completamente reparada quando encontraram cupim, e as paredes tiveram de ser refeitas. O assoalho da sala de jantar acabara de ser limpo com areia, pintado e lustrado quando o assoalho de madeira de lei na cozinha começou a empenar. Os trabalhadores passaram a arrancar o assoalho da cozinha, criando o caos em todo o assoalho principal, que pensávamos já estava reformado. Por vezes, tive **medo** de que a minha vida jamais voltasse ao normal.

O caos da construção foi acompanhado por uma invasão de ratos. Eles apareceram não num quarto, nem num piso, mas por toda a parte. Eu vivera nessa casa durante doze anos e nunca vira um único rato. Agora eles estavam por todos os cantos. Quer isso tenha ocorrido porque os trabalhadores deixavam as portas abertas com escoras durante o dia todo, quer por ter sido aquele o outono mais seco que Kansas tivera em 100 anos, ou quer a causa tenha sido mais metafísica, isso é irrelevante. O fato é que eles vieram e provocaram a confusão. Tão logo consegui um quarto totalmente limpo e onde a ordem fora restabelecida, os ratos voltaram, exigindo que eu, mais uma vez, esvaziasse os armários e limpasse as prateleiras. No entanto, foi uma boa experiência deixar meus quartinhos e armários cada vez mais em ordem. Toda vez que eu tinha de limpá-los, eliminava mais matéria da minha vida. Quando os ratos finalmente se foram, eu estava livre de uma porção de objetos em desordem, que eu não usava mais e que eram desnecessários. Os ratos foram meus professores rigorosos. Criaram o caos necessário para que eu reordenasse a minha vida.

Naturalmente, também tive várias oportunidades para praticar a habilidade do Ser Quântico. Diariamente, meu compromisso com uma vida baseada em relacionamentos de amor foi testado. Com agentes de seguros e com fornecedores, tive muitas oportunidades para suspender o **julgamento**, escutar profundamente e comprometer-me a encontrar soluções em que todos saem ganhando. Tentei conhecer esses estranhos em minha vida como pessoas, e não apenas como fornecedores de serviços, e ao fazê-lo experimentei muitas surpresas. O fornecedor dos meus assoalhos de madeira de lei revelou-se alguém que desde há muito tempo era um estudioso de metafísica. Durante várias semanas, ele me trazia a refeição matinal, eu fazia o café e discutíamos mecânica quântica, psicologia transpessoal e vários outros assuntos. Foi para mim um lembrete maravilhoso de que os presentes nem sempre vêm no pacote esperado. Em meio às nossas diferenças de ordem exterior, há sempre algum terreno comum.

O ponto-chave dessa história muito longa é o seguinte: Um compromisso com essas Habilidades Quânticas não significa que nossa vida se livra de repente da tensão. Na verdade, pode significar o oposto. Às vezes, as coisas realmente precisam ficar piores antes que possam melhorar. O desafio consiste em reconhecer todas as experiências da vida como oportunidades de aprendizagem — oportunidades para ser pioneiros de paradigma. Também é útil lembrarmo-nos de que é mais fácil nos comportar à nossa maneira no âmbito de novas crenças do que acreditar, à nossa maneira, em novos comportamentos. Por isso, podemos nos comprometer com a utilização das habilidades, mesmo que nossos sistemas de crença possam, por algum tempo, conter remanescentes de uma visão de mundo obsoleta.

A ORGANIZAÇÃO QUÂNTICA

Quando começamos a utilizar essas Habilidades Quânticas, criamos um novo eu — um eu que vê as coisas de maneira diferente — um eu que vê o local de trabalho de uma nova perspectiva. Começamos a reconhecer o trabalho como uma das muitas salas de aula da vida, encarando nossos colegas de trabalho como professores que nos proporcionam oportunidades excelentes de aprendizagem. Liberamos nossos sentimentos de frustração, de culpa e de autopiedade. Exercitamos nossa capacidade para escolher nossos sentimentos, vivenciando assim um salto quântico no poder pessoal — não o poder conferido por uma iniciativa empresarial, mas o poder que sobe à tona vindo do nosso interior quando reivindicamos nossa capacidade de resposta.

Começamos a mudar o nosso enfoque de "O que está errado com a minha empresa (departamento, equipe, colegas de trabalho)?" para "O que eu posso aprender a meu próprio respeito a partir dessa experiência?" Deixamos de nos concentrar naquilo que está errado com o sistema e começamos a nos voltar para novas maneiras de sentir, de ver, de pensar, de conhecer, de agir, de confiar e de ser. Assumimos responsabilidade pelo que **é** e começamos a imaginar o que **poderia ser**. Recriamos nossa vida por vias que proporcionam mais propósito e significado e, ao fazê-lo, recriamos nossos locais de trabalho. Quando um número suficiente de nós assumir esse compromisso, criaremos coletivamente organizações quânticas.

Talvez uma organização quântica possa ser mais bem-definida como uma organização sem fronteiras, em constante mudança, na qual todos os depositários interagem por vias de mútuo aperfeiçoamento. É o lugar de trabalho que funciona para todos — membros de equipe, investidores, fornecedores, clientes, a comunidade e o planeta. Uma organização quântica reconhece a riqueza de perspectivas diversas e cria processos que procuram e que honram essas diferenças. Tal organização aprecia o conflito, sabendo que, por meio do diálogo, até mesmo as idéias mais divergentes poderão, finalmente, encontrar um terreno comum de entendimento. O caos é reconhecido como parte natural da evolução do sistema. O poder e o controle são substituídos por um profundo sentido de confiança na capacidade da vida para se auto-organizar. Todos os depositários são tratados com profundo respeito, e cada pessoa tem ingresso em decisões que afetam o todo.

Uma organização quântica sabe que as coisas nem sempre são o que parecem. Seus membros reconhecem o poder do paradoxo. Eles sabem que o mais lento é, com freqüência, o mais rápido, e que as soluções mais lógicas não são necessariamente as melhores. A organização quântica valoriza a intuição tanto quanto o pensamento racional. Ela reconhece o papel da análise, porém não é limitada por ele. Membros de organizações quânticas compreendem que vivemos num mundo de probabilidades — que a previsão e o controle absolutos são mitos, pois a realidade é subjetiva, e os resultados sempre recebem o impacto das expectativas humanas.

Uma organização quântica vê as coisas de maneira sistêmica. Os envolvidos reconhecem que sua organização faz parte de um todo inter-relacionado que vai muito além das paredes do seu escritório. Sabem que aquilo que acontece num grupo de trabalho não apenas influencia todos os outros grupos de trabalho como também cria efeitos ondulatórios por todo o cosmos. Uma tal organização foi além da mera adesão a um código de ética e aceitou o papel do administrador, agindo pelo bem do todo.

A organização quântica está comprometida com a integridade. Ela valoriza fazer as coisas certas tanto quanto fazer as coisas de maneira certa. A tomada de decisões urgente, a modo de reação, é substituída pela contemplação atenta. Todos os participantes assumem plena responsabilidade pelo que é, embora enfoquem continuamente o que poderia ser. A Tabela 10.2 resume os comportamentos-chave e as práticas para o local de trabalho de uma organização quântica. Recursos de apoio recomendados também são listados. Esses recursos são organizações cujos enfoques estão diretamente ligados com uma das Habilidades Quânticas. Todas essas organizações são não-lucrativas e todas estão fortemente comprometidas com a transformação do local de trabalho.

O TRABALHO NO SÉCULO XXI

Quando nos valemos dessas Habilidades Quânticas, transformamos não apenas o local de trabalho, mas também a natureza do próprio trabalho. Começamos a integrar, por vias mais equilibradas e criativas, nosso trabalho na tapeçaria de nossa vida. A idéia do trabalho como um emprego pago é, no final das contas, um fenômeno relativamente recente na história da humanidade. Nossos primeiros ancestrais não separavam seu trabalho do seu lazer. Ambos estavam integrados numa rotina diária. O trabalho, ao longo dos últimos séculos, assumiu um papel de importância cada vez maior em nossa vida. Para alguns de nós, tornou-se nossa razão fundamental de ser. O poeta David Whyte lembra que, "não obstante tudo o que a nossa herança pode nos dizer, o trabalho não é e nunca foi o

Tabela 10.2: *A organização quântica*

Habilidade quântica	*Comportamento-chave*	*Conseqüência no local de trabalho*	*Prática*	*Recurso recomendado*
Visão Quântica	Focalizado	Qualidade	Visão partilhada	Searchnet (215 - 951 - 0300)
Pensamento Quântico	Criativo	Inovação	Pensamento de 360°	Creative Problem Solving Institute (716 - 675 - 3181)
Sentimento Quântico	Animado	Motivação	Capacidade de Resposta	The Institute of HearthMath (408 - 338 - 8700)
Conhecimento Quântico	Confiante	Obtenção de Poder	Tomada Instintiva de Decisões	The Institute of Noetic Science (415 - 331 - 5673) Intuition Network (415 - 256 - 1137)
Ação Quântica	Ético	Responsabilidade	Balanço dos Valores	Business for Social Responsibility (202 - 842 - 5400) World Business Academy (415 - 227 - 0106)
Confiança Quântica	Flexível	Mudança/caos	Auto-organização	The Berkana Institute (801 - 377 - 2996) The Open Space Institute (425 - 643 - 6357)
Ser Quântico	Compassivo	Parceria	Diálogo	Center for Dialogic Communication (714 - 497 - 9757)

verdadeiro centro do universo humano; e o universo, com maravilhosa compaixão, parece disposto a suportar dores incessantes para nos lembrar desse fato" (1994, 4).

Realmente, a partir de uma perspectiva social, numerosos fatores estão se combinando de uma forma que nos encorajará vigorosamente a redefinir o trabalho. Esses fatores sociais podem até mesmo precisar da recriação não apenas do local de trabalho mas também do próprio trabalho. A principal dentre essas questões é a da diminuição da base de recursos naturais. É paradoxal que justamente na época da história em que a população do mundo todo quer de súbito se juntar ao jogo capitalista, nós que estivemos jogando esse jogo por muitos anos estejamos começando a questionar sua sustentabilidade. O fundamento do capitalismo baseado no crescimento é o consumismo. À medida que um número cada vez maior dentre nós começar a reconhecer as conseqüências espirituais negativas e ecológicas da atual mentalidade "adquirir-acumular-usar-e-descartar", começaremos a questionar o próprio fundamento sobre o qual tanto o consumismo como nossa atual ética de trabalho estão alicerçados (Terry 1995).

Paralelamente à atual tendência para um consumismo em rápida difusão, estamos passando por uma sofisticação tecnológica também em rápido crescimento. Computadores que utilizam a lógica imprecisa e a mecânica quântica, juntamente com a biotecnologia (e seus subprodutos, estendendo em muito a duração da vida), estão emparelhados para transformar a vida e o trabalho. Por exemplo, no século passado, cortamos pela metade o dia de trabalho médio, dos dias de 16 horas dos locais de trabalho suado e mal remunerado da virada do século para uma típica semana de trabalho de quarenta horas, enquanto, ao mesmo tempo, nosso padrão de vida melhorou muito. E estamos nos aproximando com rapidez de uma época em que poderemos, mais uma vez, teoricamente cortar pela metade nossos dias de trabalho. De fato, já há trabalho suficiente no planeta para manter 4,5 bilhões de adultos empregados durante 40 horas por semana. O International Labor Office publicou recentemente os resultados de um estudo internacional que constatou que um terço da força de trabalho disponível no mundo está atualmente desempregada ou vive de subempregos. Nem todas essas pessoas moram em países em desenvolvimento. Muitas delas estão nos Estados Unidos. De acordo com um economista do MIT, Lester Thurow (1996), cerca de 36 milhões de trabalhadores norte-americanos estão atualmente em subempregos e outros milhões trabalham em empregos temporários.

Como escolheremos viver quando o trabalho não é mais o princípio organizador fundamental de nossa vida? Sucumbiremos à atenção narcisista voltada para o eu, ou utilizaremos nossa energia criativa para o bem comum? Eu, por meu lado, sou otimista. Acredito que, uma vez que o trabalho consome cada vez menos do nosso tempo físico e da nossa energia emocional, ele, cada vez mais, acrescentará significado a nossa vida quando começarmos a ligar nosso trabalho individual a propósitos mais amplos. Bergmann comenta:

> "Que não haja confusão. Estamos no começo de uma grande escassez de empregos — mas não de trabalho. Se as pessoas têm

empregos rotativos, elas talvez, pelo menos, irão dispor de tempo para fazer parte do trabalho que ainda não foi feito — talvez terão tempo para reconstruir as metrópoles e as estradas, tempo para cuidar dos velhos e para criar as crianças, e tempo para construir um mundo mais sadio" (1996, 20).

À medida que formos trabalhando juntos para construir um mundo mais sadio, acabaremos por recriar nossos sistemas econômicos. Utilizaremos a habilidade do Pensamento Quântico para subir acima das nossas atuais opções binárias, superpondo o melhor do capitalismo na melhor das novas possibilidades econômicas ainda não concebidas. Recriaremos subseqüentemente nossa economia de uma maneira que reduzirá dramaticamente a lacuna cada vez mais maior entre *o que se tem e o que não se tem* do mundo. Descobriremos maneiras de viver em abundância sem degradar a vida dos outros nem os recursos do planeta. Daremos um basta aos nossos comportamentos que se comprazem em acumular bens às escondidas, sabendo que existe realmente *mais do que o suficiente para seguir em frente*. Começaremos a basear nosso sentido de abundância menos na riqueza econômica e mais no bem-estar espiritual.

Utilizaremos a habilidade da Visão Quântica para visualizar um mundo que funcione para todos os nossos filhos, e utilizaremos a habilidade da Ação Quântica para replanejar nossas vidas cotidianas por vias que nutram melhor nossa própria vida. Utilizaremos o Conhecimento Quântico para intuir soluções para os nossos mais espinhosos problemas pessoais e sociais, e utilizaremos a habilidade da Confiança Quântica para nos ajudar a atravessar o caos dessas importantes mudanças sociais. Em cada momento de decisão ao longo dessa jornada de mudança quântica, exercitaremos a capacidade de resposta (Sentimento Quântico), empenhando nosso coração, bem como nossa mente, em cada uma de nossas escolhas.

Finalmente, nos tornaremos *mestres na arte de viver*. Parafraseando James Michener, mestres na arte de viver não traçam distinções entre seu trabalho e seu lazer, sua mente e seu corpo, sua educação e sua recreação, seu amor e sua religião. Eles dificilmente sabem qual é qual. Apenas perseguem sua visão de excelência por meio do que quer que estejam fazendo e deixam que outros determinem se se trata de trabalho ou de lazer. Para si mesmos, eles estão sempre fazendo os dois ao mesmo tempo.

Quando o nosso trabalho se transformar em lazer, recriaremos nossos locais de trabalho — não tanto por replanejá-los (embora isso certamente venha a ocorrer), mas, em vez disso, por revivenciá-los.

Começaremos a encontrar alegria no que é comum, crescimento no conflito e equilíbrio em meio às ocupações. Haveremos de nos lembrar de quem realmente somos — seres espirituais em forma humana, e nos tornaremos seres quânticos, vivendo para amar e amando para viver. Esta é minha visão para o século XXI. Qual é a sua?

"Sem trabalho, toda a vida apodrece.
Mas quando o trabalho não tem alma, a vida é sufocada e morre."
Albert Camus

"O trabalho é amor tornado visível."
Kahlil Gibran

Posfácio

por Christine Smith Butler

Gerenciamento Quântico nos desafia a recriar nossos locais de trabalho — a transformá-los de hierarquias mecanicistas em comunidades co-criativas nas quais o amor é um aspecto reconhecido da vitalidade da organização. Para muitos de nós, captar essa visão exige esforço. Com certeza, minha realidade organizacional atual difere dessa visão de maneira significativa. Sou Diretora de Desenvolvimento de Recursos para uma grande instituição de educação superior com quatro campi universitários, 35.000 alunos e mais de 750 funcionários trabalhando em tempo integral. Essa organização tradicional, burocrática, está longe do *quantum*, não obstante seus melhores esforços para planejar colaborativamente, gerenciar horizontalmente e melhorar continuamente.

A cada dia, eu e muitos dos meus colegas somos lembrados da inadequação das nossas políticas e procedimentos mecanicistas, que se baseiam na previsão e no controle. Apesar disso, se estou lidando com questões de complacência ou procurando financiamento para uma nova iniciativa, então os relacionamentos, e não os procedimentos, ou mesmo os processos, estão no cerne de tudo o que faço. *Relacionamentos quânticos*, relacionamentos de amor incondicional, não constituem a norma na experiência organizacional do meu dia-a-dia. Às vezes, sou tentada a culpar a organização, ou seus altos funcionários, mas na verdade poucos dentre nós sabem como "fazer" relacionamentos. Temos sido treinados durante toda a nossa vida para estar certos ou errados; *ser* em relação, ser capaz de desistir do poder da posição para vivenciar o poder da capacidade das relações é uma maneira inteiramente nova de considerar nosso trabalho juntos.

O livro de Charlotte nos encoraja a aprofundar nosso sentido de presença conjunta, a honrar verdadeiramente nossas diferenças de maneira que possamos alimentar nossos relacionamentos em meio ao tumulto de realidades organizacionais em mudança. *Gerenciamento Quântico* ajuda-nos a lembrar que, à medida que as velhas estruturas familiares caem por terra, nós, como seres humanos, continuamos a existir e nossa capacidade para formar e criar organizações novas e elásticas neste mundo de contínuas mudanças depende apenas de nossos relacionamentos. É por intermédio de nossos relacionamentos que podemos descobrir capacidades no trabalho que antes eram insondáveis.

Ouvi a palavra "bravo" usada para descrever pessoas que levam ao trabalho o coração bem como a mente. Não é hora de dar a nós mesmos permissão para pôr o coração no trabalho? Poderia ocorrer que trabalho e amor não sejam mutuamente exclusivos? Uma experiência recente me fez ponderar sobre essas questões. Eu estava em Washington D.C. numa reunião de conselho que se estendia laboriosamente por uma agenda de um dia completo. Estávamos discutindo por que as pessoas continuavam a voltar à nossa organização quando uma diretora disse: "**Eis onde está o amor**." Sua bravura enviou uma onda de choque de entusiasmo através do grupo, redespertando nosso senso de propósito e revigorando nossas atas. Partilho com vocês um poema que se desenvolveu a partir das palavras dela.

Gato Encontra Flor

Nosso comércio reduziu o passo
até se arrastar por trás de nós
como um gato sonolento acomodado
no perímetro
de nossas mesas quadradas, limitadas,
quieto e despercebido.

Continuamos a trocar
palavras e pontos de vista
sem vida, arrastando negócios
classificados em itens.
O gato, tão enlevado
pela nossa indolência,
deu várias voltas ao nosso redor
e hipnotizou o campo.

Então, a voz de Kathleen
num tom mais do que grave,
flutuou numa calma e confiante
segurança, proclamando Amor.

"... Eis onde está o amor",
disse ela simplesmente,
abalando nossa letargia
informal,
e causando até mesmo
o assombro do gato
quando, diante de nós, as palavras
fizeram brotar e crescer
uma grande e folhosa flor-de-lis.

Sua inesperada avaliação,
sua apresentação dessa
flor no meio da reunião,
abriu a terra e espalhou
solo úmido pelos papéis
sobre nossas mesas vestidas. O deleite
dançou ao redor da sala,
afugentando em vapores o mau humor.

O gato, agora alerta, e curioso,
aproximou-se, fronte erguida,
patas deixando marcas de lama
nas brancas páginas xerocadas. Atravessou
a seqüência da agenda e parou
leve, e então
pressionou a cabeça peluda
contra o caule carnudo
e ronronou.

Como resultado de apenas um breve comentário, essa reunião foi transformada. O que poderia acontecer no nosso local de trabalho e no nosso mundo se cada um de nós abordasse o seu trabalho como um "amor tornado visível"?

Christine Smith Butler
The Metropolitan Community Colleges
Kansas City, Missouri
Março de 1998

Apêndice 1
Mapa Mental: Um Exemplo

Figura A. 1: *O desenho acima ilustra o mapa mental de uma "visão". Um mapa mental é uma maneira não-linear de captar informações. Ele não apenas possibilita o registro de uma porção de informações numa página como também capta as relações entre idéias e concepções. Não há uma maneira "correta" de desenhar um mapa mental, mas características de importância-chave no desenho incluem cor e símbolos, bem como palavras-chave. Desenhe começando no centro da página e dirigindo-se para fora, começando com o tema central e, em seguida, ramificando em todas as direções. Deixe à vista o seu mapa da "visão", num lugar por onde você passa sempre, para que ele possa lembrá-lo visualmente dos anseios do seu coração.*

Apêndice 2

Experimentos e Exercícios

VISÃO QUÂNTICA

- ✍ Com o que a sua vida se pareceria se você estivesse realmente vivendo o seu sonho? Crie um quadro de sonho com uma cartolina de pôster e figuras de revistas. Coloque esse quadro onde ele possa ser visto por você pelo menos duas vezes por dia.
- ✍ Que padrões de pensamento devem ser mudados para que essa visão se materialize (por exemplo, "Não há horas suficientes no dia" ou "Não tenho instrução suficiente")?
- ✍ Escreva uma afirmação para cada padrão de pensamento falho listado na questão 2 (por exemplo, "Tenho tempo de sobra para realizar todos os meus desejos"). **Leia suas afirmações pelo menos 12 vezes por dia!**
- ✍ Como o seu local de trabalho poderia mudar se você partilhasse mais de sua visão pessoal com seus colegas de trabalho?

PENSAMENTO QUÂNTICO

- ✍ Identifique uma questão ou decisão comum que você tenha polarizado (você vê apenas duas opções). Descreva as duas opções.
- ✍ Feche os olhos. Relaxe. Imagine que coloca cada uma dessas opções nas extremidades opostas de uma longa extensão contínua. Depois de reconhecê-las como uma polaridade, imagine as opções movendo-se para dentro, uma em direção à outra. Observe-as misturando-se no ponto médio, fundindo-se num caleidoscópio de exposições de imagem dupla. Quando as imagens começarem a sumir, abra os olhos e anote num papel as suas idéias. Se não conseguir imaginar esse cenário, faça simplesmente um

brainstorm[*] de mais opções sem levar em consideração a racionalidade. Esteja seguro e brinque com combinações opcionais (sobreposições).

✍ Como seu local de trabalho poderia mudar se você tentasse, de fato, ver cada situação desafiadora de cabeça para baixo e em marcha à ré?

SENTIMENTO QUÂNTICO

Escolha uma situação comum em sua vida que o está incomodando (por exemplo, medo, ansiedade, frustração, descontrole, raiva).

✍ Descreva os detalhes da situação.
✍ Quais aspectos negativos da situação chamam a sua atenção?
✍ O que você poderia apreciar a respeito dessa situação?
✍ Como você poderia se beneficiar se optasse por mudar o seu enfoque?
✍ Como você poderia usar essa habilidade para reduzir o seu *stress* no trabalho?

CONHECIMENTO QUÂNTICO

✍ Descreva uma decisão com a qual você sempre está se deparando ou um problema que você queira resolver.
✍ Faça um *brainstorm* com todas as opções/soluções possíveis. Anote-as ou as desenhe como um mapa mental.
✍ Ache um lugar tranqüilo e confortável. Feche os olhos, relaxe os músculos, concentre-se na sua respiração. À medida que seu corpo, sua mente e suas emoções se aquietam, imagine-se encontrando com sucesso cada uma das soluções identificadas. Abra os olhos e escreva sobre seus sentimentos, suas reações com relação a cada um dos cenários imaginados por você.
✍ Uma das opções/soluções lhe parece correta intuitivamente? Se não, feche os olhos novamente e peça orientação para o seu consultor interior. Escute atentamente. Observe as imagens que vêm à tona. Anote as suas introvisões.
✍ Ponha em prática a opção/solução que você sente, intuitivamente, ser a correta. Todas as noites, antes de se deitar, visualize os resultados que você deseja e afirme que os seus sonhos trarão à tona quaisquer outras informações que possam ser úteis.

---

[*] Brainstorm, em inglês, dar ou sugerir idéias em livre debate (em reunião, conferência, etc.). (N.T.)

✍ Pense a respeito de uma situação no local de trabalho em que os fatos sugerem a tomada de uma decisão que você sabe, intuitivamente, estar errada. O que aconteceria com a qualidade de suas decisões no local de trabalho se você, de fato, as ouvisse e partilhasse?

AÇÃO QUÂNTICA

✍ Faça uma lista dos seus valores fundamentais — de três a cinco valores que são mais importantes para você.

✍ Você está vivendo esses valores diariamente? Se não, por quê?

✍ Como mudariam os seus sentimentos a respeito de si mesmo se, continuamente, você tomasse decisões que fossem congruentes com os seus valores?

✍ Como sua experiência de trabalho poderia mudar se você empenhasse todo o seu eu no trabalho, modelando de maneira coerente os seus valores fundamentais?

✍ Que mudanças você está querendo fazer para ter uma vida mais voltada para os valores?

CONFIANÇA QUÂNTICA

✍ Em qual área de sua vida você gostaria de ter mais confiança (por exemplo, relacionamentos, finanças, trabalho, etc.)?

✍ Pense catastroficamente — qual é a pior coisa que poderia acontecer se você deixasse de exercer controle nessa área de sua vida?

✍ Por outro lado, como você poderia se desenvolver? Quais poderiam ser os benefícios de uma vida baseada na confiança?

✍ Poderiam os benefícios potenciais exceder os riscos? Em caso afirmativo, quais comportamentos você mudaria? Quando você começaria?

SER QUÂNTICO

✍ Identifique uma pessoa com a qual você está tendo conflito. Descreva os problemas.

✍ Como você poderia ver esse conflito de maneira diferente?

✍ O que você está disposto a fazer a fim de entender melhor a perspectiva da outra pessoa?

✍ O que esse conflito poderia ensinar a você a respeito de si mesmo?

Bibliografia

Autry, James A. *Love and Profit: The Art of Caring Leadership*. Nova York: Avon Books, 1991.

Azar, Beth. "Forgiveness Helps Keep Relationships Steadfast". *APA Monitor*, novembro de 1997, 14.

Bach, Richard. *Illusions: The Adventures of a Reluctant Messiah*. Nova York: Dell Publishing, 1997.

Barrow, John D. *Theories of Everything: The Quest for Ultimate Explanation*. Oxford: Clarendon Press, 1991.

Bergmann, Frithjof. "The Future of Work". *Perspectives on Business and Global Change*, 1996, Vol. 10, Nº 1, 7-22.

Benson, Herbert. *The Relaxation Response*. Nova York: Avon Books, 1976.

Block, Peter. *Stewardship: Choosing Service Over Self-Interest*. San Francisco: Berrett-Koehler, 1993.

Bolman, Lee G., e Terrence E. Deal. *Leading With Soul: An Uncommon Journey of Spirit*. San Francisco: Jossey-Bass, 1995.

Boorstein, Seymour, org. *Transpersonal Psychology* (2ª ed.). Albany, Nova York: State University of New York Press, 1996.

Breaux, Charles. *Journey Into Consciousness*. Nova York: Nicolas-Hays, 1989.

Briggs, John, e F. David Peat. *Turbulent Mirror: An Illustrated Guide to Chaos Theory and the Science of Wholeness*. Nova York: Harper and Row, 1989.

Brown, Tom. "The 'New Science' of Leadership". *Industry Week*, 18 de janeiro de 1993, 14-22.

Cameron, Julia. *The Artist's Way: A Spiritual Path to Higher Creativity*. Nova York: Jeremy P. Tarcher, 1992.

Campbell, Joseph com Bill Moyers. *The Power of Myth*. Nova York: Doubleday, 1988. (Em português: *O Poder do Mito*, São Paulo, Editora Palas Athena, 1ª ed., 1990.)

Capra, Fritjof. *The Tao of Physics* (2ª ed.). Boulder: Shambhala, 1983. (Em português: *O Tao da Física*, São Paulo, Editora Cultrix, 1985.)

_____ *The Turning Point: Science, Society, and the Rising Culture*. Nova York: Simon and Schuster, 1982. (Em português: *O Ponto de Mutação*, São Paulo, Editora Cultrix, 1986.)

_____ *The Web of Life: A New Scientific Understanding of Living Systems*. Nova York: Anchor Books, 1996. (Em português: *A Teia da Vida*, São Paulo, Editora Cultrix, 1997.)

Chappell, Tom. *The Soul of a Business: Managing for Profit and the Common Good*. Nova York: Bantam Books, 1993.

Childre, Doc Lew. *Cut-Thru: A Scientifically Proven Insight on How to Care Without Becoming a Victim*. Boulder Creek, CA.: Planetary Publications, 1996.

Chopra, Deepak. *Quantum Healing: Exploring the Frontiers of Mind/Body Medicine*. Nova York: Bantam Books, 1990.

_____ *Unconditional Life: Mastering the Forces That Shape Personal Reality*. Nova York: Bantam Books, 1991.

Clay, Rebecca A. "Downsizing Backfires on Corporate America". *APA Monitor*, janeiro de 1998, 24.

Cole, K. C. *Sympathetic Vibrations: Reflections on Physics as a Way of Life*. Nova York: Bantam Books, 1985.

Corwin, Mike. "From Chaos to Consciousness". *Astronomy*, fevereiro de 1983, 15-25.

"Costs of Depression Estimated". *HR News*, janeiro de 1994, 12.

Covey, Stephen R. *Principle-Centered Leadership*. Nova York: Summit Books, 1991.

_____ *The Seven Habits of Highly Effective People: Restoring the Character Ethic*. Nova York: Simon and Schuster, 1989.

Csikszentmihalyi, Mihaly. *Flow: The Psychology of Optimal Experience*. Nova York: Harper Collins, 1990.

_____ *The Evolving Self: A Psychology for the Third Millennium*. Nova York: Harper Collins, 1993.

Cushman, Philip. *Constructing the Self, Constructing America: A Cultural History of Psychotherapy*. Nova York: Addison-Wesley, 1995.

Darling, David. *Zen Physics*. Nova York: HarperCollins, 1996.

Davies, Paul. *God and the New Physics*. Nova York: Simon and Schuster, 1983.

DeBono, Edward. *The Mechanism of Mind*. Londres: Penguin Books, 1969.

Ferguson, Marilyn. *The Aquarian Conspiracy: Personal and Social Transformation in the 1980s*. Los Angeles: J. P. Tarcher, 1980.

Feynman, Richard P. *Six Easy Pieces: Essentials of Physics Explained by Its Most Brilliant Teacher*. Nova York: Addison-Wesley, 1995.

Finkelstein, Stan N., e Paul E. Greenberg. "How Much Does Depression Cost Society?" *Harvard Mental Health Letter*, outubro de 1994, 8.

Gill, Mary Jane, e David Meier. "Accelerated Learning Takes Off". *Training and Development Journal*, janeiro de 1989, 63-65.

Gleick, James. *Chaos: Making a New Science*. Nova York: Penguin Books, 1987.

Goswami, Amit, com Richard E. Reed e Maggie Goswami. *The Self-Aware Universe: How Consciousness Creates the Material World*. Nova York: G. P. Putnam, 1993.

Gribbin, John. *In Search of Schroedinger's Cat: Quantum Physics and Reality*. Nova York: Bantam Books, 1984.

_____ *Schroedinger's Kittens and the Search for Reality: Solving the Quantum Mysteries*. Boston: Little, Brown and Company, 1995.

Grout, Pam. *Jumpstart Your Metabolism with the Power of Breath*. Kansas City: Patootie Press, 1996.

Hall, Calvin S., e Gardner Lindzey. *Theories of Personality* (2ª ed.). Nova York: John Wiley & Sons, 1970.

Harman, Willis, e Howard Rheingold. *Higher Creativity: Liberating the Unconscious for Breakthrough Insights*. Los Angeles: Jeremy P. Tarcher, 1984.

_____ e Jane Clark, orgs. *New Metaphysical Foundations of Modern Science*. Sausalito: Institute of Noetic Sciences, 1994.

Hawken, Paul, e William McDonough. "Seven Steps to Doing Good Business". *Inc.*, novembro de 1993, 79-92.

Hawking, Stephen W. *A Brief History of Time: From the Big Bang to Black Holes*. Nova York: Bantam Books, 1988.

Hawley, Jack. *Reawakening the Spirit in Work: The Power of Dharmic Management*. San Francisco: Berrett-Koehler Publisher, 1993.

Heider, John. *The Tao of Leadership: Lao Tzu's Tao Te Ching Adapted for a New Age*. Atlanta: Humanics New Age, 1985.

Henderson, Hazel. *Building a Win-Win World: Life Beyond Global Economic Warfare*. San Francisco: Berrett-Koehler, 1996. (Em português: *Construindo um Mundo Onde Todos Ganhem*, São Paulo, Editora Cultrix Ltda., 1998.)

Herbert, Nick. *Elemental Mind: Human Consciousness and the New Physics*. Nova York: Dutton, 1993.

Hergenhahn, B. R. *An Introduction to Theories of Personality* (4ª ed.). Nova Jérsei: Prentice Hall, 1994.

Hey, Tony, e Patrick Walters. *The Quantum Universe*. Cambridge: Cambridge University Press, 1987.

Hicks, Jerry, e Esther Hicks. *A New Beginning I: Handbook for Joyous Survival*. Boerne, TX: Crown Internationale, 1992.

Hillman, James. *The Soul's Code: In Search of Character and Calling*. Nova York: Random House, 1996.

Horgan, John. *The End of Science: Facing the Limits of Knowledge in the Twilight of the Scientific Age*. Nova York: Addison-Wesley, 1995.

Houston, Jean. *The Possible Human: A Course in Extending Your Physical, Mental, and Creative Abilities*. Los Angeles: J. P. Tarcher, 1982. (Em português: *A Redescoberta do Potencial Humano*, São Paulo, Editora Cultrix Ltda., 1992.)

_____ *A Mythic Life: Learning to Live Our Greater Story*. San Francisco: Harper Collins, 1996.

Huxley, Aldous. *The Perennial Philosophy*. Nova York: Harper and Row, 1945. (Em português: *A Filosofia Perene*, São Paulo, Editora Cultrix Ltda., 1991.)

IHM Research Update. Boulder Creek, CA: Institute of HeartMath, Vol. 1, Nº 1, 1993.

_____ Boulder Creek, CA: Institute of HeartMath, Vol. 2, Nº 1, 1995.

Jackson, Maggie. "Surveys Find Employees Like Jobs, Distrust Bosses". *Kansas City Star*, 8 de setembro de 1997, B-6.

Jacobs, Robert W. *Real Time Strategic Change: How to Involve an Entire Organization in Fast and Far-Reaching Change*. San Francisco: Berrett-Koehler, 1994.

Jung, C. G. *Avion: Researches into the Phenomenology of the Self* (2ª ed.). Nova Jérsei: Princeton University Press, 1969.

Kauffman, Stuart. *At Home in the Universe: The Search for the Laws of Self-Organization and Complexity*. Nova York: Oxford University Press, 1995.

Keyes, Ken, Jr. *The Hundredth Monkey*. Coos Bay, Oregon: Vision Books, 1982. (Em português: *O Centésimo Macaco*, São Paulo, Editora Pensamento Ltda., 1990.)

Kohn, Alfie. *Punished by Rewards: The Trouble with Gold Stars, Incentive Plans, A's, Praise, and other Bribes*. Nova York: Houghton Mifflin, 1993.

Kosko, Bart. *Fuzzy Thinking: The New Science of Fuzzy Logic*. Nova York: Hyperion, 1993.

Land, Edwin. "The Most Form of Creativity". *The Times*, 26 de junho de 1972, 84.

Lederman, Leon. *The God Particle: If the Universe Is the Answer, What Is the Question?* Nova York: Houghton Mifflin, 1993.

Legge, James (tradutor). *I Ching: Book of Changes*. Nova York: Grammercy Books, 1996.

Lemonick, Michael D. "Glimpses of the Mind". *Time*, 17 de julho de 1995, 44-52.

Liebig, James E. *Merchants of Vision: People Bringing New Purpose and Values to Business*. San Francisco: Berrett-Koehler, 1994.

Liff, Allen. "Learning How to Create the Future". *Association Management*, agosto de 1997, 54-64.

Lloyd, Seth. "Quantum-Mechanical Computers". *Scientific American*, outubro de 1995, 140-145.

Luthans, Fred. *Organizational Behavior* (7ª ed.). Nova York: McGraw-Hill, 1995.

Makridakis, Spyros. "Be Creative or Be Mediocre". *Executive Excellence*, janeiro de 1996, 11-12.

Maslow, Abraham H. *Motivation and Personality* (ed. rev.). Nova York: Harper and Row, 1987.

_____ *Toward a Psychology of Being* (2ª ed.). Nova York: Van Nostrand Reinhold, 1968.

Maynard, Herman Bryant, Jr., e Susan E. Mehrtens. *The Fourth Wave: Business in the 21st Century*. San Francisco: Berrett-Koehler, 1993.

McCarthy, Kathleen. "Uncertainty Is a Blessing, Not a Bane". *APA Monitor*, setembro de 1994, 28.

McCraty, Rollin, Bob Barrios-Choplin e Deborah Rozman. "The Effects of Different Music on Moods, Tension and Mental Clarity". Artigo apresentado no 8th International Congress on Stress, Montreux, Suíça, 1996.

McGarvey, Robert. "Good Vibrations". *Entrepreneur Magazine*, agosto de 1993, 102-108.

McLagan, Patricia, e Christo Nel. *The Age of Participation: New Governance for the Workplace and the World*. San Francisco: Berrett-Koehler, 1995.

McNeill, Barbara, e Carol Guion, orgs. *Ten Years of Consciousness Research*. Sausalito, CA: Institute of Noetic Sciences, 1991.

McNeill, Daniel, e Paul Freiberger. *Fuzzy Logic*. Nova York: Simon and Schuster, 1994.

Montouri, Alfonso, e Isabella Conti. *From Power to Partnership: Creating the Future of Love, Work, and Community*. San Francisco: HarperCollins, 1993.

Morris, Richard. *The Edges of Science: Crossing the Boundary from Physics to Metaphysics*. Nova York: Prentice Hall, 1990.

Myss, Caroline. *Anatomy of the Spirit*. Nova York: Harmony Books, 1996.

Ogilvy, James. *Living Without a Goal: Finding the Freedom to Live a Creative and Innovative Life*. Nova York: Doubleday, 1995.

O'Hanlon, W., e Weiner-Davis, M. *In Search of Solutions: A New Direction in Psychotherapy*. Nova York: W. W. Norton, 1989.

O'Leary, Brian. *The Second Coming of Science: An Intimate Report on the New Science*. Berkeley: North Atlantic Books, 1992.

Ornstein, Robert. *The Right Mind: Making Sense of the Hemispheres*. Nova York: Harcourt Brace & Co., 1997.

Orsborn, Carol. *Inner Excellence: Spiritual Principles of Life-Driven Business*. San Rafael, Califórnia: New World Library, 1992.

Oshry, Barry. *Seeing Systems: Unlocking the Mysteries of Organizational Life*. San Francisco: Berrett-Koehler, 1995.

Owen, Harrison. *Expanding Our Now: The Story of Open Space Technology*. San Francisco: Berrett-Koehler, 1997.

Parikh, Jagdish, com Friedrich Neubauer e Alden Lank. *Intuition: The New Frontier of Management*. Oxford: Blackwell Business, 1994.

Peck, M. Scott. *A World Waiting to be Born: Civility Rediscovered*. Nova York: Bantam Books, 1993.

_____ *The Road Less Traveled: A New Psychology of Love, Traditional Values, and Spiritual Growth*. Nova York: Simon and Schuster, 1978.

Polkinghorne, J. C. *The Quantum World*. Nova Jérsei: Princeton University Press, 1984.

Prigogine, Ilya, e Isabelle Stengers. *Order Out of Chaos: Man's New Dialogue With Nature*. Boulder: Shambhala, 1984.

Pritchett, Price. *you*^{2}. Dallas: Pritchett Publishing, 1990.

Ray, Michael, e Alan Rinzler, orgs. *The New Paradigm in Business: Emerging Strategies for Leadership and Organizational Change*. Nova York: Jeremy P. Tarcher, 1993.

Redfield, James. *The Celestine Prophecy*. Nova York: Warner Books, 1993.

_____ *The Tenth Insight*. Nova York: Warner Books, 1996.

Robbins, Stephen P. *Organization Theory* (3ª ed.). Nova Jérsei: Prentice-Hall, 1990.

Rose, Colin, e Malcolm J. Nicholl. *Accelerated Learning for the 21st Century*. Nova York: Delacorte Press, 1997.

Roskind, Robert. *In the Spirit of Business: A Guide to Resolving Fears and Creating Harmony in Your Worklife*. Berkeley: Celestial Arts, 1992.

Scott, Mary, e Howard Rothman. *Companies With a Conscience: Intimate Portraits of Twelve Firms That Make a Difference*. Nova York: Carol Publishing, 1992.

Seligman, Martin E. P. *Learned Optimism*. Nova York: Simon and Schuster, 1990.

Semler, Ricardo. *Maverick: The Success Story Behind the World's Most Unusual Workplace*. Warner Books, 1993.

Senge, Peter M. *The Fifth Discipline: The Art and Practice of the Learning Organization*. Nova York: Doubleday, 1990.

_____ Art Kleiner, Charlotte Roberts, Richard Ross e Bryan Smith. *The Fifth Discipline Fieldbook: Strategies and Tools for Building a Learning Organization*. Nova York: Doubleday, 1994.

Sheldrake, Rupert. *Seven Experiments That Could Change the World: A Do-It Yourself Guide to Revolutionary Science*. Nova York: Riverhead Books, 1995.

Skelly, Joe. "Ryuzaburo Kaku". *Business Ethics*, março-abril de 1995, 30-33.

Smith, Joyce E. "Odors in the Office Often Influence Buying and Work". *The Kansas City Star*, 9 de março de 1993, D-10.

Stacey, Ralph D. *Complexity and Creativity in Organizations*. San Francisco: Berrett-Koehler, 1996.

Stack, Jack. *The Great Game of Business*. Nova York: Doubleday, 1992.

Tart, Charles T. *Waking Up: Overcoming the Obstacles to Human Potential*. Boston: Shambhala, 1987.

Templeton, John Marks, e Robert L. Herrmann. *Is God the Only Reality? Science Points to a Deeper Meaning of the Universe*. Nova York: Continuum, 1994.

Terry, Roger. *Economic Insanity: How the Growth-Driven Capitalism Is Devouring the American Dream*. San Francisco: Berrett-Koehler, 1995.

Thurow, Lester C. *The Future of Capitalism: How Today's Economic Forces Shape Tomorrow's World*. Nova York: William Morrow, 1996.

Tipler, Frank T. *The Physics of Immortality: Modern Cosmology, God and the Resurrection of the Dead*. Nova York: Doubleday, 1994.

Wade, Jenny. *Changes of Mind: A Holonomic Theory of the Evolution of Consciousness*. Albany, Nova York: State University of New York Press, 1996.

Wald, George. "Life and Mind in the Universe". *International Journal of Quantum Chemistry: Quantum Biology Symposium*, 1984, 1-15.

Weisbord, Marvin. *Discovering Common Ground: How Future Search Conferences Bring People Together to Achieve Breakthrough Innovation,*

Empowerment, Shared Vision, and Collaborative Action. San Francisco: Berrett-Koehler, 1992.

_____ *Productive Workplaces: Organizing and Managing for Dignity, Meaning, and Community*. San Francisco: Jossey-Bass, 1987.

_____ e Janoff, Sandra. *Future Search: An Action Guide to Finding Common Ground in Organizations and Communities*. San Francisco: Berrett-Koehler, 1995.

Wertheim, Margaret. *Pythagoras' Trousers: God, Physics, and the Gender Wars*. Nova York: Random House, 1995.

Wheatley, Margaret J. *Leadership and the New Science: Learning About Organizations from an Orderly Universe*. San Francisco: Berrett-Koehler, 1992.

_____ e Myron Kellner-Rogers. *a simpler way*. San Francisco: Berrett-Koehler, 1996.

Whyte, David. *The Heart Aroused: Poetry and the Preservation of the Soul in Corporate America*. Nova York: Doubleday, 1994.

Wilber, Ken. *A Brief History of Everything*. Boston: Shambhala, 1996.

_____ *The Spectrum of Consciousness* (2ª ed.). Wheaton, Ill.: Quest Books, 1993.

Williamson, Marianne. *A Return to Love: Reflections on the Principles of A Course In Miracles*. San Francisco: HarperCollins, 1992.

Wolf, Fred Alan. *Taking the Quantum Leap: The New Physics for Nonscientists*. Nova York: Harper and Row, 1989.

Wolinsky, Stephen. *Quantum Consciousness: The Guide to Experiencing Quantum Psychology*. Connecticut: Bramble Books, 1993.

Woolf, V. Vernon. *Holodynamics: How to Develop and Manage Your Personal Power*. Nova York: Harbinger House, 1990.

Zohar, Danah. *ReWiring the Corporate Brain*. San Francisco: Berrett-Koehler, 1997.

_____ *The Quantum Self: Human Nature and Consciousness Defined by the New Physics*. Nova York: William Morrow, 1990.

_____ e Ian Marshall. *The Quantum Society: Mind, Physics, and a New Social Vision*. Nova York: William Morrow, 1994.

Zukav, Gary. *The Dancing Wu Li Masters: An Overview of the New Physics*. Nova York: Bantam Books, 1979.

_____ *The Seat of the Soul*. Nova York: Simon and Schuster, 1989.

COMO ADMINISTRAR COM A SABEDORIA DO AMOR

Dorothy Marcic

A decepção causada pela reengenharia e os esforços para reduzir os níveis da estrutura hierárquica [*downsizing*] induziram muitos empresários e executivos a descobrir que as fórmulas prescritas e as soluções materialistas não são a resposta definitiva para os problemas das organizações. Porém, o que mais existe?

Neste livro, Dorothy Marcic analisa essa questão a partir de uma perspectiva fundamentalmente diferente, ao fazer uma de suas intrigantes perguntas: até que ponto o ambiente de trabalho mudaria se reconhecêssemos que os valores espirituais são tão importantes nas atividades das organizações como na vida das pessoas que ali trabalham? Como a autora demonstra de forma convincente, o amor, a justiça, a dignidade e o respeito são mais do que conceitos espirituais tradicionais; eles são também as virtudes do Novo Gerenciamento, imprescindíveis para o ambiente de trabalho contemporâneo.

Falando diretamente para os que estão "tentando descobrir por que seus programas, meticulosamente elaborados, não funcionam; por que o moral é baixo ou falta confiança; por que a motivação do funcionário está sempre abaixo do esperado", Marcic fornece a prova concreta, extraída de exemplos do mundo real, de que infringir as leis espirituais, tanto nos negócios como em qualquer outra atividade, traz resultados bem previsíveis. Ela também descreve como aplicar, no ambiente de trabalho, os princípios discutidos e oferece listas para conferência e gráficos que ajudam o leitor a pôr em prática a espiritualidade e assimilar o que significa administrar com a sabedoria do amor.

EDITORA CULTRIX

O EMPRESÁRIO CRIATIVO

Peter Russell e *Roger Evans*

O ritmo de mudanças sem precedentes que veremos nos anos 90 exige que usemos nossos recursos criativos como nunca antes. *O Empresário Criativo* é uma obra única no que se refere a uma abordagem prática para estimular o pensamento criativo e a solução de problemas, demonstrando o que realmente significa ser criativo diante dos novos e complexos desafios que o mundo empresarial hoje enfrenta.

Baseado numa ampla experiência de consultoria e de treinamento em grandes corporações do mundo inteiro, este livro é um guia indispensável para os empresários e administradores em geral. Contudo, pelo fato de lidar com princípios que são comuns a cada um de nós, torna-se um livro relevante para todas as pessoas.

"Empresários de sucesso serão aqueles com a capacidade de aprender e, também, de usar o pensamento criativo para encarar e solucionar problemas. Achei não só fascinante, como também útil a descrição desse processo em *O Empresário Criativo*."

Sir John Harvey Jones, MBE

"Este é um livro definitivo, e tenho a séria impressão de que as idéias incorporadas aqui serão a influência predominante nos próximos anos. Compartilho inteiramente de suas idéias."

Anita Roddick, *The Body Shop International Plc.*

"Um livro sensacional sobre o desenvolvimento do potencial humano. A verdadeira revolução na era da informação é a habilidade de usar a nossa mente de um modo diversificado. *O Empresário Criativo* será o seu guia."

John Sculley, CEO Apple Computers Inc.

"Eis um livro extraordinário, útil e inspirador, cheio de fé no potencial humano."

Prof. Charles Handy, Visiting Professor
London Business School

EDITORA CULTRIX

Liderança com o Coração Aberto

CORAGEM, EM VEZ DE MEDO, NO LOCAL DE TRABALHO

KAY GILLEY

Liderança com o Coração Aberto fundamenta-se em quatro conceitos que ajudam os leitores a conhecer uma série de recursos para iniciantes, a serem usados no preparo de níveis mais elevados de consciência no trabalho:

- Há dois caminhos na vida: o caminho do medo e o caminho da coragem.
- Os líderes precisam fazer o próprio trabalho antes de fazer mudanças significativas em suas empresas.
- A mudança organizacional e o desenvolvimento da liderança precisam começar por cuidar mais especificamente do *ser* e não do *fazer*.
- Uma atmosfera de trabalho que encoraje mais a integração e o aperfeiçoamento do espírito resulta numa empresa mais saudável, tanto física quanto competitivamente.

"O novo livro de Kay Gilley trata da qualidade pessoal indispensável no mundo neste estágio crucial da evolução humana: a coragem. *Liderança com o Coração Aberto* é uma receita para a mudança. Ele oferece um guia para as pessoas que conseguirem reunir a coragem espiritual necessária para serem absolutamente autênticas – para conhecer e amar a si mesmas, para estar dispostas a mudar e para se deixarem conduzir pelo coração com energia e confiança."

John E. Renesch, redator/editor do *The New Leaders* e organizador de *As Novas Tradições nos Negócios*, publicado pela Editora Cultrix, São Paulo.

EDITORA CULTRIX

ESPÍRITO DE COOPERAÇÃO NO TRABALHO

Jack Canfield – Mark Victor Hansen
Maida Rogerson – Martin Rutte – Tim Clauss

O trabalho é parte importante de nossa vida, quer lidemos diretamente com os clientes, quer tenhamos o nosso próprio negócio ou cozinhemos para a nossa família. Sendo assim, todos temos histórias importantes para contar sobre o nosso trabalho. Dessa gama de experiências, um grupo de escritores, tendo à frente Jack Canfield e Mark Victor Hansen, reuniu uma coletânea especial de contos que dão testemunho da coragem, da compaixão e da criatividade que acontecem todos os dias nos locais de trabalho em todas as partes do mundo.

Espírito de Cooperação no Trabalho irá estimular sua criatividade com exemplos de conquistas inspiradoras, alimentar o seu espírito com relatos de líderes corajosos e ensiná-lo a enriquecer a si mesmo e a seus colaboradores com histórias que tocam profundamente o coração.

De indiscutível interesse, ele lhe oferece novas opções, novas maneiras de ser bem-sucedido; sobretudo, uma nova maneira de amar a si mesmo, ao seu trabalho e a todos os que o cercam. Compartilhe-o com seus colegas ou funcionários e desfrute uma alegria e um prazer renovados no seu dia-a-dia.

EDITORA CULTRIX